HZ. PEYGAMBERLE İSLÂM'I DOĞRU ANLAMAK

BİR HARF YAYINLARI

Yayın No: 68

Hz. Peygamberle İslâm'ı Doğru Anlamak

Nihat Hatipoğlu

İMTİYAZ SAHİBİ / Mehmet Kocabaş

GENEL MÜDÜR / Attila Akdemir

YAYIN YÖNETMENİ / Ece Özbaş

EDİTÖR / Deniz Negiş

İÇ TASARIM / Müge Tezcanbatır

KAPAK / Yunus Karaaslan

BASKI / Kilim Matbaacılık

1. Baskı Mart 2006

ISBN 975-9198-28-2

Kilim Matbaası Ltd. Şti.
Litros Yolu Fatih Sanayi Sit. No. 12/204
Tel: (0212) 612 95 59 Topkapı-İstanbul

Genel Dağıtım
YENİ ÇİZGİ YAYIN DAĞITIM LTD. ŞTİ.
Gürsel Mah. Alaybey Sok. No.7 34400 Kağıthane / İstanbul
Tel: 0212 220 57 70 Faks: 0212 222 61 55

BİR HARF YAYINLARI
Alemdar Mah. Çatalçeşme Sokak. No: 15/1
Cağaloğlu / İSTANBUL
Tel. 0212. 511 99 55 - Fax: 0212 511 99 06
www.birharfyayinlari.com

HZ. PEYGAMBERLE İSLÂM'I DOĞRU ANLAMAK

NİHAT HATİPOĞLU

1H
Birharf
YAYINLARI

ÖNSÖZ

Esirgeyen ve Bağışlayan Allah'ın adıyla

Son dönemlerde özellikle medyada dinî konular çokça konuşulur, tartışılır oldu. Çoğu kez; tartışmanın tarafları ve izleyicileri arasında ciddi anlam kopukluğu, iletişim sıkıntısı yaşandı. İnanılan din ile tartışma zeminindeki din farklıymışçasına insanlar sağa sola savruldular. En net ifadesiyle tam bir kaos ve otorite boşluğu yaşandı. İnsanlar neye göre hareket edecek, doğrunun adresi ne olacaktı?

'Kur'ân-ı Kerim'e dönelim' deniliyordu, ama 'Kur'ân'a döndük' diyenler arasında da inanç, hareket, tavır ve yürek beraberliğinden bahsetmek mümkün değildi. Doğru, nerede, nasıl bulunacaktı? Daha açık bir anlatımla Kur'ân-ı Kerim'i, bu Yüce Vahyi anlamada beliren sıkıntıyı gidermede hakem kim olacaktı? Kime nasıl sorulacak?

Bu noktada beliren problem ise şuydu; yakın dönemlerden itibaren Batı'daki oryantalizmin de etkisiyle Hz. Peygamber ve onun hadisleri devre dışı bırakılarak din üzerinde oynanmaya çalışılmasıydı. İşte elinizdeki bu kitap hem bu oyunu bozmak, hem de gelişen soruların cevabını vermek üzere hazırlanmış olan mütevazı bir çalışmadır. Ben bu soruların cevabını akademik bir detay içinde belki ama, herkesin anlayabileceği bir üslupla sunmaya gayret ettim. Eserimizi sunarken; Kur'ân-ı Kerim'in anlaşılmasında en büyük hakemin aslında yine Kur'ân olduğunu, ama ikinci derecede Hazreti Peygamber (sav)'in, O sevgi önderinin merkeze konması gerektiğini belirgin tarzda vurguladık. Kitabımızı incelediğinizde sizlerin de bu sonuca varacağınıza inanıyorum.

Hz. Peygamberin sahih hadisleriyle Kur'ân'ı anlamaya çalışırsak inanıyorum ki sokaklara kadar yansıyan vicdanlardaki bu kaos sona erecektir.

Yüce Rabbim bizi bağışlaman için sana yöneliyoruz.
Senin Elçine sonsuz salat ve selam olsun.

Nihat Hatipoğlu
Ankara

İÇİNDEKİLER

BİRİNCİ BÖLÜM

I- KUR'ÂN-I KERİM'İN HADİSLE İLİŞKİSİ

A-SÜNNETİN HUKUKİ DEĞERİ

Peygamberimizin arkadaşları olan sahabe, gerek Peygamberimizin hayatında ve gerekse de vefatından sonra karşılaştıkları bir olay karşısında öncelikle Kur'ân-ı Kerim'e müracaat eder, onda cevap bulamamaları halinde ise Resulullah'ın sünnetine dönüş yaparlardı. Kur'ân'da buldukları bir hükmün açıklanmasına veya pratik hayattaki uygulamasına ihtiyaç hissettiklerinde danışacakları ilk merci yine sünnet olurdu. Onlar Peygamberimizin hayatında iki işlevi yerine getirdiğini iyi biliyorlardı. Peygamber (sav) ya, Kur'ân'daki konuları beyân eder (açıklar) veyahut da Kur'ân'da esası olmayan meselelerde hüküm koyardı. Aslında her iki durum da Kur'ân'ın açıklaması (beyân, tefsiri) sayılabilir. Çünkü temelde; Hz. Peygamberin Kur'ân'da olmayan konularda hüküm koyma yetkisine sahip olduğunu biliyorlardı.

Sahabe Kur'ân'ı Uygulamada Sünnete Başvururdu

Sahabe, gelen âyetleri ezberliyor, birbirlerine iletiyorlardı.

Beyhâki (458/1065)nin rivâyetine göre Ümeyye b. Abdillah b. Hâlid, Abdullah b. Ömer'e, 'Hadar (misafir olmayan, mukim) ve korku namazını Kur'ân'da buluyoruz. Ancak sefer (misafir) namazını Kur'ân'da bulamıyoruz (ne dersin diye sordu). İbn Ömer 'Ey Kardeşimin oğlu! Allah bize Muhammed (sav)'i gönderdi. Biz bir şey bilmiyoruz. Ancak Hz. Muhammed'in yaptığını yapıyoruz.[1] cevabını verdi.

İbn Ömer'in Kur'ân ile Sünnetin arasındaki farkı bilmediğini iddia etmek hatalı olur. Burada İbn Ömer, Peygamberizin sünnetine ve Kur'ân âyetlerine tabi olmamızın gerekliliği arasında bir farkın olmadığını açıklamak istemiştir. Bilindiği gibi Nisa sûresinin 101. âyetinde yolculuk esnasında, korku halinde namazların kasr edileceği hususu vardır. Ancak korku olmadığı haller hakkında ayette bir açıklık yoktur. İbn Ömer, bunu Hz. Peygamberin açıkladığını ve onun açıklamasının da bizi bağladığını deklare etmiş oluyor.

İbn Abbas'a herhangi bir konu sorulduğunda takip ettiği yöntem önce Kur'ân sonra sünnet, sonra Hz. Ebu Bekir ve Ömer'in ictihadları, onlarda da yoksa kendi içtihadı tarzındaydı.[2]

Şimdi, Kur'ân'ın değindiği veya değinmediği hususları açıklamada Peygamberimizin nasıl bir yöntem takip ettiğine uygulamalı olarak bakalım. Bu konulardaki hükümleri; nehiyler (yasaklar) ve mübahlar (kişinin serbest bırakıldığı alan) olarak iki esas noktada toplayabiliriz. Buna ek olarak da Peygamberimizin re'sen (Kur'ân-ı Kerim'de olmamasına karşın kendisinin) koyduğu hükümleri ekleyebiliriz.

1- Kur'ân-ı Kerim'de özlü olarak ifade edilmiş, ama Peygamberimizce açıklanmış bazı yasaklar (nehiyler):

1- Hangi hayvanların eti yenilir konusu gündeme gelince sahabe şöyle dedi: 'Resulullah (sav) azı dişli olan her yırtıcı hayvandan, pençeli olan her yırtıcı kuştan nehyetti'.[3] Bu yasağa Kur'ân-ı Kerim değinmemiştir. Ama Kur'ân'ın helâl ettiği bazı hususlardan sonra Peygamberimiz bunu istisna olarak ifâde etmiştir.

2- İbn Ömer'e kirpinin yenmesinin hükmü soruluyor. Helâl olduğunu söylüyor. Bunun üzerine yaşlı bir zat Ebu Hureyre'nin şöyle dediğini zikrediyor: Resulullah (sav)'in yanında kirpi zikrolundu. Resulullah (sav), 'pis olan şeylerden pis bir şeydir', cevabını verdi.

Hadisi duyan İbn Ömer şöyle diyor; 'Eğer Resulullah (sav) öyle buyurmuşsa, O Resulullah'ın buyurduğu gibidir ama biz bilmiyoruz.'[4]

Böylece Resulullah (sav) En'âm sûresi 145. âyetinde ifade edilen genel helallerden kirpiyi de istisna kılmıştır. Ancak bu hususta mezhepler arasında farklı yorumlar vardır.[5]

3- Resulullah (sav) pislik yiyen hayvanın eti ve sütünü de yasaklamıştır.[6]

4- Hayber günü Peygamber (sav) ehli merkebin etinin haram kılındığını ilan etti.[7]

5- Resulullah (sav), 'Kendisine hayrı olan biri, kurt etini yer mi?[8] buyurarak, kurt etinin haram olduğunu; 'azı dişi sahibi, yırtıcı olan bütün hayvanların etini yemek haramdır'[9] buyurarak da, aynı kategoride olan bütün hayvanların haram kılındığını ilan etmişlerdir.

2- Mübah Kılınanlar

Eşyada esas olan mübahlık olmakla beraber Resulullah, değişik münâsebetlerle oluşan sorular karşısında veya bazen de doğrudan doğruya nelerin yenebileceğini açıklayarak kafalardaki soruları gidermiştir. Buna dâir bazı örnekler sunabiliriz:

1- Sahabe Resulullah'la beraber 'toy kuşu'nun etini yediklerini bildirmişlerdir.[10] Bu, Resulullah'ın toy kuşu etini mübah gördüğünü belgeler.

2- Resulullah (sav) değişik vesilelerle çekirgenin yenebileceğini, etinin mübah olduğunu ifâde etmiş, gerek sağ ve gerekse de ölü olarak bulunması halinde hükmün değişmediğini belirtmiştir."[11]

3- Peygamber (sav) keler etini, 'kavmimin toprağında bulunmadığı için tiksinti duyarım' buyurarak yememiş, yiyebilirsiniz demediği gibi yasaklamamış ve sofrasında başkası yediği zaman da müdâhale etmemiştir.[12] Bu da keler etinin mübâh olduğuna işaret sayılmıştır.

4- Tavşan etinin Resulullah'ın yanında yendiği, kendisinin müdahalede bulunmadığı, bir seferinde ise 'Merri Zahran' denilen yerde kendisine ikram edilen tavşan butunu kabul ettiği hadislerle sabittir.[13] Fıkıhçılar bunu, tavşan etinin yenmesinin mübah olduğuna yormuşlardır.

Sünnetin Kur'ân'a getirdiği ek hükümleri burada açıklamak son derece zordur. Ancak bazı örnekler verebildik. Bu örneklerden de anlaşılacağı gibi sünnet, Kur'ân'da ifade edilmiş olan bir hususu bazen iyice açarak nelerin Kur'ân'daki örneğe uygun olup olmadığını kayıt altına almıştır. Bunları zaman zaman yasaklamış, zaman zaman da mübah kılmıştır.

3- Resulullah'ın Verdiği Hükümler ve Yetkisi

Bu bölümde ağırlıklı olarak Resulullah'ın uygulamalarını örneklemeye gayret edeceğiz. Hemen şunu ifâde etmekte fayda vardır. Resulullah'ın her uygulamasının Yüce Allah'ın nazarında aynen kabul gördüğünü iddia etmek haylice zordur. Bazen ilâhi irâde Resulullah'ın uygulamasının zıddına hükmedebiliyordu. Yani Hz. Peygamber Cebrail'den bir açıklama gelmediği hallerde bazen ictihadda bulunur, ama sonra gelen emirler bu ictihadı düzeltir veya doğrulardı.

Şâ'bî (104/722) şöyle diyor: 'Resulullah (sav) bazen hüküm verir, fakat Kur'ân Resulullah'ın verdiği hükmün zıddına inerdi. Resulullah bu durumda Kur'ân hükmünü ön plana çıkarır ve kendi verdiği hükme dönmezdi.'[14]

Buna klasik anlamda Kur'ân'ın sünneti neshi denebilse de; Resulullah'ın Yüce Allah tarafından kabul görmemiş ictihâdları ile mevsuk sünneti birbirinden ayırmak gerektiği için 'Resulullah'ın bazı ictihadlarının Kur'ân tarafından neshi' de denebilir. Ancak bu tür ictihadlarda bulunan Resulullah (sav), Yüce Allah'ın isteğine en uygun olanı bulmaya çalıştığı içindir ki ictihadının doğru olup olmadığını mutlaka Yüce Allah'ın bildirmesiyle bilebiliyordu.

Süyûti (911/1505) bununla ilgili şöyle diyor: "Sünnetin vahiy olduğu kanaatinde olanlar, bunun ya Cebrail tarafından öğretilen veyahut da, Allah tarafından şöyle yap tarzında boyutları belirlenmiş sabit bir risâletle olduğunu söylerler. Buhâri ve Müslim'in rivâyet ettikleri zâninin meselesinde Resulullah'ın, 'sizin aranızda Allah'ın kitabıyla hükmedeceğim"[15] sözünden sonra yüz sopa ve sürgün ile hükmetmesi bu örnektendir. Çünkü sürgün cezası Kur'ân'da yoktur.[16] Buna rağmen Hz. Peygamber "Size Allah'ın kitabıyla hükmedeceğim" buyurmuştur. O halde ona böyle bir yetki verilmişti ki, böyle söyleyebilmektedir. Süyûti de aynı kanattedir. Ona göre sünnet vahiy kaynaklıdır.

Resulullah'ın hükümlerinde tam yetkili olduğu ve ayetlerin çoğu kez Resulullah'ın beklentisine uygun nazil olduğunu belgeleyen şu olay, sünnetin Kur'ân'ın anlaşılmasına etki eden yönünü de ortaya koyuyor. Resulullah (sav) şöyle buyuruyor: "Sizi (serbest) bıraktığım (konularda) da beni (rahat) bırakın. Şüphesiz sizden öncekiler çok soru sormalarından, Peygamberleriyle ihtilafa düşmelerinden ötürü helâk oldular. Sizi sakındırdığımdan sakınınız, size emrettiğim şeyi de gücünüz yettiğince yerine getirin" (Sonra) Peygamber (sav) haccın farziyetiyle ilgili âyeti okudu. Birisi; 'Ey Allah'ın Resulü her yıl mı (hacc etmek farzdır)' diye sordu. Peygamberimiz cevap vermedi. Tekrar aynı şekilde sordu. Peygamberimiz yine cevap vermedi. Adam bir daha, 'Ey Allah'ın Resulü, her yıl mı?' diye sorunca Peygamberimiz; "Nefsim kudretinde olan Allah'a yemin ederim ki (evet) dersem (her yıl) gerekir. Eğer (evet dememle) farz kılınırsa siz yerine getiremezsiniz. Eğer siz de gereğini yerine getiremezseniz küfre varmış olursunuz. Sizi (muhayyer) kıldığım konuda siz de beni bırakın"[17]

Burada önemli olan husus Resulullah'ın *'evet dersem farz kılınır'* ifâdeleridir. Bu farz kılınma ya sünneti destekleyen bir nassla olur veyahut da Resulullah'ın bu sözünü nesheden bir hükmün gelmemesiyle gerçekleşirdi.

Şâtıbi (790/1388)'nin ilettiği uzun bir hadiste Resulullah'ın; 'İstediğinizi sorun. Vallahi bugün neyi sorarsanız cevabını alacaksınız"[18] şeklinde konuşmaları, kendisine -o konuda- verilen hareket serbestiyetini ve kuşatıldığı yetkiyi gösterir.

O halde Peygamberimizin verdiği hükümler her konuyu kapsamaktadır. Ve Peygamberimiz hükümlerini verirken ilâhi tasarrufun denetimi altındadır. Resulullah'ın ictihadları, fetvaları, hükümleri, beyânları, yani sünneti, Kur'ân'ın genel hükümlerinin tefsiri mahiyetindedir.

Peygamberimizin Verdiği Hükümlere Geniş Yelpazede Örnekler Verelim:

1- Livâta yapanın recmi Kur'ân'da yer almamış ve bu uygulama Peygamberimizden de nakledilmemiştir. Böyle bir hüküm verdiği de sabit olmamıştır. Ancak Resulullah'ın "fâil (livâta yapan) ve Mefulu bih (Livâta yapılan)ı öldürün"[19] emri mevcuttur.

2- Peygamberimiz (sav) kazf haddini uygulatmıştır. Hz. Âişe'nin rivâyetine göre kendisinin (ifk'ten) berî olduğu ortaya çıkınca kazf haddinin uygulanması gündeme geldi. Resulullah (sav) iki erkek ve bir kadına kazf (sopa cezası) haddini uygulattı.[20]

3- Zinâ halinde uygulanacak hükümler sünnetle açıklığa kavuşturulmuş ve bu hususta gelen âyetlerin doğru anlaşılması Peygamberimizin uygulamasıyla netleşmiştir.

Ebu Hureyre ve Zeyd b. Hâlid el Cüheni'den rivâyet edildiğine göre iki adam hasım olarak Resulullah'a geldiler. Biri; "Ey Allah'ın Resulü, aramızda Allah'ın kitabıyla hükmet," dedi. Birinciden daha fakih olan ötekisi ise şöyle dedi: "Evet ey Allah'ın Resulü! Aramızda Allah'ın hükmüyle hükmet ve konuşmama müsaade buyur." Peygamberimiz *anlat* deyince, adam: "Oğlum bunun karısının yanında işçi idi. Karısıyla zina etti. Oğluma recm gerektiğini söyledi. Kendisine yüz koyun ve bir câriye verdim. Sonra ilim ehline sorduğumda oğluma yüz sopa ve bir yıl sürgün olduğunu haber verdiler. Recm ise karısına gerekiyor." Peygamber (sav) "Nefsim elinde olan Allah'a and ederim ki, aranızda Allah'ın kitabıyla hükmedeceğim" dedi. "Koyunların ve cariyen sana iade edilecek. Oğlun yüz sopa yiyecek. Bir yıl sürgün olacak." Peygamberimiz 'Enis el-Eşlemi'ye emrederek diğerinin hanımının getirilmesini emretti. Kadın geldi ve suçunu ikrar etti. Ve recm edildi.[21]

Bu fiili sünnet, Kur'ân ahkâmının nasıl anlaşılacağını tanzim ederken, ilâve hükümlerin uygulamasını da göstermiştir.

4- Enfâl sûresinin 41. âyeti harp ganimetlerinin durumunu açıklamıştır. Peygamberimiz (sav) ise öldürülen kişi üzerindeki mal, silah ve öteberiyi (selbi) âyette ifâde buyurulan humusun dışında saymıştır.

Ebu Katade, Huneyn yılı savaşa çıkıldığında kendisinin bir müşriki öldürdüğünü, savaştan sonra da Peygamberimizin, "Kim bir (müşrik)i öldürmüşse delil getirsin ve öldürdüğünün üzerindeki kıymetli eşyalarını alsın" buyurduğunu nakleder. Ebu Katade, öldürdüğü kişi için şâhid ararken birisi kalkıyor ve Ebu Katade'yi doğrularken de öldürdüğü adamın üzerindeki zırhın kendisine ait olduğunu söylüyor. Ancak Peygamberimiz zırhı Ebu Katade'ye veriyor.[22]

Buhâri (256/870) öldürülenin üzerindeki malı, humusun dışında sayar. Ona göre selb humusa dahil edilmez. Bazıları ise uygulamayı Huneyn'e has kabul ederler.[23]

Asrı Saadette bunu örnekleri vardır.[24]

5- Kabe'ye girenin emniyette olduğu[25] Kur'ân-ı Kerim'de belirtilmiştir. Ancak Peygamberimiz bu genel hükmü bir istisnaya tabi tutmuş ve Mekke'nin fetih günü (savaşın gereği olarak) bazı kişilerin kanının heder edileceğini haber vermiştir.

Bu nedenle de Mekke'nin fethi günü, İbn Hatal'ın öldürülmesine karar verilmiştir.[26]

- Ebu Süfyan'ın evine giren güvenliktedir. Kabe'ye giren güvenliktedir, evine girip kapıyı kapatan güvenliktedir, silahını bırakan güvenliktedir, buyurdu. Ancak birkaç kişi bundan istisna edildi.[27]

İstisna edilenlerden Abdullah b. Sa'd b. Sarh ve İkrime b. Ebu Cehl daha sonra Müslüman oldular.

Resulullah'm bu uygulaması da Kur'ân âyetlerinin doğru anlaşılmasında Resulullah'ın belirleme yetkisinin olduğunu göstermektedir. Bu hadis, Kur'ân'ın genel ifadesinin Peygamberimizle sınırlandırılabileceğine bir açıdan da ilâve hüküm koyabileceğine ve ayrıca Kur'ân âyetinin hangi şart ve zeminde buyurulduğuna ilişkin önemli bir belgedir.

6- Benu Kureyza Yahudileriyle ilgili savaş sonrası uygulanacak muamelede Resulullah'ın Sa'd b. Muaz'a 'sen karar ver' demesi ve Sa'd'ın hükmü üzerine de; 'Allah'ın hükmüyle hükmettin' buyurması,[28] Resulullah'ın Allah'ın o husustaki irâdesini bildiğini göstermektedir. Sa'd b. Muaz bu irâdenin dışında bir şeyle hükmetseydi Resulullah'ın bunu kabulleneceği düşünülemezdi.

7- Kur'ân-ı Kerim'de bir kişinin hangi hallerde kısasen veya hadden öldürüleceği bahsedilirken, Resulullah'a küfredenin böyle bir cezayla mukabele göreceği hususunda bir bilgiden bahsetmemiştir. Ancak Resulullah'ın zamanındaki bir olay, Peygamberimize küfredenin kanının heder sayılacağını göstermiştir.

Â'mâ bir adam, kendine ait bir Ümmü Veled'in Resulullah'a çirkin bir biçimde küfrettiğini duyunca onu öldürdü. Resulullah bundan ötürü kısasa emretmedi.[29]

Hz. Ebu Bekir, kendisine küfreden birini öldürmek isteyen Ebu Berze'ye izin vermedi ve; 'Peygamberimizden sonra kimsenin böyle bir hakkı yoktur'[30] buyurarak olayı doğruladı.

Bir insanın kanını heder saymak (yani, idamını onaylamak) basit bir hüküm değildir. Resulullah'ın verdiği bu hüküm bir açıdan sünnetin Kur'ân'a ilâve hükmü sayılabilirken bir açıdan da Kur'ân'da yer alan yeryüzünde fesâd çıkaranlara[31] uygulanan idam hükmünün geneli içinde mütalaa edilebilir. Bu nokta da Kur'ân'ın bu ayetine beyan sayılmakta ve âyetin boyutlarını genişletmektedir.

8- Sünnette geçen recm hükmünün ehli kitap üzerine de geçerli olduğunu belirleyen bir olay da Resulullah'ın zina yapan bir Yahudi erkek ile kadının idam edilmesini emretmesi ve uygulatmasıdır.[32]

Kur'ân âyetlerinin yanıbaşında sünnetin Müslümanlarla beraber ehli kitab üzerinde de uygulanacağını gösteren bu ve benzeri hükümler, sünnetin teşri yetkisini belirlerken, aynı zamanda Kur'ân'daki sopa hükmünün evli zânilere (zina yapanlara) ait olmadığını bir daha ortaya koymuştur.

9- Faili meçhul cinayetlerde neler yapılacağı hususu da Kur'ân'da belirtilmeyip hükmü Resulullah'ın sünnetine terkedilen konulardandır. Bununla ilgili şöyle bir olay nakledilir:

"Abdullah b. Sehl ve Muhayse bir konudan dolayı Hayber'e gittiler. Muhayse geri dönerek, Abdullah b. Sehl'in Yahudilerce öldürüldüğünü ve bir kuyunun dibine atıldığını bildirdi. Yahudilere, 'Vallahi onu siz öldürdünüz' dedi. Yahudiler ise; 'Vallahi onu biz öldürmedik' cevabını verdiler. Muhayse kavmine dönerek, olayı anlattı. Sonra kendisi, büyük kardeşi Huvayse ve Abdurrahman, Resulullah'a geldiler. Muhayse, Peygamberimize durum anlatmak istediğinde Peygamberimiz büyük olanın konuşmasını istedi. Önce Huvayse, sonra Muhayse durumu anlattılar. Peygamberimiz Yahudileri kastederek: "Ya (öldürülen) arkadaşınızı rahatlatır (diyetini öder) yahut da Allah'a harb ilan etmiş olurlar", buyurdu.

Resulullah bu durumu kendilerine yazdı. Onlar da *vallahi biz onu öldürmedik* dediler. Resulullah üç kardeşe; "Siz yemin ederek arkadaşınızın kanını hak eder misiniz"[33] buyurdu.

Resulullah'ın diyeti kendi yanından ödediği de rivâyet edilmektedir.[34]

Kasame de denilen bu tür olaylarda nasıl bir yöntem takip edileceğini belirten hadis, Kur'ân'da örneği verilmiş bazı diyetlerin devamı mahiyetindedir. Bu sebeple de bir açıdan Kur'ân âyetini açıklarken, diğer açıdan da Kur'ân'a ek hüküm ifâde etmektedir.

10- Düşürülen cenin'in durumu Kur'ân'da belirtilmeyen diyetlerdendir. Bu hususu da sünnet kayda bağlamıştır. "Huzeyl'den iki kadın kavga ederlerken biri diğerini attı. Düşen kadın çocuğunu düşürdü. Resulullah düşen ceninin diyeti olarak bir köle veya câriye azadını emretti."[35]

Benzeri bir olayda bir kadın, hamile bir kadını öldürüp çocuğunun düşmesine vesile olunca, Peygamber (sav) katile kısas ile hükmetti. Düşen cenin için de bir köle veya câriye verilmesini emretti.[36]

Hz. Peygamberin ceninle ilgili emirleri bir açıdan Kur'ân'ın özlü olarak bahsettiği diyetleri açıklama durumunda iken, diğer açıdan da Kur'ân'a ek hüküm ihtiva etmektedir.

11- Suçlunun hapsedilmesi hususu, sünnetin getirdiği ek hükümlerdendir. Resulullah'ın Medine'de, bir kişiyi öldürme töhmetinden ötürü birini bir müddet hapsettiği; başka bir seferinde ise başkasıyla ortaklaşa kölesi olan ve köleyi azad eden bir adamı, kölenin bütün payını ödeyinceye kadar hàpsettiği rivâyet edilmiştir.[37]

Suçlunun hapsedilmesi de Kur'ân-ı Kerim'in belirlemediği ama Resulullah'ın uyguladığı hükümlerdendir.

Bunun dışında; Müslümanların aleyhine casusluk yapan bir müşrikin öldürülmesi,[38] elçilere iyi muamelede bulunulmasının gerekli olduğu,[39] Müslüman kadınların gayri müslime İslam ülkesine girmede güvence verme konusunda erkekle eşit haklara sahip olduğu,[40] kadın ile hala ve teyzesinin aynı nikahta bulundurulmasının yasak olduğu gibi bütün hususlar, Kur'ân'a sünnet tarafından getirilmiş ek hususlardır. Bu hususların bir kısım ya Kur'ân'da özlü olarak ifade edilmiş bir prensibi beyân ile tanımlamış, ya ilave hükümlerde bulunmuş veyahut da tamamıyla Kur'ân'a ilâve hükümler getirme şeklinde gerçekleşmiştir.

B- KUR'ÂN'IN SÜNNETE İHTİYACI VAR MI?

Elimize aldığımız bir Kur'ân-ı Kerim'i; esbâb-ı nüzulünden, nesh bilgisinden, tefsirinden, sünnet kaynaklı beyanlarından soyutlanmış olarak incelediğimizde, bu sorunun cevabını daha rahat verebiliriz. Sünnet olmadan birçok âyetin tefsirini kavramak zor olacaktır. Daha doğrusu birçok âyetin nasıl uygulanacağını kavramak imkansız olacaktır. Cenâb-ı Allah, *'namaz kılmamızı'* âyetle emrediyor ama nasıl kılınacağını, vakitlerini, şeklini, okunacak şeyleri açıklamıyor. Başka âyetlerde de bu konuda açıklayıcı bir bilgi yoktur.

Kur'ân'da geçen emir sözcüklerinin hangi hallerde vücûb (gereklilik), hangi hallerde ibâhat (olabilirlik) anlamına geldiklerini; nehyin (sakındırmanın) hangi hallerde tenzihi (helale yakınlığı), hangi hallerde tahrimî (harama yakın) olduğu ancak sünnetle yani Resulullah'ın müdahale ve uygulaması ile bilinebilmektedir.

Taberi (310/922) bu noktaya işaret ederek; Kur'ân'daki emir kipinin hangisinin gereklilik, hangisinin ise olabilirlilik, yasakların hangisinin kesin yasak, hangisinin ise sakındırma (işlenmemesi daha iyi) tarzında yasaklar olduğu; ayrıca cezai müeyyidelerin durumu, ferâizin miktarları, yaratıkların birbirleriyle münâsebet ve haklarının hepsi ancak[41] sünnetle anlaşılır der.

Şafii (204/819) Kur'ân'la sünnet arasındaki münasebeti, diğer bir ifâdeyle Kur'ân'ın sünnetin açıklayıcılığına olan ihtiyacını Resulullah'a itaatin farz olduğu noktasından hareketle anlatmış ve şu yorumu yapmıştır: "Allah'ın insanlara, Peygamberine itaati farz kılmasının yanıbaşında Peygamberine vermiş olduğu değeri âyetlerle güçlendirmesi göstermiştir ki; Allah'ın kitabında vahiy ile kayda bağlanmış şeyler Peygamberin açıklamasıyla iyice anlaşılır"[42]

Şâfii, Sünnetin Kur'ân'ı beyan etmesini şöyle açıklar: 'Bir şeyin farz olduğu Kur'ân'da açık bir şekilde ifade edilmiş, ayrıca Peygamber'e itaat da farz kılınmıştır. Bu durumda Peygamber (sav) o şeyin kime, nasıl farz olduğunu, emrin bağlayıcılık normunu Yüce Allah adına açıklar."[43]

Şafii Hz. Peygamberin Kur'ân'a ek olarak getirdiği hükümlerin de sünnetin Kur'ân'a beyânı olduğunu Risâle'de şöyle açıklar:

"Kur'ân'da herhangi bir nass bulunmayıp, Yüce Allah'ın sadece, Peygamberinin sünnetiyle açıkladığı hükümler Kur'ân'a beyân olan hükümlerdendir. Kur'ân'a ek olan bu hükümler de Allah'ın kitabının tefsiridir."[44]

Kur'ân-ı Kerim âyetleri indiğinde, ashab hep âyetleri yorumlayacak hadislerin beklentisi içinde olmuştur. Yani âyetlerin tefsirinde sünnet beklenmiştir. Resulullah (sav) bazen bunu hemen iletmiş, bazen de zaman içinde gelişen olaylara göre açıklamalarda bulunmuştur:

"De ki üstünüzden ve altınızdan size azâb göndermeğe, sizi fırka fırka yapıp kiminize kiminizin hıncını tattırmaya kadir olan O'dur..."[45] âyeti inince sahabe, Peygamberimize bunun yorumunu sordular. Kendisi şöyle buyurdu. 'Allah'ın haber verdiği olacaktır. Ancak bunun te'vili (yorumu) henüz gelmemiştir.'[46] Resulullah'ın bunun tevili henüz gelmemiştir cümlesi; henüz vuku bulma zamanı gelmedi tarzında da yorumlanabilir.

Resulullah'ın bazı âyetleri tefsir etmeden vefat ettiği kanaati da sahabede mevcuttu. Nitekim sahabeden şu cümle nakledilir: 'Son inen âyet faiz âyetidir. Resulullah (sav) de bu âyeti (teferruatı ile) tefsir etmeden vefat etti. "Artık siz faizi de faiz şüphesi olan muameleyi de bırakınız"[47]

Bütün bunlar sahabenin, Kur'ân'ın tefsirinde sünneti ne denli ısrarla aradığını ve sordurduğunu gösterir. Herhangi bir âyetin tefsirinde Peygamberimizin açıklaması bulunamadığında sahabe âyeti hakkıyla kavrayamama endişesine düşerdi.

Kur'ân'ın doğru anlaşılmasını sağlayan bu noktaların yanında sebeb-i nüzul ile tarihî olayların bilinmesi de son derece önemlidir. Yanlış anlaşılabilecek ayetlerin açıklaması, sebeb-i nüzul ve tarihî olayların tesbiti de ancak hadislerle bilinebilir. Bunu örneklerle anlatalım:

1- Yanlış Anlaşılabilecek Âyetlerdeki Soruları Giderme

Sahabe Resulullah'a âyetlerin yorumunu soruyor, kendileri de zamanı gelince açıklıyordu. Bunu gösteren bir rivâyet şöyledir. Hz. Ebu Bekir hutbe için kalkıyor. Hamdden sonra şöyle diyor; "Ey İnsanlar siz kendinize bakın: Doğru yolda iseniz sapıtan kimse size zarar veremez..."[48] âyetini yanlış yere koyuyorsunuz. Zira ben Resulullah'ın; "İnsanlar bir münker görür de onu değiştirmezlerse Allah'ın bir cezayla tümünü helak etmesi beklenir"[49] buyurduğunu işittim.

Başka bir rivâyete göre Resulullah'a âyetin tefsiri sorulduğunda şöyle buyuruyor: "Bu âyeti yanlış anlamada nerelere gittiniz? Bu âyetin manası: Kafirlerden dalalette olanlar sizin hidâyete ermenize zarar veremez,"[50] şeklindedir.

Bu hadisler, âyetin emr-i bil maruf, nehy-i anil münkere engel teşkil etmediğini ve âyetin anlamının ilk bakışta anlaşıldığı gibi olmadığını gösteriyor. Bu türden yanlışlıkları hadisler gideriyor.

2- Sebeb-i Nüzulün Hadisle Bilinmesi

Sebeb-i nüzulün; âyetlerin neden, nerede, ne gayeyle indiğini tesbitte en önemli unsur olduğu bilinmektedir. Sebeb-i Nüzul o denli önemli ki buna dair özel eserler yazılmıştır. Sadece âyetlerin iniş sebebi değil, mushafın içindeki hangi âyetin hangi âyetten önce indiğini, nesh keyfiyyetinin olup olmadığını da sebeb-i nüzulle tesbit mümkündür.

Sahabe diyor ki; Bakara sûresinde iddetle ilgili hükümler[51] gelince insanlar: 'Küçük olup hayız görmeyen, büyük olup hayızdan kesilen ve hamile olanların iddeti belirtilmemiş' diyerek, Resulullah'a müracaat ettiler. Bunun üzerine Talak sûresinin 4. âyeti indi.[52] İşte bunun gibi hangi âyetin, hangi âyetten önce olduğu ve neden indiği ancak hadislerle tesbit edilebiliyor.

Bu, sadece âyetlerle sınırlı değildi. Sûreler için de bu husus söz konusudur. İbn Mesud bu hususta şöyle diyor: 'Kim dilerse ben kendilerine yemin ederim ki, küçük Nisa sûresi (Talak sûresini kastediyor) Bakara sûresinden şu, şu kadar ay sonra indi.[53]

Sahih hadislerle tesbit edilmiş olan sebeb-i nüzulün çokluğuna bakılacak olursa; birçok âyetin Kur'ân'ın bütünü içinde ve tarihî misyonu itibariyle hangi şartlar içinde nazil olduğunun sebeb-i nüzul ilmiyle rahatça tesbit edildiğini söyleyebiliriz.

Bu tesbitin Kur'ân'ın iniş keyfiyyeti sırasında cemiyetin sosyo-kültürel ve sosyo-psikolojik durumlarının değerlendirilmesinde önemli yer tuttuğunu belirtmek gerekir. Zira Kur'ân'ın inişi, iniş sırasındaki cemiyetin moral yapısı ve Kur'ân'ın hitab tarzını nasıl tesbit ettiği hususları, son derece hayati mevzulardır. Bütün bunlar, Kurân'ın bir bütün olarak değerlendirilmesinde bizlere önemli ipuçları vermektedir.

3- Âyetlerin Tarihinin Sünnetle Bilinmesi

Kur'ân âyetlerinin sünnet kanalıyla yirmiüç senelik tarihî süzgeçten geçirilmesi mümkündür. Hangi âyetin hangi tarihî olayın öncesi veya sonrasında indiğinin bilinmesi âyetlerin doğru yorumlanmasına imkan hazırlar.

Mâide sûresinde hacc ile ilgili hürmet edilecek şeyler sayılırken; 'Sizi Mescid-i Haram'dan menettiği için bir topluluğa olan kininiz, aşırı gitmenize sebep olmasın'[54] buyurulmaktadır.

Burada 'menetmek' anlamındaki "sadde" kelimesinden önceki *elif-nun* maddesinin dilbilgisi açısından iki türlü okunuşu mümkündür. Şartiyye veya masdariyye tarzında okunabilir. Şartiyye anlamında okunsa âyet; "Şâyet sizi Mescid-i Ḥaram'dan alıkoyarlarsa" tarzında anlaşılır. (Yani ileride sizi Mekke'ye girmekten alıkoyarlarsa şeklinde olur.) Mefulun **lieclihi** olarak Masdariye anlamında okunsa; âyet; "sizi Mescid-i Haram'dan menettiği için..." tarzında olur. (Yani sizi alıkoymalarının karşılığında .... anlamında olur) Hadisler buradaki *"elif-nun"* maddesinin şartiyye anlamında okunamayacağını göstermektedir. Zira âyetin Mekke'nin Fethi yılı indiği bilinmektedir. Mekke Fethi de hicretin 8. yılı olmuştur. Halbuki müşriklerin mü'minleri Kabe'den alıkoymaları hicri altıncı yılda -fetihten önce- olmuştur. Yani Müslümanları Mekke'ye sokmama olayı (alıkoyma işi) âyetin nüzulünden önce idi.[55]

O halde âyetin şart manasına okunması ve anlamlandırılması tarihî vak'alarla çelişir.

Dikkat edilirse hadisler; âyetleri tarihî tasnife tabi tutarken, âyetlerin yanlış kıraatına engel olurlarken, âyetlerin tarihî perspektifini de belirlemiş olmaktadır.

Mümtehine sûresinde, "Ey İnsanlar! İnanmış kadınlar hicret ederek size gelirlerse onları deneyin.."[56] buyurulmuştur. Kadınların hicreti, Medine'ye gidildikten sonra herhangi bir dönemde olabilirdi. Ancak Mervan b. Hakem'in rivâyeti bunun Hudeybiye anlaşmasından sonra olduğunu göstermektedir.[57]

Kısaca şu denebilir: Kur'ân âyetleri etrafındaki bütün halkalar; âyetlerin geliş sebebi, zamanı, tarihi, öncelik ve sonralığı, kiminle ilgili indiği gibi hususlar bütünüyle sünnet vasıtasıyla bilinmiştir. Bu bağlamda sünnet, Hz. Peygamberi temsil etmiştir. Hz. Peygamber olmadan nasıl Kur'ân anlaşılamayacaksa; Sünnet olmadan da Kur'ân doğru ve eksiksiz anlaşılamayacaktır.

C- KUR'ÂN VE SÜNNETİN HUKUKİ MÜNÂSEBETİ

Hüküm koyma, yani teşri konularında Kur'ân ve Sünnet arasında sıkı bir ilgi vardır. Buradaki ilgi de genel prensipler itibariyle sünnetin Kur'ân-ı Kerim'i açıklaması şeklinde olur.

Şâtıbi (790/1388)'nin de beyân ettiği gibi, 'Kur'ân ve sünnet arasındaki teşri münasebeti üç yoldan biriyle olabilir.

1-) İlhak Yolu (Yani, Sünnetin Kur'an'ın konuşmadığı konularda karar vermesi).

2-) Kıyas Yolu.

3-) Cüzi kaidelerden genel kaidelerin çıkarılması yolu.

Şimdi bunları örneklerle görelim:

1- İlhak (Ekleme) Yolu:

Kur'ân bir şeyin helalliğine, bir diğerinin de haramlığına hükmeder. Hakkında konuşmadığı üçüncü bir şey olur. O şey ise; diğer iki şeyle herhangi bir açıdan ilgilidir. Bu şeyin, helal veya haramlılık konusunda hangisine tabi olacağı ictihad mevzuudur yani yoruma bağlıdır. Bu durumda Resulullah, hakkında hüküm bulunmayan konuyu bu iki şeyden birine bağlar.[58] İşte buna ilhak (katma, ekleme) yoluyla sünnetin Kur'ân'ı açıklaması veya Hz. Peygamberin hüküm koyma yetkisi denir. Buna bazı örnekler verelim:

a- Cenâb-ı Allah *'iyi, güzel şeyleri helâl, hebâisi ise'*[59] haram kıldı. Âyet genel bir ifade ile geliyor. Bunun arasında, hakkında hüküm olmayan şeyler vardır. Resulullah bu şeylerdeki ortak özellikleri gözönüne alarak bir kısmını helâl veya bir kısmını haram kılmıştır.

Vahşi hayvanlardan azı dişi olanları, parçalayıcı pençesi olan bütün kuşları, ehli merkebin etini, dışkı ve leş yiyen hayvanların et ve sütünü haram kıldı. Peygamberimiz, Kur'ân-ı Kerim'in net olarak açıklamadığı bu hayvanları harama yani "hebâis"e kattı.

Bu arada; tavşan, toy kuşu, keler gibi hayvanları da helal olan hayvanlara, yani "tayyibat"a kattı.[60]

b- Eğitilmiş olan köpeğin sahibi için yakaladığı av, âyetle helâl kılınmıştır.[61] Bundan şu çıkmaktadır. Eğitilmemiş köpeğin yakaladığı av -avını kendisi için yakalamasından ötürü- haramdır. O halde; eğitilmiş olan; ama, yakaladığı avı yiyen köpeğin getirdiği av ne olacak? Burada iki asıl çatışmaktadır. İşte sünnet burada da probleme çözüm getirmiştir:

Resulullah bu hususta şöyle buyuruyor: 'Eğer eğitilmiş köpek yakaladığı avdan yerse artık o etten sen yeme. Zira (bu durumda) o kendisi için yakalamıştır."[62]

c- Cenâb-ı Allah deniz avını helal olan etlerden (tayyibattan) saymıştır. Murdar olan ölüyü de haram saymıştır. Denizde kendi kendisine ölmüş balığın durumu iki âyetin hükmü arasında cevapsız kalmıştır. Deniz ürünü olması itibariyle helâle; kendi kendine ölmüş olmasından -boğazlanmadan ölmüş olmasından ötürü- itibariyle de murdara benzemektedir. Buradaki çözümsüzlüğü de sünnet cevaplamıştır. Peygamber (sav) deniz hakkında, "suyu temiz ve ölüsü helâldir"[63] buyurmuş, böylece ölü balığı da tayyibata eklemiştir.

d- Kurân-ı Kerim şer'î yolla (dine uygun kurallarla) boğazlanmış -eti yenen- hayvanın etini helâl kılmıştır. Boğazlanmış annenin karnından ölü olarak çıkan yavrunun durumu hakkında ise herhangi bir açıklamada bulunmamıştır. Resulullah (sav)'in hadisi bu probleme de cevap getirmiştir. Peygamber (sav) 'Annenin şer'î boğazlanması ceninin de boğazlanmasıdır'[64] buyurarak, hamile olduğu halde boğazlanan anne karnından çıkan ceninin murdar olmadığını beyân etmiştir.

2- Kıyas Yolu

Kur'ân bir konuda hüküm koyar. Peygamber (sav) de illeti (iki olayın varlık sebebi) aynı olan (benzeri) bir konuda kıyas yoluyla aynı hükmü verir. Kur'ân'ın koyduğu hükmü illetin umumiliği dolayısıyla, görünüşte özel de olsa gerçekte umumidir. Yani ayet bir adam hakkında iner, ama aynı özelliği taşına herkes hakkında uygulanır. Bu noktada Peygamber (sav)'in hükümleri bizi bağlar.[65]

Buna bazı örnekler verelim:

a- Cenâb-ı Allah faizin haram olduğunu Kur'ân'da belirtmiştir.[66] Câhiliye dönemindeki faiz şöyleydi: Birisine para veren parasını alacağı zaman gelince, ödeme zorluğundaki kişiye şöyle diyordu: Ya ödersin veya şu kadar fazlalık koyarım. Bu ise karşılıksız (ivassız) bir fazlalıktı, yani emek ve sermaye karşılığı olmayan bir fazlalıktı adı da faizdir. İşte sünnet bu mâhiyetteki bütün fazlalıkları faizden saydı. Ubade b. Samit (ra) şu hadisi naklediyor: Resulullah (sav) bizi gümüşü gümüşle, altını altınla, buğdayı buğdayla, arpayı arpayla, hurmayı hurmayla, ve tuzu tuzla satmaktan menetti. (Ancak cinsi aynı olan bu iki şey birbirine eşit olup ikisi de peşin olsa bunda faiz olmaz). Buğdayı arpa ile ve arpayı buğday ile elden ele (yani ikisi de peşin olmak kaydı ile) dilediğimiz gibi satmamıza izin verdi.[67]

Böylece Peygamberimiz kıyas denilen tümevarım yoluyla - veya Cebrail vasıtasıyla edindirilen vahiy- yoluyla, faizin genel ilkelerini ve yaygınlığını belirten bu hükmünü koymuş oldu.

b- Kur'ân-ı Kerim, kişinin nikahlanamayacağı kişileri sayarken; "... sizi emziren analarınız, süt bacılarınız..."[68] buyurarak, süt anne ve süt bacıların nikahlanamayacağını hükme bağlamıştır.

Sünnet ise sütten doğan evlilik yasağına; hala, teyze, kardeş ve bacı çocukları (vs.) bütün yakınları kattı. Peygamberimiz, "Allah nesepten dolayı haram kıldıklarının aynını sütten dolayı da haram kılmıştır"[69] diyerek, süt akrabalığının (süt emişen için) neseb akrabalığı gibi olduğunu belirlemiştir.

3- Kur'ân'dan Genel Kaideler Çıkarmak

Bazen Kur'ân'ın âyetleri farklı anlamlarda gelir. Ancak bütün bu anlamları toparlayan genel bir anlam vardır. Sünnet bu genel anlama uygun olarak gelir ve anlamları toparlar. Sünnetin getirdiği bu anlam; Kur'ân'ın değişik yerlerinde geçen bütün ayetleri toparlar.[70]

Buna dair bir örneği görelim:

Peygamber (sav), "Ameller niyetlere göredir. Herkes için ancak niyet ettiğinin karşılığı vardır"[71] buyurmuştur. Bu genel bir kuraldır. Ve bu genel kural; kibir ve riyayı yasaklayan, takvayı, salih bir hayatı emreden Kur'ân'ın âyetlerinde[72] görülür.

İşte Kur'ân'ın genelinde -birçok âyette görülen- müsbet ruh hâli Allah tarafından böyle övülürken, Peygamberimiz bu hâli tanımlayan net bir ifade kullanır. Peygamberimiz,"bütün işlerin niyete göre karşılık göreceği"ni buyuruyor.

D- RESULULLAH'IN YAPTIĞI İŞLERİN TAHLİLİ

Sünnetin Kur'ân'ı açıklamasında Resulullah'ın eylemleri önemli bir yer edinir. Zira kavli (sözel) sünnet yanında fiilî (eylemsel) sünnet, Kur'ân'ın birçok âyetini açıklar tarzda olmuştur.

1- Resulullah'ın Yaptığı İşlerin Çeşitleri

a- Peygamberimizin fiillerinden "cibilliyet-yaradılış"[73] tarzında olan; kalkmak, oturmak, içmek ve yemek gibi fiilleri kendisi ve ümmeti için mübah olan fiillerdir. Yaygın tabirle yapılması caiz olan şeylerdir.

b- Resulullah'ın kendisine has olan fiilleridir ki, bunda kendisine benzemeye çalışma yükümlülüğü yoktur. Bu hususta icmâ vardır. Duha ve vitir namazları, gece teheccüde kalkmak, müşaverenin (sahabeyle danışması) O'nun hakkında farz olması, savm-i visâlin kendisine mübâh olması, Mekke'ye ihramsız girmesi, dört kadından fazlasını alabilmesi gibi hususlar[74] Resulullah'ın kendine özel olup aynını yapmak başkası için caiz değildir.

c- Resulullah'ın işlediği ve bizim de işlememiz gereken fiillerdir ki bunların bizim tarafımızdan da taklid edilmesi gerektiği ya Peygamberimizin; 'Beni namaz kılıyorken gördüğünüz gibi namaz kılınız[75] şeklinde açık ifâdesiyle anlaşılır; ya da, duruma göre yan göstergelerle ortaya çıkar. Göstergeler şöyle anlaşılır: Genel bir ifâde gelir bununla da özel bir anlam kastedilir. Ancak Peygamberimiz ihtiyaç duyulacağı anda Onu açıklar. Mesela (hırsızlığı meslek haline getiren ve şartları oluşmuş olan bir); hırsızın elinin kesileceğini beyân eden âyet,[76] elin ne kadar kesileceğini açıklamıyordu. Resulullah bunun **"mirfekeyn"**[77] olduğunu belirterek durumu açıklığa kavuşturdu.[78]

d- Peygamberimizden iletilmesine rağmen olumlu veya olumsuzluğuna dâir bir beyânın ulaşmadığı fiiller. Bu türden fiillerde ya Yüce Allah'a yakınlık niyeti bulunur veyahut da öyle bir niyet olmadan işlenir. Kurbiyet niyeti olan fiillerin Resulullah ve biz hakkında vâcib olduğunu söyleyen âlimler yanında, bunların tavsiye anlamı ifade ettiğini söyleyenler de bulunmaktadır. Birinci grup içinde Hanbeliler ve Mutezîlîler; ikinci grupta ise **Şafii** (204/819) ve **Cüveyni** (478/1085) bulunmaktadır. Bu türden fiillerin olabilirlik anlamında olduğunu söyleyenlerin başında **Mâlik** (179/795) bulunur. Bu arada, bu türden fiiller karşısında yorum getirmemekle yetinilmesi gerektiğini söyleyenler de vardır. Şafii mezhebi âlimlerinin bir kısmı, **Gazali** (505/1111) ve Mutezîlîler'in bir kısım bu kanaattedir.[79] Yani; Peygamberimizin iş ve hareketleri konusunda ümmeti bağlayıp bağlamayacağı konusu ihtilaflıdır.

Bu hususta en belirgin kanaati **Âmidi** (631/1233) belirtmiştir. Kendisi Resulullah'a ait olup, ümmeti bağlamayan fiillerin çok nadir olduğunu söyler.[80] Resulullah'ın fiilleri tahlil edildiğinde, fiillerinin de sözleri gibi Kur'ân'a beyân teşkil ettiği görülür. Kaldı ki Allah'ın gönderdiği bir Peygamberin fiillerinin sadece kendisini bağlaması makul değildir. Çünkü fiilleri de vahyin bir tür çeşidiydi. O halde, Peygamberimizin; işleri, fiilleri, eylemleri, hareketleri ya bizleri bağlar veya en azından bizi yönlendirir.

2- Resulullah'ın Fiillerinin Bağlayıcılığının delilleri:

Peygamberimizin fiillerinin ümmete de örnek teşkil ettiği ve bağlayıcı olduğu Kur'ân'dan bazı âyetlerle açıkça anlaşılmaktadır. Bu nassların bir kısmını örnek olarak şöyle sıralayabiliriz:

a- Hz. Peygamber'in Zeyneb ile evlenmesi Kur'ân'da anlatılmıştır. "Zeyd o kadından ilişiğini kesince biz onu sana nikahladık..."[81] buyurularak, olay nakledilmiştir. Şayet Resulullah'ın fiillerinin ümmeti bağlayıcı vasfı olmasaydı olayın anlatılması anlamsız olurdu. Kaldı ki âyetin sonunda bu olayla evlatlıkların zevcelerinin -boşandıktan sonra- nikahlanabileceği hükmü kayda bağlanmış oluyor. Evlatlık ile gerçek evladın bir olmadığı, evlatlığın hanımıyla mahremiyet oluşmayacağı bu âyetle netleşmiştir.

b- Kur'ân-ı Kerim Resulullah'a uymanın şart olduğunu, "De ki Allah'ı seviyorsanız bana ittiba ediniz'[82] âyetiyle açıkça belirtilmiştir.

Âmidi (631/1233); âyette geçen Resulullah'a uymanın (mutabaatın), uymaklığı vâcib olan Allah'a uymanın gereği sayılmasına dikkat çekmiştir.[83]

c- Kur'ân, 'Andolsun ki, Resulullah'da sizin için, Allah'a ve âhiret gününe kavuşmayı umanlar ve Allah'ı çok zikredenler için en mükemmel bir örnek vardır,[84] buyurarak, Allah'ı ve âhiret gününü dileyene Resulullah'ı örnek almak şartını koşmuştur. Örnek almak gerçekleşmezse, bundan Allah ve âhiret gününü dilemenin gerçekleşemeyeceği anlamı çıkar. Bu ise küfürdür. O halde Resulullah'ı taklid farzdır.

Bu arada bir tenkidden bahsetmekte yarar vardır. Verdiğimiz örneklerde geçen ayetleri alan bazı tenkidçiler; âyetlerin belli bir konuda örnek olmayı ve uymayı emrettiğini söylerler. Onlara göre âyetler her konuda uymayı emretmiyor.[85] Bu yoruma katılmak mümkün değildir.

Ayetlerde sınırlayıcı bir ifade olmadıkça anlamları mutlaktır. Bu nedenle de Resulullah'a uymayı emreden âyetler mutlak olarak anlaşılmalıdır. Aksi halde âyetler mutlak ifâdeyle gelmezdi, bilakis sınırlayıcı bir perspektifle olayları aktarırdı.

Âmidi (631/1233) bu konuda şöyle der: "Peygamberi taklit ve ona -tabi olmak- ya bir şeyde olur veya bütün işlerde. Bir şeyde olursa, ya belli bir şeyde olur veya bütün işlerde. Bir şeyde olursa ya belirgin bir şeyde veya belirgin olmayan bir şeyde olur. Peygambere belli bir konuda uymanın gerekliliği uygun değildir. Zira âyetlerden böyle bir anlam çıkmıyor. Belli konularda Resulullah'a uymanın gerekliliği, O'nun yüce görevine aykırıdır. O halde O'na uymak her konuda olur."[86]

O halde daha genel bir ifâdeyle şöyle denebilir:

Bazen Resulullah (sav) herhangi bir iş işler de; bu iş herhangi bir âyetin yorumu olmaz veya bu işin Resulullah'ın özel durumundan olduğuna dair bir delil de bulunmaz, bu durumda bile bu eylemlerin olabilirlik gibi bir anlam taşıdığı anlaşılırsa; bu tür fiillerin bizi bağladığı, onu örnek edinmek zorunda olduğumuz, fakihlerin ve kelam âlimlerinin çoğunluğuna göre ortadadır.

Âmidi (631/1233) bu hususta icma olduğunu söyler.[87] Sadece Ebu Ali b. Hallad'ın, örnek edinme ancak ibâdetlerde olur itirazı vardır. Ancak cumhurun görüşü şöyledir: Kur'ân'dan anlıyoruz ki Hz. Peygambere her konuda uymak şarttır.

3- Sahabenin Peygamberimizi İzlemesi

Sahabe, Resulullah'ın fiillerini, eylemlerini inceliyor ve aynen taklid ediyordu. Çünkü eylemler çoğu kez sözlerin uygulamasıdır. Hatta sözel bir zorunluluk geçmemiş olsa bile, sahabe, Resulullah'ın fiilini aynen yapmağa gayret ediyordu. Bunu, namazla ilgili hadiste görebiliyoruz. Peygamberimiz ayakkabısını çıkarmadan namaz kılacaktı. Cebrail ayakkabısına yapışmış olan necasetten ötürü ayakkabısını çıkarmasını istedi. Peygamberimiz de ayakkabısını çıkardı. O'nun ayakkabısın çıkarması üzerine, sahabe de aynını uyguladı.

Olay şöyle gerçekleşiyor: Ebu Said-i Huduri'nin haber verdiğine göre Resulullah (sav) ashabla namaz kılarken ayakkabılarını çıkarıp soluna koydu. Sahabe bunu görünce ayakkabılarını çıkardılar. Resulullah (sav) namazı bitirince, 'Neden böyle yaptınız?' diye sordu. Cemâat; 'Sizin yaptığınızı görünce aynını yaptık' dediler. Peygamberimiz: 'Demin (ben namazdayken) Cebrail yanıma geldi ve ayakkabıma necasetin yapıştığını haber verdi, onun için çıkardım' cevabını verdi. Daha sonra, 'Biriniz camiye geldiğinde çarığına baksın bir pislik veya necaset varsa temizlesin, sonra onunla namaz kılsın' buyurdu.[88]

Hadis incelendiğinde şu görülüyor: Peygamber (sav) namazda ayakkabısını çıkardığında sahabe de çıkarıyor. Çünkü Resulullah'a uymanın gereğini biliyorlardı. Resulullah da bunu onayladı. Yani bir daha yaptığımı yapmayın demedi. Ancak bu fiilinin gerekçesini açıkladı ve aynı şartların tahakkuku halinde taklid edilmesi gerektiğini de deklare etmiş oldu.

Peygamberimiz kendisine herhangi bir soru sorulduğunda soruya cevap teşkil eden bir fiili daha önce işlemişse, soruyu gereksiz sayıyor ve kendisinin yapmış olmasını örnek alınma açısından yeterli görüyordu. Hatta böyle bir olayı görenlere, *neden başkalarına benim bu uygulamamı bildirmediniz* diye soruyordu. Sorguluyordu. *İnsanları bilgilendirin* diyordu

Nitekim Ümmü Seleme (r.anha) Oruçlu insanın hanımını öpmesi hususunu Resulullah'a sorunca cevaben; "Neden onlara benim oruçlu olduğum halde hanımımı öptüğümü söylemiyorsunuz"[89] buyurdu.

Benzeri bir olayda Hz. Âişe, "Resulullah oruçluyken öperdi ve..."[90] diyor. Resulullah'ın eylemini, sözel emri yerine koyuyor. Peygamber(sav)in yaptığı işler, örnek alınacak fiiller olmasaydı, böyle denmesinin anlamı kalmazdı.

Hz. Ömer'in Hacer-i Esved'i öperken söyledikleri son derece mânidardır. Kendisi Hacer-i Esved'i öptükten sonra şöyle diyor: "Ben Resulullah'ın seni öptüğünü görmemiş olsaydım seni öpmezdim".[91] Hz. Ömer'in Hacer-i Esved'i öpmesi şu açıdan önemlidir. Hacer-i Esved'i öpmek haccın farz veya vâcib olan menâsikinden (uygulamalarından) değildir. Böyle olsaydı Hz. Ömer o cümleyi kullanmazdı. Hacer-i Esved'i öpmeseydi de haccına bir zarar gelmezdi. Herhangi birinin, 'Resulullah'ın menâsikinizi (hac ile ilgili uygulamayı) benden alınız' emrinden ötürü Hz. Ömer Hacer-i Esved'i öptü, demesi anlamsız ve delilsizdir. Çünkü Hz. Ömer Hacer-i Esved'i öpmenin vücub (mutlak gereklilik) ifade etmediğini biliyordu ve buna rağmen sırf Resulullah (sav) öpmüş olduğu için onu öpüyordu.

Resulullah'ın yaptıklarının aynını sahabe yapıyordu. Hz. Peygamberin bütün yaptıklarını aynen yapmak öyle yaygın bir hale gelmişti ki Peygamberimiz, kendisine has olup taklit edilmesi gereken eylemleri ikaz etmek zorunda kalıyordu. Mesela kendisi savm-ı visâl'e devam etti ama sahabeyi savm-ı visâlden[92] sakındırdı.[93] Sahabe sebebini sorduğunda; "Beni Rabbim yedirir, içirir. Sizin buna gücünüz yetmez"[94] buyurarak sebebini belirtti.

Hadiste dikkati çeken husus şudur: Peygamberimiz, sahabenin; 'neden senin yaptığını yapmıyoruz' zihniyetini tenkid etmiyor. Ancak kendisinin bu husustaki farklılığını belirtiyor. Hatta her konuda beni taklid etmeyin de demiyor. Gücünüz yetmez diyor.

Sünnetle ilgili kaynaklara baktığımızda 'Resulullah şöyle buyurdu' şeklinde nakledilen hadislerin yanında *'Resulullah'ı şöyle yaparken gördüm, işittim'* tarzındaki hadislerin de çok fazla olduğunu görürüz. Eğer Resulullah'ın yaptığı işler (eylemleri) mutlaka sözle kuvvetlendirilmek zorunda olsaydı sahabenin Resulullah şöyle yaptı ama bunu doğrulayan veya yapın tarzında yönlendirici sözünü duymadık diyeceklerdi.

Sonuç olarak şunu diyebiliriz: Resulullah'ın fiilleri, eylemleri ve işleri de Kur'ân'ın birer açıklaması mahiyetindedir. Peygamberimizin (sav) fiillerine uymakla, sözlerine uymak arasında herhangi bir fark yoktur.

BİRİNCİ BÖLÜM DİPNOTLARI

[1] Süyuti, Miftah üs-Sünne, s. 59.

[2] Süyuti, Miftah, s. 58.

[3] Müslim, Sayd, 15-16; Et'ime, 32; Tirmizi, Sayd, 1, 9, 11; Nesâi, Sayd, 86; Mâce, Sayd, 13; Dârimi, Adâhi, 18.

[4] Dâvud, Et'ime, 29; Ahmed II, 381.

[5] Ebu Hanife Kirinin yenmesini kerih görmüştür. İmâm Mâik tevakkuf etmiş, İmâmı Şafii, ise bir kerahet olmadığını belirtmiştir. (Hattabi Meâlimü's-Sünen, V, 313)

[6] Dâvud, Cihâd, 47; Et'ime, 24, 33; Eşribe, 14; Tirmizi, Et'ime, 24; Nesâi, Dahâyâ 43, 44; Mâce, Zebâih, 11; Mâlik, Edâhi, 28; Ahmed, I, 219, 226, 321, 339; İbn Hacer el-akalani, Ahmed b. Ali; el-Metâlibül Aliye bir zevaidil mesanidis - Semâniyye I-1V, (Dârü'l Mârife, Beyrut ts.) II, 311.

[7] Buhâri, Zebâih, 28; Meğazi, 38; Nikah, 31; Müslim, Nikah, 30; Sayd, 23-25, 27, 30, 31, 37; Tirmizi, Nikah, 29, Sayd, 9, Et'ime, 6; Nesâi, Nikah, 71; Sayd, 31, Mâce, Zebâih, 13; Dârimi, Edâhi, 21, 22, Nikah, 6.

[8] Tirmizi, Et'ime, 4.

[9] Nesâi, Sayd, 28, Mâce, Sayd, 13; Malik, Sayd, 13-14; Dâvud, Et'ime, 32; Ahmed, 11, 36, 418.

[10] Dâvud, Et'ime, 28; Tirmizi, Et'ime, 62.

[11] Mâce, Sayd, 9; Et'ime, 31; Dâvud, Et'ime, 34; Mâlik, Sıfat-ı Nebi, 30; Dâvud, Menâsık, 41; Nesâi, Sayd, 37; Tirmizi, Et'ime, 23; Ahmed, II, 97.

[12] Buhari, Zebâih, 33; Müslim, Sayd, 44; Dâvud, Et'ime, 27; Malik, İsti'zan, 10; Tirmizi, Et'ime, 3 (Resulullah'ın sofrasında yendi); Buhâri, İ'tisam, 24; Nesâi, Sayd,26; Müslim, Sayd, 40 (soru üzerine yemen ve haramda kılmam buyurdu), Dâvud, Sayd, 8; Buhâri, Et'ime, 10 (Resulullah elini kelerden çekti.); Mâce, Sayd, 16

[13] Buhâri, Hibe, 5, Zibâih, 10-32-36; Müslim, Sayd, 58; Tirmizi, Et'ime,2; Nesâi, Siyam, 84; Sayd, 25; Dahaya, 18; Mâce, Zebâih, 5; Sayd, 7,17; Dârimi, Sayd, 7; Dâvud, Et'ime, 26.

[14] Süyuti, Miftah, s. 28.

[15] Buhâri, Sulh, 5; Şurut 9; İmân, 3; Hudud, 30, 34-38, 46; Ahkâm, 39; Ahâd, 1; İ'tisam, 2; Müslim, Hudud, 25; Dâvud, Akdiye, 11; Hudud, 24; Tirmizi, Ahkâm, 3; Nesâi, Kudat, 22; Mâce, Hudud, 7.

[16] Süyûti, a. g e, s. 28.

[17] Şâtıbi, Muvafakat, I, 162-163.

[18] Şâtıbi, a. g. e, 1, 164.

[19] Tirmizi, Hudut, 24; Mâce, Hudud, 12.

[20] Dâvud, Hudud, 34; Tirmizi, Tefsir (24. sûre) 5; Ahmed, VI, 30-35.

[21] Kurtubi, Akdiyetü'r-Resul, s. 25.

[22] Buhâri, Humus, 18; Meğazi, 54; Müslim, Cihâd, 41; Dâvud, Cihâd, 136; Mâlik, Cihâd, 18; Ahmed 01, 79-190.

[23] Kurtubi, a. g. e, s. 54-55.

[24] Buhâri, Humus, 18; Müslim, Cihâd, 42; Ahmed, I, 192. Ayrıca Ebu Cehl'i öldüren iki kişiden biri olan Muaz b. Amr b Cemuh'a, Ebu Cehl'in selbinin verileceğini de Peygamberimiz ifâde buyurmuştur. Böylece Selb konusu sünnetle gündeme gelmiş ve âyette sözü edilen humustan farklı muamele görmüştür.

[25] Âli İmran, 97.

[26] Buhâri, Sayd, 18; Davud, Cihâd; 117; Dârimi, Menâsik, 88; Siyer, 20; Mâlik, Hacc, 247.

[27] Müslim, Cihâd, 86; Müslim'in rivâyetinde, dört kişi denilmektedir.

[28] Buhâri, Havf, 6; Cihad, 168; Menâkıb-ı Ensar, 12; İsti'zan, 26; Megâzi, 30-38; Müslim, Cihâd, 6.

[29] Dâvud, Hudud, 2.

[30] Kurtubi, Akdiye, s. 31.

[31] Maide, 32.

[32] Buhari, Menâkıb, 26; Hudud, 37; Ebu Dâvud, Hudud, 25; Mâlik, Hudud, 1; Kurtubi, a. g. e, s. 24-25

[33] Müslim, Kasame, 6; Dâvud, Diyât, 8; Mâce, Diyât, 28: Muvatta, Kasame, 12

[34] Mâce, Diyât, 28. Senedindeki Haccac b. Ertat tedlisçidir.

[35] Buhâri, Ferâiz, 11; Diyât, 25,26; Tıbb, 36; Müslim, Kasame, 34, 38, 39; Davut, Diyât, 19; Mâce, Ferâiz, 11; Mâlik, Ukul, 6; Bu kaynaklarda benzeri bir olaydan dolayı Gurre gerektiği ifade ediliyor. Ayrıca bk. Tirmizi, Diyât, 15; Dâvud, Diyât, 19; Nesâi, Kasame, 39; Dârimi, Diyât, 20; Ahmed, II, 274.

[36] Tirmizi, Diyât, 15; Dâvud, Diyât; 19; Nesâi, Kasame, 39; Darimi, Diyât, 20.

[37] Kurtubi, Akdiye, s. 11 .

[38] Buhâri, Cihâd, 172; Dâvud, Cihâd, 100; Kurtubi, a.g.e, s. 62.

[39] Kurtubi, a.g.e, s. 64-65.

[40] Şâtıbi, Muvafakat. I, 276.

[41] Tâberi, Câmiul Beyân, I, 25.

[42] Şafii, Risâle, s. 31-32

[43] Şafii, a.g.e, s. 32.

[44] Şafii, Risale, s. 33.

[45] En'âm, 65.

[46] Tirmizi, Tefsir, hd. 3066.

[47] Mâce, Ticâret hd: 2276; Süyuti, Mü'terekü'l Akran, III, 647.

[48] Mâide, 105.

[49] Süyuti, Dürr, m, 215.

[50] Süyuti, a. g. e, IH, 216.

[51] Bakara, 228

[52] Süyuti, a. g. e, VIII, 201-206

[53] Süyuti, Dürr, VIII, 203

[54] Mâide, 2

[55] Şevkani, Feth, II, 7.

[56] Mümtehine, 10.

[57] Süyuti, Esbâbü'n-Niizul, s. 487; Dr. Muhammed Humsi, 'Kur'ân-ı Kerim tefsir ve Beyan'ın Zeylinde'.

[58] Zehv, el- Hadis, s. 40.

[59] Araf, 157.

[60] Şâtıbi, Muvafakat, IV, 26; Zehv, a.g.e, s. 41.

[61] Mâide, 4.

[62] Buhâri, Zebâih, 8; Müslim, Sayd, 3.

[63] Dâvud, Tahâret, 41; Tirmizi, Tahâret, 52; Nesâi, Tahâret, 46; Miyah, 4; Sayd, 35; Mâce, Tahâret, 38; Sayd. 18; Darimi, Vüdu, 53; Sayd, 6; Mâlik, Tahâret, 12; Sayd, 12.

[64] Dâvud, Adâhi, 18; Tirmizi, Sayd, 10; Mâce, Zebâih, 15; Dârimi, Edahi, 17.

[65] Zehv, Hadis, s. 41-42.

[66] Müslim, Musâkat, 81, 82; Tirmizi, Büyü, 23; Dâvud, Büyû'. 12; Mâce, Ticâret, 48; Nesâi, Büyû', 43.

[67] Müslim, Musâkat, 81, 82; Tirmizi, Büyü, 23: Dâvud, Büyû', 12; Mâce, Tahâret, 48;Nesâi, Büyû', 43.

[68] Nisa, 23

[69] Buhâri, Şehâdet, 7: Nikâh, 20, 27, 117; Humus, 4; Müslim, Reda' 1, 2, 9, 12; Dâvud; Nikah, 6; Mâce, Nikâh, 34

[70] Zehv, Hadis, s. 43

[71] Buhâri, Bedii'l Vahy, 1; İmân, 41; İkrah (terceme); Nikâh, 5; Talak, 11; Menâkıb-ı Ensar, 45, İfk, 6; İmân, 23; Müslim, İmame, 155; Dâvud, Talak, 11; Tirmizi, Fiedâilü'l Cihâd, 16.

[72] Zümer, 2; Bakara, 139; Meryem, 51; Saffat, 47, 74, 128.

[73] Âmidi, İhkâm, I, 247.

[74] Âmidi, a.g.e, I, 248.

[75] Buhâri, Ezan, 18; Edeb, 27; Ahâd, 1; Dârimi, Salât, 42; Ahmed, V, 53.

[76] Mâide, 38.

[77] Bilekler, buna "ku"da denir. Emir Nâsuriddin; er-Râfid (Lübnan, 198l) s. 29.

[78]Âmidi, İhkam, 1, 248.

[79] Âmidi, a.g.e, 1, 250.

[80] Âmidi, a. g. e, 1, 250.

[81] Ahzâb, 37.

[82] Âli İmrân, 31.

[83] Âmidi, İhkam, I, 250.

[84] Ahzab, 21.

[85] Âmidi, a.g.e, I, 268.

[86] Âmidi, a.g.e, I, 268.

[87] Âmidi, ihkâm, I 267

[88] Dâvud, Salât, 89. Bu olayı; özellikle kuru yerlerde, ayakkabıya necasetin bulaşmayacağı ortamda zaruret halinde ayakkabıyla namaz kılınmasına müsaade edilebilir şeklinde değerlendirmek uygun olur.

[89] Âmidi, İhkam, I, 253.

[90] Dâvud, Savm, 33.

[91] Buhâri, Hacc, 60; Müslim, Hacc, 250; Nesâi, Menâsık, 148; Mâlik, Hacc, 115.

[92] Savm-i visal: İftar yapmadan birkaç gün üst üste oruç tutmaktır. Alimlerin çoğu Peygamberimiz hariç, başkasının böyle oruç tutmasını haram saymışlardır. Caiz gören alimlerin sayısı azdır. Konuyla ilgili tartışmalar için bk. (Ayni, Umdetül Kâri, Kahire, 1348: XI, 74; İbn Hacer Fethü'l-Bâri, Beyrut, t.y, (Darül'l Fikr) Iv, 204.

[93] Buhâri. Savm, 49; Müslim, Siyam, 59; Dâvud, Savm, 24; Dârimi, Savm, 154; Mâlik, Siyam, 37.

[94] Buhâri, Savm, 49; Hudud, 42; İ'tisam, 5; Müslim, Sıyâm, 57, 58, 60, 61; Tirmizi, Savm, 61.

İKİNCİ BÖLÜM

I- KUR'ÂN'IN DOĞRU ANLAŞILMASINDA HADİSLERİN ROLÜ

A- DİNİN İNANCA AİT KONULARINDA HADİSLERİN KUR'ÂN'A GETİRDİĞİ YORUMLAR: SÜNNETİN GETİRDİĞİ İLÂVE HÜKÜMLER VE BUNLARIN YORUMLARI

İtikadi konular Kur'ân'la sabit olmuştur. Ancak Kur'ân-ı Kerim, itikadı esasların kategorilendirilmesini ve akla gelebilecek ilgili soruların cevaplarını Peygamberimize bırakmıştır.

İslam'ın inanç sistemini kapsayan bu bölümde; iman konuları ve ahirette olacak olan olaylardan Kur'ân ve Sünnetle bilinen -havz, sûr, sırat, kabir azabı, dabbe, cennet, cehennem gibi-teferruatı incelemeye gayret edeceğiz.

1-İMAN İLE İLGİLİ KONULAR:

a- Kur'ân'ın Getirdiği Hükümler

Kur'ân-ı Kerim'de iman kavramı çokça geçmiştir. İman etmenin gereğinden, imanın eksilip artacağından[1] Allah'a, Resulüne, Peygamberlere, meleklere, ahirete, gaybe imanın gereğinden bahsedilir.

b- Hadislerin Bu Konulara Getirdiği Açıklama, İlâve ve Yorumlar

Hadisler, iman kavramnı çok daha değişik ve geniş bir yaygınlığa ulaştırıp, birçok işi de imanın kaideleri içinde saymıştır. Bazı hadislerde imânın dört, bazısında beş, başkalarında dokuz veya daha fazla kısmı sayılmıştır. Hadislere dikkat edildiğinde imanın şubelerinde derece derece artma gösterilmiştir. Bazı hadislerde ise bu yetmiş küsur şubeye yükseltilir.

Ebu Ubeyd el-**Kâsim bin Sellâm** (224/838) bunların arasında tezat olmadığını, imanın her ilkesi indiğinde Resullulah'ın hemen ekleme yaptığını, nihayet; *"iman yetmiş küsur cüzdür. En faziletlisi 'lâilahe illallah' şehadeti, en düşüğü ise yoldan rahat geçişi engelleyen engeli atmaktır"* hadisinin bunun sınırı olduğunu söyler.[2]

Peygamberimiz hadislerinde ahlaki ölçülerin imanın güçlenmesine (yani artmasına) etki ettiğini de beyan etmişlerdir. İman edilmesi gereken esaslar ayrı; İmanı güçlendiren esaslar ise ayrı olarak tasnif edilmiştir.

Kalp dosdoğru olmadıkça imanın doğru olmadığı'[3] hasedin imanla uzlaşmayacağı[4] ensarı sevmenin imandan olduğu"[5], utanma duygusunun imandan olduğu[6], Peygamberi sevmenin,[7] cömertliğin[8], aldatmamanın[9] imandan olduğu; büyük günah işleyen kişinin bu günahını işlediği esnada imanını yitirdiği[10] ve benzeri hususlar Peygamberimizin sünnet yoluyla iman anlayışına getirdiği yeni boyutlardır.

2- PEYGAMBERLER İLE İLGİLİ KONULAR

a- Kur'ân'ın Getirdiği Hükümler

Peygamberlerin sayısı hakkında Kur'an-ı Kerim'de herhangi bir sayı ifade edilmiyor. Nitekim âyette: 'Ey Muhammed! Andolsun ki, senden önce birçok Peygamberler gönderdik, sana onların kimini anlatmadık.'[11] buyuruluyor.

b-Hadislerin Buna Getirdiği Beyan, İlâve ve Yorum

Peygamber (sav); peygamberlerin sayısının Kur'ân'da zikredilenlerle sınırlı olmadığını, sayının çok fazla olduğunu belirtmiştir.

Ebu Zerr (r.a)'in rivâyetine göre kendisi Resulullaha, Peygamberlerin sayısını sormuştur. Resulullah (sav) şöyle buyurmuştur: "Peygamberlerin sayısı yüzyirmibin kişidir, bunlardan üçyüzonüçü resuldür."[12]

Nisa sûresinin 165. âyetindeki Peygamberler arasındaki irtibatlara değinmiştir. Peygamber (sav) bu bağlantıyı şöyle tanımlıyor:

'Ben ve benden önceki Peygamberlerin örneği, güzel ve bir ev yapıp duvarlarında bir tuğlalık gedik bırakan adamın örneği gibidir. İnsanlar bu evi dolaşmaya başlarken bir tuğlalık boş yeri gördüklerinde şaşırdılar ve şu boşluğa bir tuğla konsaydı olmaz mıydı, derler. İşte ben (binayı tamamlayan) o tuğlayım. Ve ben Nebilerin sonuncusuyum.[13]

Peygambere İtaat

Allah; Peygamberine itaat edenin kendisine itaat etmiş olduğunu haber veriyor.[14]

Peygamberimiz bu âyetin boyutlarını daha da genişletiyorlar. Şöyle buyuruyor: 'Kim bana itaat ederse, Allah'a itaat etmiş olur. Kim bana isyan ederse Allah'a isyan etmiş sayılır. Kim (benim yolumda olan) emirime itaat ederse o benim emrime itaat etmiştir Kim de benim emirime isyan ederse, bana isyan etmiştir.[15]

Hadisler, Peygambere uymanın ahiretle ilgili boyutuna da dikkat çekmişlerdir. Hadislerinde; "Muhammed (sav)e isyan eden Allah'a isyan etmiştir"[16] buyuruyor. Başka seferinde ise; "Hepiniz cennete gireceksiniz ancak girmek istemeyenler hariç. (Sahabe) kim cennete girmek istemez ey Allah'ın Resulü diye sorduklarında ise; Resulullah, şöyle buyurdu: Kim bana itâat ederse cennete girer, kim de isyan ederse cennete girmekten kendini alıkoymuş olur"[17] buyuruyor. İşte bu hadisler, bu âyete getirilmiş olan yorumlardır.

Peygamberimizin Son Peygamber Oluşu

Hz. Muhammed'in (sav) peygamberlerin sonuncusu ve en faziletlisi olduğu Kur'ân'da bildirilmiştir.[18] Bu mâhiyetteki âyetleri açıklayan hadislerde Peygamberimiz bunun sonuçlarını örneklerle sıralıyor:

"Ben (diğer) Peygamberlere altı şeyle üstün kılındım.

Bana Cevâmiü'l Kelim (az sözle çok şey anlatma kabiliyeti) verildi, düşmanlarıma korku vermekle yardım edildim, bana ganimetler helal kılındı, bütün yeryüzü bana mescid ve temiz kılındı, bütün mahlukata gönderildim ve Peygamberlik benimle sona erdi."[19]

Nitekim başka bir hadiste; 'Nübüvvet benimle sona ermiştir, benden sonra Resul ve Nebi yoktur'[20] buyurmuşlar.

Örneğini verdiğimiz hadisler, Peygamberle ilgili Kur'ân'da geçen Peygamberlerin fazilet ve hatemlik kavramlarına açıklık kazandırmış, buradaki özlü hükümlere beyan ve ilave açıklamalar getirmiştir.

3- YARADILIŞ İLE İLGİLİ KONULAR

a- Kur'ân'ın Getirdiği Hükümler

Kur'ân, yaradılış evrelerini anlattığı gibi, insanın aslının topraktan olduğuna özellikle dikkat çekmiştir. Âyette şöyle buyurulmuştur: *"Sizi topraktan yaratması, onun varlığının belgelerindendir."*[21]

Hemen akabinde gelen âyette insanın renk ve dillerinin değisikliğine dikkat çekilmesi[22] bunun toprakla ilgili yönünü çağrıştırır. Ama her iki âyette de bununla ilgili bir serahat ve beyan bulunmamaktadır.

b- Hadislerin Buna Getirdiği Açıklama, İlave ve Yorum

Sünnet, toprakla insanın renk ve karakterinin irtibatına işaret eden bu âyetleri tefsir etmiş ve âyetlerin yerlice anlaşılmasını sağlamıştır.

Ebu Musa el-Eş'ari'den rivâyet edildiğine göre Resullullah şöyle buyurur: "Allah Teala, Adem'i yeryüzünün her tarafından avuçladığı bir avuç topraktan yaratmıştır. Bundan ötürüdür ki insanoğulları, yerin durumuna göre (yerin tabii karakteri ile insanın fiziki, ruhi ve psikolojik karakteri arasında uygunluk) olmuşlardır. Onlardan kimisi kızıl (kırmızı), kimisi siyah, kimisi beyaz ve kimisi de bunların arasında ten rengindedir. Adem oğullarının da (toprak gibi) sarp ve haşin olanı, düz olanı, iyi ve kötü olanı vardır.[23]

Dikkat edildiğinde hadis; âyetteki renk ve dillerin değişik değişik yaradılışındaki esrarın bir yönüne temas etmiş ve sanki hammaddesindeki toprağın farklı karakterinin, insanın kişiliğine etkisini açıklamıştır.

4- KAZA-KADER İLE İLGİLİ KONULAR

a-Kur'ân'ın getirdiği hükümler

Her şeyin Cenab-ı Allah'ın irade ve tasarrufunun altında bulunduğu anlamındaki kader; Kur'ân-ı Kerim'de değişik üslub ve anlatımlarla izah edilmiştir. Bunlara örnek olarak şu âyetler gösterilebilir:

"De ki: Bizim için Allah'ın yazdığından başkası bize asla erişmez."[24]

"Biz, her şeyi bir ölçüye göre yarattık"[25]

Görülebildiği gibi her şeyin belli bir ölçüye göre yaratıldığı, bize ulaşan iyi-kötü her şeyin belli bir takdirden geçtiği, Allah'ın dileğinin dışında herhangi bir şeyin bize ulaşmasının mümkün olmadığı bildirilmiştir.

b-Hadislerin Buna Getirdiği Açıklama, İlave ve Yorum

Peygamberimiz (sav) Kur'ân'ın özlü olarak işaret ettiği kaderle ilgili hususları; bazen sözlü, bazen de toprağın üzerinde değnekle örnekler çizerek izah etmişlerdir. Böylelikle kader hakkında oluşan soruları gidermiştir.

Kaderin yazılmasını, şu cümlelerde belirtmişlerdir:

'Allah önce kalemi yarattı ve yaz dedi. Kalem: Ya Rabbi, ne yazayım dedi.

Allah, kıyamete kadar olacak her şeyin takdirini yaz, dedi.[26]

Bu hadisler; Kur'ân'ın temas etmediği, kaderin takdirine ait ilk merhaleyi açıklar.

Meşhur cibril hadisinde; "Kaderin hayır ve şerrine iman etmen..."[27] diyerek, hayır ve şerrin kader çizgisi içinde olduğunu ölçüye bağlamıştır.

İnsanın anne rahmine girdikten sonra kaderinin belirlendiğini tesbit eden hadiste de "Nutfe rahimde yerleştikten 40 gün sonra melek gelir ve; ya Rabbi, bu asi mi, itaatkâr mı, erkek mi, dişi mi, diye sorar. Allah söyler ve onlar yazarlar. Sonra; ameli, rızkı, eceli, emrettiği ve nehyettiği yazılır ve katlanır. Kıyamete dek açılmaz"[28] buyurulur.

Kaderin, Allah tarafından ilmi ezelisiyle bilinip takdir edilmiş olduğunu öğrenen halkın; kaderimiz bizi iyi veya kötüyü işletmeye iter gibi yanlış bir düşünceye kapılmaması için de Peygamberimiz uygulamalı şu örneği veriyor:

'Hz. Ali'den rivâyet ediliyor. Peygamberimiz (sav) bir gün oturduğu yerde elindeki ağaçla yere vuruyor (ve iz yapıyor)du. Başını kaldırıp şöyle dedi: Sizden hiçbiriniz yok ki, cennet ve cehennemdeki yeri bilinmiş (takdir edilmiş) bulunmasın.

Sahabe; "Ey Allah'ın Resulü, o halde neden amel yapalım. İşi oluruna bırakıp, olacağa itimat etmeyelim mi?" dediler Resulullah (sav) "Hayır! Çalışınız. Zira herkese ne yaratılmışsa, bu ona kolaylaştırılmıştır." buyurdu. Sonra Peygamberimiz şunu okumaya başladı: "Bundan sonra kim verir ve sakınırsa, o en güzeli de tasdik ederse, biz de onu en kolaya hazırlarız. Ama kim cimrilik eder, kendisini müstağni görür ve o en güzeli yalan sayarsa, biz de ona en güç olanını kolaylaştırırız. (Leyl, 5-10)"[29]

Kısaca; yukarıda verdiğimiz bazı örneklerden de rahatça anlaşılacağı gibi hadisler; Kur'ân'ın özlü (mücmel) olarak temas ettiği kader ile ilgili mevzuları derinliğine, örnekleriyle tartışarak, kader konusunda yanlış yönlendirmeleri giderecek bir noktaya gitmiştir.

5- KIYAMET ALAMETLERİ İLE İLGİLİ KONULAR

Kıyametin kopuşundan önce meydana gelecek ve kıyametin yakınlaştığına işaret sayılacak bazı olayları Kur'ân haber vermiştir.

Ye'cüc ve Me'cüc, Dâbbetül Arz, Hz. İsa ve benzeri bazı olaylar kıyamet için *'belirti'* sayılmıştır.

Kıyametin kopuşundan önce meydana gelecek olayların belki çok azına Kur'ân işaret etmiştir. Ancak hadisler bu noktada geniş bir bilgi akışı sağlamıştır. Hadis birinci aşamada Ye'cüc ve Me'cüc, Dâbbetül Arz gibi olayları teferruatlı olarak beyan etmiş; diğer taraftan da âyetlerin temas etmediği bazı alametleri haber vermiştir.

Hz. Mesih'in nüzûlü, Mehdi, fuhşun ve içki tüketiminin çoğalması, toplu ölüm (ve cinayet)lerin çoğalması, cehaletin yayılması ve benzer birçok kıyametin alameti sünnetle sabit olmuştur.

Kur'ân'la sabit olan alametlerden ikisini belirtelim:

a-YE'CÜC VE ME'CÜC

a1-Kur'ân'ın Getirdiği Hükümler

Kur'ân-ı Kerim, Ye'cüc ve Me'cüc'ün kıyametin alameti olarak meydana geleceğini haber veriyor: "Nihayet Ye'cüc ve Me'cüc (ün seddi) açılıp da her tepeden saldıracakları ve gerçek va'd olan (kıyamet) yaklaştığı vakit...[30]

Gerek bu âyet ve gerekse de Zülkarneyn olayında[31] zikredilen âyette; Ye'cüc ve Me'cüc'ün saldıracakları, belli bir noktadan çıkıp yeryüzüne dağılacakları haber veriliyor. Kur'ân'ın verdiği bilgi bundan ibarettir ve son derece özlüdür.

a2-Hadislerin Buna Getirdiği Açıklama, İlâve ve Yorum

Peygamberimiz, Ye'cüc ve Me'cüc olayını bütün teferruatıyla anlatarak esasen Enbiya ve kehf sûrelerinde var olduğu zannedilen çelişkiyi gidermiş oluyor. Bu rivâyetlerin birinde şu bilgileri bulabiliyoruz:

Ebu Hureyre, Peygamberimizin şöyle buyurduğunu rivâyet ediyor:

"Ye'cüc ve Me'cüc (seddi) her gün kazarak nihayet güneşin ışığını (açmaya çalıştıkları gedikten) görmeye yaklaşınca, başlarında bulunan emir (onlara, kazı işlemini bırakıp) geri dönünüz, onu yarın kazacağız der.

Allah da seddi eskiden olduğu en sağlam hale sokar. (Yani kazılan yeri onartır) Nihayet (seddin arkasındaki) zamanları tamamlanıp Allah onları insanların üzerine göndermeyi dileyince (o gün yine) kazacaklar. Ve nihayet güneşin ışığını (gedikten) görmeye yaklaşınca başlarında bulunan emir (kazı işini bırakıp) geri dönünüz de Allah Teala dilerse yarın kazacaksınız diyecek ve onlar da inşaallah diyecekler. Sonra (ertesi gün) onlar seddin yanına varacaklar. Sedd onların bıraktıkları vaziyette olacak ve onlar seddi kazarak (açacakları gedikten) insanların üzerlerine çıkacaklar ve vardıkları suyu içip tüketecekler. Halk da onlardan (korunmak için) kalelerine -sığınaklarına- kapanacak. Bu defa onlar oklarını göğe atacaklar. Okları da üstü kanla dolu olarak geri gelecek. Bunun üzerine onlar, biz yeryüzündeki halkı kahrettik. Ve gök ehlini de yendik, diyecekler. Sonra Allah onların boyunlarına musallat olacak deve kurtlarını gönderecek ve onları bu kurtlarla öldürecektir."[32]

Bu ve benzeri hadisler, Ye'cüc ve Me'cüc hakkındaki âyetlerin daha doğru anlaşılmasını sağlamıştır.

B-DÂBBETÜ'L ARZ

bl- Kur'ân'ın Getirdiği Hükümler

Kur'ân-ı Kerim yerden bir hayvanın çıkarılacağını ve bu hayvanın insanlarla konuşacağını haber veriyor:

"... yerden bunlar için bir dâbbe çıkarırız ki bu, onlara insanların âyetlerine kat'i bir kanâat beslemez olduklarını söyler"[33]

Âyet-i kerime olayın teferruatını vermiyor, sadece dabbenin çıkarılıp insanlarla konuşacağını haber veriyor. Konuyu kısa ve özlü olarak sunuyor:

b2-Hadislerin Dabbe Âyetine Getirdiği Açıklama, İlâve ve Yorum

Peygamberimiz (sav) "Dabbe" olayını şöyle açıklıyor:

"Dabbe çıktığında yanında Süleyman (as)ın mührü ile Musa (as)ın asası olacak, mü'minin yüzünü (bunlarla) parlatıp (aydınlatacak) kâfirin burnunu da mühürle (çirkin bir tarzda) mühürleyecektir. Oba halkı toplanıp; "İşte işte ey mü'min, diyecek ve 'işte işte ey kâfir' denecektir. Oba halkı toplanıp da bu 'mü'min', şu da 'kâfir' diyecektir.[34]

Rahatça görülebildiği gibi Peygamberimiz dabbenin imanla küfrü birbirinden ayıran bir ayıraç olacağını, insanları imânlarına göre tasnif edeceğini haber verirken olayı teferruatlandırmıştır. Bu da Kur'ân'ın mücmeline getirilen beyanlardandır.

Hadisin getirdiği izah olmaksızın dâbbenin insanlarla olan konuşma ve münâsebetinin ölçüsünü belirlemek zor olacaktır.

c- KIYAMET ANI

Kıyametin kopuşuyla ilgili birçok âyet kıyametin nasıl kopacağına dair genel bilgi vermiştir. Peygamberimiz (sav) yerine göre bu âyetlerin tefsirini yapmış, âyetin daha iyi anlaşılması için konuya geniş boyut kazandırmıştır.

Bununla ilgili iki örneği belirtmekle yetinelim:

c1-Kıyâmetin Kopuş Anı

Kıyamet anının dehşetinden bahseden âyetlerden birinde 'Ey insanlar! Rabbinizden sakının. Zira kıyamet zelzelesi pek müthiş bir şeydir'[35] buyurulmuştur.

Peygamberimiz (sav) âyetin işaret ettiği olayları daha da açıyor: İmran b. Husayn anlatıyor: 'Resulullah bir gazvede bulunuyordu. Yolda ilerlerken onun ashabı birbirlerinden uzaklaşmışlardı. Birden Resulullah (sav) şu âyeti yüksek sesle duyurmaya başladı:

'Ey insanlar! Rabbinizden sakının. Zira kıyamet zelzelesi pek müthiş bir şeydir'. Ashab develerini sür'atlendirerek Resulullah'ın etrafında toplanınca: Bu günün hangi gün olduğunu biliyor musunuz dedi.' Allah ve Resulü iyi bilir, denince: Bu gün Allah'ın Hz. Adem'i çağıracağı gündür. Ona, ey Adem ümmetinden ateşe girecekleri çıkar der. O ateşe girecekler ne kadardır, diyecek. Allah; Her bin kişiden dokuzyüzdoksandokuzu cehennemde, biri cennettedir, buyuracak. Bunu duyan ashab derin bir sükuta gömülüp çok üzüldüler. Resulullah (sav) bu durumu görünce onları müjdeledi ve 'Sizden bir kişiye mukabil Ye'cüc ve Me'cüc'den bin kişi cehenneme gönderilecektir' buyurdu.[36]

c2- Kıyamet Anında İmân

İnsanlara imânın fayda vermeyeceği zamanlardan bahsedilen âyette; 'daha önceden imân etmiş veya imânında bir hayır kazanmış olmayan hiçbir kimseye (o günki) imânı asla fayda vermez"[37] buyuruluyor.

Peygamberimiz; kıyamet günü herkesin kıyametin kopuşunu gözüyle gördüğü için imân edeceğini fakat imânın fayda sağlamayacağını haber vererek âyeti beyan etmiş oluyor.

Ebu Hureyre'nin rivâyet ettiğine göre Peygamber (sav) şöyle buyurmuştur: "Güneş battığı yerden doğmadıkça kıyamet kopmayacaktır. Güneş battığı yerden doğduğunda bütün insanlar (gözleriyle gördüklerinden dolayı) imân edeceklerdir. Ancak; 'Daha önceden imân etmiş veya imânında bir hayır kazanmış olmayan hiçbir kimseye (o günkü) imânı asla fayda vermez.'[38]

Görüldüğü gibi hadis beyan edilmemiş iki noktayı açıklığa kavuşturmuş... Bunlar; âyette geçen "o günden" maksadın güneşin batıdan doğduğu günün, kıyamet günü olduğu ve o gündeki imanın kişiye fayda sağlamayacağı hususlarıdır.

d- KABİR AZABI

d1-Kur'ân'ın Getirdiği Hükümler

Kur'ân-ı Kerim kabir azabından dolaylı olarak bahsetmiştir. Firavun ve yakınlarından bahseden âyette, kendilerinin kıyamet kopuncaya kadar azaba uğratılacağı belirtilmiştir. Kıyametten önce ise kabir âlemi söz konusu olabilir. O halde kabirdeyken azaba uğrayacaklardır.

İlgili âyette şöyle buyurulmuştur: "Onlar sabah-akşam ateşe arzolunurlar. Kıyamet koptuğu gün; 'Firavun ve adamlarını o azabın en şiddetlisine sokun' (denilecektir).[39]

Âyet-i Kerime Firavun ve adamlarının kıyamet kopuncaya kadar her sabah ve akşam ateşe arzolunmak suretiyle azaba uğratıldıklarını beyan ediyor ki, bu da ancak kabirde olabilir. Ancak âyette azabın şekli ve teferruatıyla ilgili herhangi bir bilgi bulunmamaktadır.

d2- Hadislerin Buna Getirdiği Açıklama, İlâve ve Yorum

Kabir azabına özlü bir tarzda işaret eden âyet-i kerimeyi izah ve beyan eden hadislerde Peygamber (sav) açıklamalarda bulunmuştur. Bunlara dair bazı örnekler verelim:

Peygamber (sav) şöyle buyuruyor.

'Biriniz öldüğünüzde (cennet ve cehennemdeki) yeri sabah ve akşam kendisine gösterilir. Ölü cennet ehlinden ise cennetliklerin makamlarından bir makam kendisine gösterilir. Şayet ölü cehennemliklerden ise cehennem hücrelerinden biri kendisine gösterilir. (Her) ölüye, işte kıyamet günü diriltilinceye kadar senin durağın burada (veya o güne kadar sana gösterilecektir) denilir.[40]

Bu rivâyette, kabir azabının bir çeşidine örnek gösterilmiştir. Kabirdeki kişiye cennet veya cehennemdeki yeri gösterilerek ruhunun mutsuz veya mutlu olması sağlanacaktır. Bu hadis kabirde azabın yanıbaşında, müjdelerin de bulunduğuna delildir. Hadisten, ruhların kabirde her şeyden etkileneceğini de anlaşılmaktadır.

Başka bir rivâyette daha açık olarak kabir azabını tanımlanıyor ve hatta gerekçesi de beraberinde zikrediliyor:

"Resulullah iki kabirden geçti. Bu ikisi azab görüyorlar. Hem de ufak iki şeyden ötürü. Biri söz taşırdı. Ötekisi de sidiği (nin artığı)ndan korunmazdı."[41] diye buyurdu.

Hadiste, kabir azabının fiili olarak vuku bulduğu; bu azaba uğrayan iki kişinin ise büyük birer günahtan değil de nisbeten küçük günahlardan bu azabı hakettikleri anlatılıyor. Hadisin açıkladığı bu tür teferruatlar âyette yer almamıştır.

Kabirdeki Sorular

Hadisler kabirde karşılaşılacak manzaraları da anlatıyor: Böylelikle âyetin işaret ettiği kabir azabı kavramı genişletilerek teferruatlandırılmıştır.

Peygamberimiz (sav) şöyle anlatıyorlar: 'Kul kabrine konup dostları mezarın başından çekilince o, arkadaşlarının ayak sesini duyar. İki melek gelip adamın yanında oturur. Ve (Peygamberimizi işaret edip) şu adam (yani) Muhammed hakkkında ne derdin, derler. Mü'min şöyle cevab verir. O'nun Allah'ın kulu ve Resulü olduğuna şehâdet ederim. Kendisine şöyle denir: Cehennemde sana hazırlanmış bulunan yerine bak. Allah onu cennetteki bir yerle değiştirdi. Onu beraberce görürler. Ama münafık veya kafîre gelince ona derler ki; bu adam hakkında ne diyorsun. Der ki, bilmiyorum. İnsanların demiş oldukları şeyi diyordum. Melekler ona, sen ehli imânı takip etmedin. Onlar gibi iman etmedin, derler. (Melekler) Ona demirden bir balyozla öyle bir vururlar ki, cin ve ins âlemindekilerden başka her şey onun çığlığını duyarlar'[42]

Hadis, ölünün gömülmesinden sonra kabir azabının öncesindeki olacaklara işaret ediyor: İnsan kabirde belli bir aşamadan geçtikten sonra kabir azabı başlıyor. Bu tür rivâyetler, âyete birer açıklama ve yorum olması noktasından önemlidir.

Kabrin Ölüyü Sıkıştırması

Kabir azabından biri de kabrin kişiyi sıkıştırmasıdır. Hadislerin ele aldığı bu teferruat da kabir azabından bahseden âyetin tefsiri sayılır.

Peygamberlerimiz (sav) Sa'd bin Muaz'ın vefatı üzerine şöyle buyurmuştur: 'Kabrin bir sıkması var ki, eğer herhangi bir insan bundan kurtuluyor olsaydı o da Sa'd bin Muaz olurdu... Sonra kabir onu sardı (kucakladı)."[43]

Peygamber (sav) Kabir Azabından Allah'a Sığınırdı

Kabir azabının varlığını, âyetin işaret ettiği azabın kabirde olduğunu belirten en net belgelerden biri de, Peygamberimizin kabir azabından Allah'a sığınmasıdır.

Peygamber (sav) "Ya Rabb! Kabir azabından, cehennem azabından, dirilerin ve ölülerin fitnesinden ve Mesih-i Deccâlin fitnesinden sana sığınırm"[44] demişler ve Müslümanları da bu duayı yapmaya teşvik etmişlerdir.

Tercümesini verdiğimiz rivâyet de âyetin özlü ifadelerini beyan eden noktalara bir örnektir.

'Maişeten danka' Kabir Azabıdır

Peygamberimiz (sav)in kabir azabının çeşitlerinden bahsettiği bir hadislerinde Kur'ân'daki bir âyeti de işaret etmişlerdir.

Yüce Allah bir âyetlerinde; 'Kim benim zikrimden yüz çevirirse, şüphesiz ona zor hayat vardır'[45] buyuruyor.

Âyette geçen "maişeten danka"; *"zor hayat"*tan neyin murad edildiği bilinmemektedir. Peygamberimiz (sav) bu özel kavramın kabir azabı anlamında olduğunu açıklamıştır.

Ebu Hureyre'den rivâyet edildiğine göre; bir defasında Peygamber (sav) Kur'ân-ı Kerim'deki âyete işaret ederek öyle buyurmuştur: "Kim benim zikrimden yüz çevirirse, şüphesiz ona zor bir hayat vardır ve biz onu kıyâmet günü kör olarak hasrederiz' (Taha, 124), âyetinin kimin hakkında nazil olduğunu biliyor musunuz? *'Maişeten denka'* nedir biliyor musunuz? Sahabe; Allah ve Resulü daha iyi bilir, derler.

Peygamber (sav) O, "Kafirin kabirdeki azabıdır" buyurdu...[46]

Zor geçim (yaşam)ın, 'kabir azabı' anlamında olduğunu belirleyen bu hadisin devamında kabir azabından örnekler sunulur.

Kabir Azabı Umumidir

Gerek Tâhâ[47], gerekse de Mü'min sûresinde[48] geçen âyetlerde Müslüman olmayanların hâli anlatılırken kabir azabından bahsedilir.

Âyetlerden, kabir azabının sadece kafirlere has olduğu neticesi çıkarılabilir. Ancak bu anlayış ve neticenin hatalı olduğu Peygamberimiz tarafından bildirilmiştir.

Nitekim Hz. Aişe bir rivâyetinde şöyle diyor: "Resulullahın yanıma girdiği bir seferinde, yanımda Yahudi bir kadın vardı. Kadın; 'sizler kabirde deneneceksiniz,' diyordu. Bunu duyan Resul-ü Ekrem (sav) irkildi. Yahudiler fitneye uğrayacak, buyurdu. Hz. Aişe diyor ki, birkaç gece geçtikten sonra Resulullah: 'Bana sizlerin de (Müslümanları kastediyor) kabirlerde fitneye uğrayacağınız vahyolundu, dedi.

Hz. Aişe diyor ki; bundan sonra Resulullah'ı sürekli olarak kabir azabından Allah'a sığınırken işittim."[49]

Kabir azabıyla ilgili diğer teferruatlar da değerlendirildiğinde, âyetlerin sadece işaret ettiği kabir azabıyla ilgili özlü ifadenin hadislerle son derece geniş bir platformda beyan edildiğini, âyeti okuyacak olanların aklına gelen soruların giderildiğini, ihtiyaç duyulan açıklamaların getirildiğini rahatça tesbit edebiliriz.

e-AHİRET GÜNÜ

Ahiret gününde karşılaşılacak olaylar gaybe ait bilgilerdendir. Kur'ân zaman zaman bunlarla ilgili esaslar ortaya koymuş, bilgi vermiştir.

Ahiretle ilgili bilgilerden; Sur, Ba's ve Haşr, Kevser Havuzu, Sırat ve şefâatin durumunu bu bölüm içinde örnekleyerek inceleyeceğiz. Tabii, bu ahiretle ilgili bütün konuları ihtiva etmemektedir. Çünkü cennet, cehennem, kitabların verilmesi, cennet ve cehennem ehlinin durumu ve daha birçok husus âhiret gününde meydana gelecek hususlardır ki, bütün bunların tümünü ele almak araştırmamızın sınırının dışına taşar.

e1-Sur'un Üfürülmesi

Kur'ân-ı Kerim Sur'a iki kez üfürüleceğini, canlı olan her şeyin yere serileceğini, ikinci üfürmeden sonra ise dirilmenin olacağını[50] haber vermiştir.

Ancak Sur'dan neyin murad edildiği, olayın nasıl meydana geleceği hususunda teferruata yer verilmemiştir. Kur'ân'ın özlü bıraktığı bu açıları Peygamber (sav) açıklamıştır.

Peygamberimizin, ilgili âyetlere tefsir etme anlamında yaptığı açıklamalar öncelikle Sur'un ne olduğunu ortaya koymuştur. Nitekim bir Arabın gelip *sur nedir*, diye sorması üzerine Peygamber (sav) şöyle buyurmuştur:

'Bir boynuzdur, içine üfürülür'[51]

Hz. Peygamber bir seferinde Zümer sûresinin ilgili âyetlerini okuyarak Sur'a açıklık kazandırmış ve Sur'un öncesi ile sonrası hakkında soruları giderici izahlarda bulunmuştur. Rahmet örneği şöyle buyurdu:

"... Allah (azze ve celle) 've Sur'a üflenir, bunun üzerine Allah'ın dilediği kimseler hariç, göklerde olanlar ve yerde olanlar çarpılıp yıkılırlar. Sonra Sur'a bir daha üfürülür. Bu defa onlar (kabirlerinden) hemen kalkarak bakınıp dururlar' (Zümer, 68) buyurmuştur. Ben başını kaldıranların ilki olurum. O anda ben arşın ayaklarından birisini tutan Musa ile karşılaşırım. Artık bilmem o, başını benden önce mi kaldırdı, yoksa o, Allah'ın çarpılıp yıkılmaktan müstesna tuttuğu kimselerden mi oldu"[52]

Sur'dan sonraki kıyam ile ilgili hususlar, hadislerin âyetlere getirdiği ek açıklamalardandır.

e2- Ba's ve Haşr (Mahşere Sevk Edilme ve Hesap)

Kur'ân'da birçok âyette Ba's ve Haşr'den bahsedilmiştir.

Zaman zaman Ba's ve Haşr'le ilgili teferruata da işaret edilmiştir.

Ancak âyetler uzunca ele aldığı konularda dahi özlü bilgiler vermiş ve açıklamayı Resul-i Ekreme bırakmıştır. Peygamberimiz (sav) de Yüce Allah'ın müsaade ettiği kadarınca Ba's ve Haşr ile ilgili hususları doyurucu ve mantıki bir silsile halinde sunmuştur.

Kur'ân; bazılarının â'mâ (kör) olarak haşredilecekleri;[53] her grub ve cemâatin grup grup sevkedilip haşredilecekleri[54]; bazılarının yüzleri üzerinde kör, sağır ve dilsiz haşredilecekleri,[55] Allah'ın kabirdekileri toplayıp dirilteceği[56] tarzında bilgiler vermiştir.

Hadislerin, âyetlere getirdiği açıklama veya ek hükümlere örnekler verelim:

Dirilme Vücudun Neresinden Olacak?

Kur'ân-ı Kerim Sur'a ikinci kez üfürüldükten sonra Ba'sın (dirilmenin) olacağını haber veriyor. Bu konudaki âyette; "... sonra Sur'a bir daha üflenir. Bu defa onlar (kabirlerinden) hemen kalkarak bakınıp dururlar"[57]

Hadisler ise âyette meçhul bırakılmış olan dirilme şeklini açıklamıştır. Peygamberimiz dirilmenin insanın vücudunun çürümeyip olduğu gibi kalan bir parçasından olacağını haber vermiştir.

Ebu Hureyre'nin rivâyetine göre Peygamberimiz "Toprak insanın bütün vücudunu yiyip bitirecektir. **Acbu'z-Zeneb** hariç. Kişi ondan yaratıldı ve yeni oluşumu tekrar ondan olacaktır."[58]

Haşr'de Çıplak Olunacaktır.

Kur'ân'ın açıkça bahsetmeyip, belki işaret ettiği hadislerinden ek olarak getirdiği hususlardan biri de dirilme ve Mahşerde toplanmanın çıplak olarak meydana geleceğidir.

İbn Abbas, Peygamberimizin şöyle buyurduğunu naklediyor:

'İnsanlar kıyamet gününde yaratıldıkları gibi yalınayak, çıplak ve sünnetsiz olarak haşredileceklerdir. Sonra Resulullah şu âyeti okudu "...yaratmaya ilk başladığınız gibi katımızdan verilmiş bir söz olarak, O'nu tekrar var edeceğiz. Doğrusu biz yaparız (Enbiya, 104)[59]

Çıplaklık kavramının uyandıracağı tereddüdü ortadan kaldırmak için de başka bir rivâyette Hz. Aişe ile Peygamberimiz arasında şu diyalog geçer:

"Hz. Aişe şöyle diyor: Ben, 'Ya Resulullah! Kıyamet günü insanlar nasıl hasredilecek' diye, sordum.

O: Yalınayak ve çıplak olarak haşredilecekler, buyurdu.

Ben, Kadınlar da (çıplak mı olacak) dedim.

O, Kadınlar da (çıplak olacaklar) buyurdu.

Ben, 'Ya Resulullah! Peki ey Allah'ın Resulü insanlar utanmazlar mı?' diye sordum.

O, 'Ya Aişe! Haşr işi çok şiddetli olup insanların birbirlerine bakmaları hatırlarına bile gelmez,' buyurdu.[60]

Hadisler, Enbiya sûresindeki "yaratmaya ilk başladığımız gibi" ifâdesininin; "anneden doğduğu gibi çıplak olarak" anlamında olduğunu izah etmiş oluyor.

İnsanlar Sonradan Giydirilecekler

Enbiyâ sûresindeki âyeti tefsir eden başka bir rivâyette de Peygamberimiz, "İnsanlar kıyamet günü çıplak ve sünnetsiz olarak hasredilecekler. İlk giydirilecek olan ise, İbrahim (as) olacaktır" buyurduktan sonra Enbiyâ sûresinin 104. âyetini okumuştur.[61]

Kör, Dilsiz, Sağır, Yüz üstü Haşr

Kur'ân, Kıyamet Günü insanların haşredilirken hangi hallerde olacaklarını açıklamıştır.

"Biz onları Kıyamet Günü, yüzükoyun, körler, dilsizler ve sağırlar olarak haşrederiz"[62]

Âyet; Mahşerdeki insanlann durumlarından bahsediyor.

Peygamberimiz Mahşerde, insanların üç grup halinde haşredileceklerini duyururken âyetteki sıfatların mü'minlere ait olmadığını da belirtmiş oluyor. Çünkü; "Bir grup bineklerde, tok ve kisveli olacak bir diğer grub melekler onları yüzüstü sürükleyerek cehenneme toplayacak; diğer grup ise yorgunluktan yerde sürünür gibi yürüyecekler....[63] derken Peygamberimiz, âyetteki ifâdenin negatif unsurlara ait olduğunu belirlemiş oluyor.

Hadis, âyetteki mana bütünlüğünü sağlarken aynı zamanda âyetin anlamına ek açıklamaları tefsir sadedinde literatürümüze katmıştır.

İnsanlar Tere Batmış Olacaklar

İnsanların çıplak bir halde mahşere sevkedileceklerini duyuran açıklamaların yanıbaşında, insanlann tere batmış olacakları da haber verilmiştir.

Peygamberimiz 'Alemlerin Rabbi için insanların (kabirlerinden) kalktıkları gün"[64] âyeti hakkında, şöyle buyurmuştur.

'Onların her biri iki kulağının yarılarına kadar tere batmış olarak ayakta (bekleyip) durur'[65]

Hadis, insanlann kabirlerinden kalktıktan sonra beklerken ter içinde kalacaklarını ve hattı terin kulaklarına kadar ulaşacağını haber veriyor.

E3- KEVSER HAVUZU

e3/l- Kur'ân'ın Getirdiği Hükümler

Kevser sûresinde, Yüce Allah'ın, Peygamberine Kevser'i verdiğini beyan buyurmuştur. Söz konusu âyette şöyle buyurulmuştur:

"Şüphesiz biz sana Kevser'i verdik"[66]

Kevserin ne olduğu ise açıklanmamış, bu konulardaki bilgi aktarımı Peygamberimize bırakılmıştır.

e3/2-Hadislerin Buna Getirdiği Beyan, İlâve ve Yorum

Peygamberimiz bazı vesilelerle yaptığı açıklamalarda âyette geçen Kevser'in 'cennetteki bir nehir' olduğunu duyurmuşlardır.

Enes b. Mâlik anlatıyor: Resulullah (sav) hafif bir uykuya daldı. Sonra tebessüm ederek başını kaldırdı. Sahabe, Peygamberimize; "Ya Resulullah, neden güldün?" dediler. Resulullah (sav) şöyle buyurdu: Demin bana bir sûre indi (Kevser sûresini kastediyor). Daha sonra Peygamberimiz Kevser sûresini; (Bismillahirrahmanirrahim. İnna a'teyna ke'l kevser...) bitirinceye kadar okudu. Okuduktan sonra, "Kevser'in ne olduğunu biliyor musunuz?" dedi.

Ashab; Allah ve Resulü daha iyi bilirler, cevabını verdi. Peygamberimiz şöyle buyurdu: O, Rabbimin cennette bana va'dettiği bir nehirdir. Onun üzerinde birçok hayır vardır. Yine onun üzerinde ümmetimin Kıyamet gününde varacağı havuz vardır. O havuzun önündeki taşların sayısı semâdaki yıldızlar sayısıncadır"[67]

Böylece âyetteki Kevser'in; Cenâb-ı Allah'ın Peygamberimize cennette lütfettiği, birçok hayır ve bereketle dolu olan bir nehir olduğu anlaşılmış oluyor.

Hadisin bu son derece detaylı olan açıklamasına rağmen bazı müfessirlerin Kevser'e çok farklı tanımlar yüklemeleri ise gerçekten de gariptir.[68]

Havuzun Uzunluğu

Bazı hadislerde Kevser nehri, bazılarında ise havuz adı geçer. Hadislerde geçen havuzun, âyette geçen Kevser'le aynı veya farklı bir anlam taşıması muhtemeldir. Peygamberimize verilecek havuzun niteliği hakkında Kur'ân'da herhangi bir malumat verilmemiştir.

Peygamberimiz; muhatablarının durumuna, bölgelerine, ihtisaslarına göre havuzun uzunluğunu dünyada bilenen iki mekan arasındaki mesafeye örnekleyerek anlatmak istemiştir. Örnek olarak şunları gösterebiliriz:

Cerbe ve Ezruh[69] arası[70]; Aden'den (Yemen'den) Amman'a kadar[71] Kufe'den Hacer-i Esved'e kadar[72] Kabe ile Beytül Makdisarası uzaklığı kadar[73] Eyle'den[74] Aden'e Kadar[75] bir mesafeyi kapsadığı Resulullah'tan rivâyet edilmiştir.

Böylece hadis, Kur'ân'ın işaret ettiği âhiret mekanlarına dair güzel bir ölçü de vermiş oluyor.

Havuzun Özellikleri

Hadisler, Peygamberimize verilen havuzun özellikleri hakkında doyurucu bilgiler vermiştir:

-Havuzun; Sütten daha beyaz, baldan daha tatlı olduğu,[76] ümmetin havuzun başına gelerek Peygamberi bekleyecekleri[77] ve benzeri hususlar, hadislerin verdiği Kur'ân'a ek malumatlardandır.

Netice olarak, hadisler bir yandan Kur'ân'da geçen Kevser'in ne olduğunu açıklamış, diğer yandan da Kevser ve ona bağlı olarak -veya aynısı olan- havuz hakkında ek bilgiler vererek, Ahiretteki bu kesitin daha net olarak anlaşılmasını sağlamıştır.

f-SIRAT

f1- Kur'ân'ın Getirdiği Hükümler

Hadislerde; 'cehennem üzerine kurulmuş olan sırattan' bahsedilir.

Kur'ân-ı Kerim'de, bu bilgiyi karşılayan herhangi bir âyete rastlayamıyoruz. Sırât-ı Müstakim olarak geçen âyetler; bilindiği gibi İslam, şeriat, din, Hz. Peygamberin yolu olarak tefsir edilmiştir.

Ancak Meryem sûresinin, 71., 72. âyetleri ve İbrahim sûresi 48. âyetinin tefsirinde Peygamberimiz cehennem üzerindeki köprü anlamında sırat kelimesini kullanmış ve sıratla ilgili son derece geniş bilgiler vermiştir.

f2-Hadislerin Buna Getirdiği Açıklama, İlâve ve Yorum

Peygamberimiz, bazı âyetlerin tefsirinde Sırat'tan bahsetmiş, zaman zaman da Sırat'la ilgili olarak geniş bilgi vermişti. Sırat'ın nereden kurulacağını, ilk önce kimlerin üzerinden geçeceğini, Sırat üzerinden geçilirken ne diyecekleri, şeklinin nasıl olduğu, Sırat'tan geçeceklerin kaç grup olacakları gibi konuları genişçe haber vermiştir. Bütün bunlar, bazı âyetlerdeki Sırat'la ilgili özlü işaretlere açıklama olarak anlaşılmaktadır.

Bunlara ait örnekler verelim:

Mahşer Günü İnsanlar Nerededir?

Bu soruyu Peygamberimizin İbrahim sûresindeki bir âyeti okuması üzerine Hz. Aişe soruyor: Hz. Aişe Peygamber (sav)'e "Yerin başka bir yerle, göklerin (de başka göklerle) değiştirildiği günde... (İbrahim, 48) âyetini sordum. 'O gün insanlar nerede olacaklar?' dedim. O, 'Sırat üzerinde buyurdu' "[78]

Sırat, Cehennem Üzerinde Kurulur

Peygamber (sav) Sırat'ın yerini de açıklamıştır. Ebu Saidi Huduri'nin rivâyet ettiğine göre Peygamberimiz şöyle buyurmuş: "Sırat (köprüsü) cehennemin ortasına (iki ucu cehennemden geçit sağlayacak tarzda), saden dikenleri gibi (ateşten) dikenler üzerine (kurulup) konulur. Sonra insanlar (onun üstünden) geçmeye çalışacaklar. Artık kimisi sapasağlam (geçip) kurtulur. Kimisi o (ateşten) dikenle tırmalanmış olup sonra kurtulur. Kimisi de o dikene takılır da cehenneme başaşağı atılır."[79]

Bu teferruat Kur'ân'a sünnetin getirdiği ek bilgilerdendir.

Sırat'ın Üzerinden Geçilirken

Uzun bir hadisin bir bölümünde Peygamberimiz "...Sırat cehennem üzerine kurulur. Ben ve ümmetim onun üzerinden ilk geçen oluruz. O gün Peygamberlerden başkası konuşamaz"[80] buyurmuştur.

Böylece Sırat üzerinden ilk geçenin müslümanlar olduğu anlaşılırken, aynı zamanda, mü'min-kâfir herkesin Sırat'tan geçeceği de anlaşılmış oluyor.

Peygamberimiz Sırat üzerinden geçilirken konuşulacağını, müslümanlann belli bir dua ve sloganla oradan geçeceklerini haber vermiştir.

Peygamberlerin olduğu gibi mü'minlerin de Sırat üzerindeki sloganının 'Rabbi, Sellim Sellim' (Yarabbi! Bize esenlik ver, esenlik ver) tarzında olacaktır"[81]

Kıyamet Merhalelerinin İlki Sırat'tır

Enes bin Mâlik (r.a)dan rivâyet ediliyor. Diyor ki; Peygamberimizden Kıyamet Günü bana şefâat etmesini istedim. Peygamber (sav) yapacağım dedi. Ben, Ey Allah'ın Resulü, seni nerede bulacağım dedim. Beni ilk arayacağın yer Sırat üzerinde olacaktır, dedi. Ben: Sana Sırat üzerinde ulaşamazsam? diye sordum. O, beni Mizan -tartı- önünde ara dedi. Ben, Mizan önünde seni bulamazsam diye sordum. Bunun üzerine: 'Beni havuzun yanında ara (sonra) 'Ben bu üç yerin dışında bir yerde olmam' buyurdu.[82]

Bu rivâyet, Kıyamet günündeki geçilecek mahşer engelleri hakkında aydınlatıcı bilgi taşımaktadır.

İlk aşamanın Sırat olacağı, sonra Mizana gidileceği sonra da havuzun başında buluşulacağı haber verilmiş oluyor.

Peygamberin sürekli -bu merhaleler arasında- dolaşacağını da hadisin genelinden anlayabiliyoruz.

Sırat'ın Şekli Nasıldır?

Sırat'ın şekli hakkındaki bilgimizin kaynağı da hadislerdir. Ebu Saidi Huduri'nin hadisinde Peygamberimize 'cehennem üzerinde kurulacak köprü nedir?' diye soruluyor: Peygamberimiz: 'Ayak kaydırıcı, üzerinde çengeller (ve makaslar) geniş, içice girmiş dolaşık ve sert dikenler olan bir köprüdür' cevabını veriyorlar.[83]

Örneklerini verdiklerimizin dışındaki birçok teferruat da[84] hadisler tarafından belirlenmiştir.

g- ŞEFÂAT

g1-Kur'ân'ın Getirdiği Hükümler

Şefâat kavramı âyetlerde geçmiştir. Âyetlerde geçen şefâat kelimesi âhiretteki şefâate işarettir. Bu âyetlerden bazıları şöyledir;

"(Allah'ın) izni olmadan kimse şefâat edemez."[85]

"...Sonuç gelip çattığı gün (...) şimdi bize şefâat edecek var mı ki şefâat etsin derler"[86]

"Rahman'ın katında bir ahid almış olandan başkası asla şefâatte bulunmayacaktır"[87]

"O gün Rahman'ın izin verdiği ve sözünden hoşnut olduğu kimseden başkasının şefâati fayda vermez"[88]

"Allah'ı bırakıp yalvardıklan şeyler, şefâat edemezler. Ancak hakkı bilip ona şahidlik edenler bunun dışındadır."[89]

"Belki de Rabbin seni övülecek bir makama yükseltir"[90]

Âyetlere dikkat edildiğinde, âhiret gününde şefâatin var olduğu anlaşılır. Ancak bu şefâat, Allah'ın izin verdiği kişiler tarafından yapılacaktır.

Allah'ın izni olmadan kimsenin doğrudan şefâat yetkisi yoktur.

Şefâat kavramının kullanıldığı âyetlerde geçen hükümler, hemen hemen bunlardan ibarettir. Görüldüğü gibi âyetler şefâat hususunu özlü olarak duyurmuş, gerekli tefsir, yorum ve beyânı ise Peygamber (sav)'e bırakmıştır.

Çünkü; şefâatin nasıl, nerede, hangi durumlarda, nelerde, ne derece olacağına dair Kur'ân'da bir açıklık yoktur. Bu noktaların da Peygamberimizin sözlerine müracaat edilmeden âyetlerden çıkarılması -meallerden de anlaşılabiliyor ki- mümkün değildir.

g2- Hadislerin Buna Getirdiği Beyan, İlâve ve Yorum

Hadisler; İsra sûresinde[91] geçen "Makam-ı Mahmud"un Hz. Peygamberin şefâati olduğunu, Peygamberimizin Ahiret âleminde şefâat edeceğini, Peygamberimizin şefâatinin büyük günahlara olacağını, Peygamberden başka zümre ve kişilerin de şefâatçi olacağını açıklamıştır.

Hadislerin getirdiği açıklama; bir açıdan âyetlerin belirlemediği ve özlü olarak ifade ettiği konuları açıklarken; diğer bir açıdan da Kur'ân'ın temas etmediği âhiret âlemine ait ek bilgileri kapsar. Her iki halde de hadisler; Kur'ân'daki şefâat kavramını beyan etmiştir.

Bunlara dair bazı örnekleri görelim:

Ahiretteki "Makam-ı Mahmud" Şefâattir.

Âyeti Kerime'de Resulullah (sav)e hitaben "Belki de Rabbin seni övülecek bir makama yükseltir"[92] buyurulmuştur. Ancak buradaki, Makam-ı Mahmud'un ne olduğuna dair herhangi bir bilgi ve işaret verilmemiştir.

Peygamberimize âyetteki Makam-ı Mahmud'un ne olduğu sorulmuştur. Ebu Hureyre'nin rivâyetine göre Resul-i Ekrem (sav) bir seferinde; "Belki de Rabbin seni övülecek bir makama yükseltir" cümlesini okudu. Resul-i Ekrem'e 'Makam-ı Mahmud'un' ne olduğu soruldu. Peygamberimiz 'O, Şefâattir' buyurdu.[93]

O halde âyetteki Makâm-ı Mahmud, Peygamberimize âhiret günü Allah tarafından verilecek olan şefâat etme yetkisidir. Bunun sınırını ise şüphesiz Cenâb-ı Allah belirleyecektir.

Şefâat Büyük Günahlaradır

Şefâat kelimesinin geçtiği âyetlerde hangi günahlara şefâat olacağı hususunda herhangi bir bilgi verilmemiştir. Bu konuda da bilgilendirmeyi Peygamberimiz (sav) yüklenmiştir.

Enes'in rivâyetine göre Peygamberimiz (sav) "Şefâatim ümmetimden büyük günah işleyenleredir."[94] buyurmuştur.

Peygamberimiz yaygın bir hatayı gidermek için bazen daha geniş bir açıdan konuyu teferruatlandırıp anlatır. İlk akla gelen husus şefâatin 'takva sahibi' salih insanlara ait olacağı hususudur. Normal bir akıl böyle düşünür; ancak, Peygamberimiz bunun yanlış bir anlayış olduğunu ifade ediyor:

Şöyle buyuruyorlar:

"Ben şefâat etmek ve (ya) ümmetimin yarısının cennete girmesi arasında serbest bırakıldım. Ben şefaat etmeyi seçtim. Çünkü şefâat daha umumi ve daha çok yeterlidir. Siz, bu şefâatimi takva sahibi mü'minler için mi sanırsınız. Hayır, (öyle sanmayınız) Ve lakin o (şefâatim) günahkar, hatalı ve pis işlere karışan (Müslümanlar) içindir[95] Bu türden hadisler şefâatin günahkar, hatalı müslümanlar için olacağını beyan ederken; 'Allah'a herhangi bir şeyi şirk koşmadan ölen içindir'[96] rivâyeti, açıyı daha da netleştirir. Buna göre şirke girmemiş olmak koşuluyla hangi günah işlenmiş olursa olsun, şefâat sahasının kapsamına girebilir.

Kimler Şefâat Edebilecek

Âyet-i Kerimelerde; Allah'ın kendilerinden hoşnut olduğu, izin verdiği[97] Allah'tan ahid almış olanlar[98] ve benzeri sıfatlarla kimlerin şefâat edebilecekleri hususunda genel prensipler belirlemiştir.

Peygamberimiz (sav) bu özellikleri daha anlaşılır hale getirmiştir. Osman bin Affan'ın rivâyetine göre Peygamberimiz "Kıyamet günü üç (zümre) şefâat eder; Peygamberler, sonra din bilginleri, sonra şehidler[99] buyurarak âyeti örneklemiştir. Zira başka rivâyette "melekler ve mü'minler şefâat edecektir"[100] buyurulmuştur ki, bu da âyetlerin kapsamına giren birçok unsura şefâat imkanı tanınacağını göstermiştir. O halde, bazı rivâyetlerdeki sınırlama Kur'ân'da belirtilen sıfatları örnekleme niyetiyle söylenmiştir.

Cehennemdekilere Şefâat

Hadisler; şefâatin sadece mahşer anında olmayacağını, herkesin cennet ve cehennemdeki mekanının belli olmasından sonra da olabileceğini göstermektedir. Zira Peygamberimiz (sav) cehennemde azab görmekte olan bazı müslümanların da daha sonraları şefâata hak kazanıp cehennemden çıkarılacaklarını haber vermiştir.

İmran bin Husayn'ın rivâyetinde Peygamberimiz (sav) şöyle buyuruyor: "Muhakkak ki bir takım (mü'min) insanlar, cehennemden benim şefâatımla çıkacaklar. (Ve cennete girecekler)dir. Onlar cehennemlikler diye adlandırılacaklardır.[101]

Hadis; şefâatin sadece hesap anında olmayacağını, cehenneme giren insanların bazılarının belli bir dönem geçirdikten sonra cehennemden çıkarılmak suretiyle şefâate uğrayacaklarını haber vermiştir.

Bunların başında; Mahşer'de ilk şefâat eden kişinin Peygamberimiz olacağı,[102] Peygamberimizin dünyada kendisine verilen ve kesin olarak kabul edileceği beyan buyurulmuş olan bir duayı ahiret gününe, "bütün ümmetine şefâat etme hakkının tanınması" olarak sakladığı[103] ve benzeri birçok teferruat hadislerle sabittir.

Hadislerin incelenmesinden, Kur'ân'da geçen şefâatin nasıl anlaşılması gerektiği meselesinin de hadisler yoluyla ortaya çıktığı anlaşılmaktadır.

C-İBADETLER KONUSUNDA HADİSLERİN KUR'ÂN'A GETİRDİĞİ AÇIKLAMA, İLÂVE HÜKÜMLER VE BUNLARIN YORUMU

İbâdetlerle ilgili temel esaslar, Kur'ân-ı Kerim'le sabit olmuştur. Suların durumu, abdest, teyemmüm, gusül, namaz, oruç, hacc, zekât gibi hususların teferruatı Kur'ân-ı Kerim'de yer almıştır.

Peygamberimizden nakledilen hadisler ibâdetlerle ilgili hususlara, ümmetin ihtiyacına göre bazen ilâve hükümler, bazen Kur'ân'ın özlü ayetlerine açıklama, bazen teferruatı belirtme bazen de tatbikatla ilgili pürüzleri giderme şeklinde gelişmiştir.

Her bölümün teferruatlı bir tarzda incelenmesine geçildiğinde, Kur'ân'ın maksadının doğru bir tarzda anlaşılmasında hadislerin ne denli önemli ve hayati bir misyon yüklendiği ortaya çıkacaktır.

Örnek olarak verecek olursak; namazın farz olduğu, namaz kılınması gerektiği Kur'ân-ı Kerim'le sabittir. Ancak namazın kılınış tarzı, rekâtleri, farz, vâcib, sünnet namazların ahkâmı, namaz kılınacak vakitler, namazlarda okunacak kıraatler ve bu kıraatlerin hükümleri ve benzeri bütün teferruatlar bütünüyle Resulullah'ın beyanına, yani hadislere bırakılmıştır. Ve hadislerin olmadığı varsayılacak olursa; Kur'ân'ın ifade ettiği namazın ne olduğu, nasıl anlaşılacağı, müşriklerin dua ve namazının hikâye edildiği âyetteki gibi "Kabe etrafında alkış tutmak mı olduğu,[104] yoksa Şuayb'ın niteliği bildirilmemiş namazı gibi mi olduğu,[105] yoksa sadece secde veya rüku mu olduğu bilinmeyecekti.

Hadisler; Kur'ân'ın maksad ve hedeflerinin en doğru ve ilâhi maksada uygun tarzda anlaşılmasını sağladığı gibi, İslâm binasının kurulmasını hazırlayan ikinci kaynak olduğunu da ortaya koymuş oluyor.

Şimdi ibâdetlerin bir kısmını, bunların Kur'ân ve hadislerle ilgili kaynak ve teferruatını inceleyelim:

1- TAHARET VE NAMAZ İLE İLGİLİ KONULAR:

a- SULARIN DURUMU

Temiz oluşu yanında, temizleyici özelliği itibariyle suların durumu, ibâdetlere başlangıçta önemli bir yer tutar. Bu nedenle de suyun temiz olup olmadığı, temiz oluşu hâlinde temizleyici olup olmadığı, nasıl necis hale dönüşeceği gibi birçok hükme konu olması itibariyle Kur'ân ve sünnetin ilgi konusu olmuştur.

a1- Kur'ân'ın Getirdiği Hükümler

Kur'ân-ı Kerim; gökten inen yağmur, kar ve benzeri suların, esasında temiz olduğunu[106] hükme bağlamıştır. Gökten inen sular temiz oldukları gibi temizleyicidirler. Zira ilgili âyette: "Sizi temizlemek (arıtmak) için gökten size su indirmişti"[107] buyurulmuştur.

Gökten inen suyun temiz olduğu da âyette sabittir."... gökten tertemiz su indirmiştir." [108]

Kur'ân yerdeki suların kaynağının da gökten inen ve temiz olan sular olduğunu haber vermiştir.[109]

Zikrettiğimiz örnekler ve diğer birçok âyet gereğince bütün sular temiz ve temizleyicidir. Ancak Peygamberimizden nakledilen haberler buna sınır getirmiş ve ek hükümler ilâve etmiştir.

a2- Hadislerin Buna Getirdiği Açıklama, İlâve ve Yorum

Hadisler; deniz suyunun durumunu, suların hangi durumlarda temiz ve temizleyici olma özelliğini kaybettiklerini, ne tür karışımların suyun temizleyiciliğine zarar verip vermediğini, hayvanların artığının temiz olup olmadığı gibi hususları çözüme bağlamıştır.

Sünnetin Kur'ân'a ek olarak getirdiği hükümlerin hadisten kaynaklarını inceleyelim:

Deniz Suyunun Durumu

Peygamberimiz (sav) deniz suyunun helâl sulardan olduğunu belirtmiştir. Ebu Hureyre (ra)den rivâyet edildiğine göre birisi Resulullah (sav)'e; "denizde seyahat ediyoruz, beraberimizde az su taşıyoruz, bununla abdest alırsak (içme suyumuz tükenir ve) susarız. Deniz suyuyla abdest alalım mı?" diye sordu. Peygamberimiz (sav) "Denizin suyu temizleyici (abdest gibi işlerde kullanılır), ölüsü (balık gibi içinde yaşayan hayvanları ölüsü) ise helâldir"[110] buyurdu.

Hadis; âyette belirtilmiş sulara deniz suyunu da ilâve etmiştir.

Suyun Tâhir ve Mutahhir Vasfını Yitirmesi

Kur'ân-ı Kerim "gökten temiz su" indirildiğini kaydetmiş, ancak mutlak olarak temiz olan bu suların, hangi hallerde temiz ve temizleyici olma özelliklerini kaydettiklerinden söz etmemiştir.

Ebu Ümâme el-Bâhili'den rivâyet edilen bir hadiste: "Şüphesiz hiçbir şey suyu necis etmez. Ancak suyun kokusunu, tadını ve rengini değiştiren şey onu necis eder"[111] ifâdeleri yer alır.

Bu hadise göre hangi su olursa olsun üç vasfında meydana gelen değişimler o suyu kullanılmaz hale sokar.

Ancak suyun içine giren ve temiz olan karışımlar, suyun sayılan üç vasfını ortadan kaldırmadıkça herhangi bir zarar vermez.

Ümmü Hâni (r.anha), "Şüphesiz Peygamber (sav) ve hanımı Meymune (r.anha) içinde hamur eseri bulunan bir çanaktan guslettiler" diyor.[112]

Bu rivâyette aslında temiz olan hamur ve benzeri katkıların, içine girdikleri suyu; daha önce saydığımız renk, koku ve tadında bir değişim meydana getirmedikçe necis etmeyeceklerini belirlemiş oluyor.

Hadislerin verdikleri ölçü; suların mutlak vasfını kaybetmesini belirleyen temel bir kaidedir.

Artıkların Durumu

Hadisler, hayvanların artıkları olan suların durumunda da kayıtlar meydana getirmiştir. Esas olan; üç vasfını kaybetmemiş, necaset bulaşmamış suyun temiz oluşudur.

Resulullah (sav)in hadisleri kendisi temiz olan hayvanların artıklarının da temiz olduğu ölçüsünü getirmiştir. Ebu Katâde'nin hadisinde Resulullah (sav) kedinin artığı olan suyu konu ederek; "Kedi necis değildir, (çünkü o evin etrafında) çok dönüp dolaşan erkekler veya dişilerdir"[113] buyurmuştur. Hadis, kendisi temiz olan evcil hayvanların artıklarının da helal olduğunu, içtikleri sudan geriye kalan artığın temiz ve temizleyicilik özelliğini kaybetmediklerini açıklamış oluyor.

Peygamberimiz (sav) köpeğin artığını istisna ederek hükmünün farklı olduğunu belirtmiştir. Ebu Hureyre'den rivâyet edildiğine göre Peygamber (sav) şöyle buyurmuştur. "Köpek herhangi birinizin kabından içerse onu yedi defa yıkasın..."[114] Hadis köpeğin yaladığı (su içtiği) kabın necis olduğunu beyan ettiğine göre, artık olan su da necistir.

b-NECASETLERİN DURUMU

Kişinin vücudu, giyindiği elbiseleri, ve namaz kılacağı yerin temizliği ibâdetleri etkileyen önemli bir teferruattır.

Necis olan maddelerin; elbise vücud veya namaz kılınacak yere değmesi, bunların temizlenme yöntemleri, hangi cisimlerin temiz veya necis oldukları, çözümlenmesi gereken konulardır. Bu konularla ilgili Kur'ân ve sünnetin ne hükümler getirdiklerini inceleyelim:

b1- Kur'ân'ın Getirdiği Hükümler

Kur'ân-ı Kerim, Peygamberimize hitab ederken: *"Elbiselerini temiz tut"*[115] buyurmuştur. Elbisenin temiz tutulması ibâdete başlamak için şarttır.

b2- Hadislerin Buna Getirdiği Açıklama, İlâve ve Yorum

Hadisler; elbiseyi, vücudu ve yerleri necis hale getirecek unsurları tek tek saymış ve âyetin özlü olarak geçtiği konuyu hem açmış ve hem de ek hükümleri getirmiştir.

Elbiseye İdrarın Değmesi:

Peygamberimiz (sav) idrarın necis olduğunu belirtmiştir. Necis olan bir madde vücuda, elbiseye veya namaz kılınan yere değerse o şartlarda namaz ibadetini yerine getirmek mümkün olmaz.

Lübabe binti Haris (r.ahna)dan rivâyet edildiğine göre kendisi şöyle anlatır. (Hz.) Ali'nin oğlu Hüseyin (r.anhuma) Peygamber (sav)in kucağına işedi. Ben; Ya Resulallah! Elbiseni bana ver (ki yıkayayım) ve başka elbiseyi giy, dedim. Resullullah (sav) buyurdular ki;

"Erkek çocuğunun bevlinden dolayı yalnız su serpilir, kız çocuğun bevlinden dolayı da yıkamak gerekir"[116] Bilindiği gibi kız çocuklarının idrar kesesinden çıkan kanal (idrar yolu) daha kısa, erkeklerinki ise daha uzundur. Bu nedenle de; kız çocuklarin idrarının iltihap kapma ihtimali daha fazladır. Muhtemelen hadis bu ayrıntıdan dolayı yıkamayı emretmiştir.

Hadis-i Şerif yetişkin olan bütün insanların bevlinin mutlak olarak necis olduğunu açıklarken, henüz sütten kesilmemiş erkek çocuğun bevlini daha hafif necasetten saymıştır.

Elbiseye meninin değmesi

Spermlerin elbiseye değmesi halinde elbiseyi necis edip etmediği konusu hadislerde ele alınmıştır. Peygamberimizden rivâyet edilen hadisler, Resulullah'ın spermleri bazen yıkadığı (veya yıkattığı) bazen de ovduğu (veya ovulmasını emrettiği) şeklindedir.

Hz. Aişe'nin şöyle dediği rivâyet edilir: "Peygamber (sav)in elbisesine sperm isabet ederdi. Elbisesinden onu yıkardı. Sonra o elbise ile namaza çıkardı. Ben de yıkama eserini o esnada görürdüm"[117]

Hadis, Resulullah (sav)'in elbisesindeki artıkları kendisinin yıkadığını gösteriyor.[118]

Yıkamakla ilgili hadisler; elbiseye değen spermlerin yıkanmasının gerektiğini, temizlenmemiş elbiseyle namaz kılınmasının doğru olmadığını gösterir.

Ancak elbiseye değen spermlerin her zaman yıkandığı şeklindeki bir kanaatin yanlış olduğu başka rivâyetlerle doğrulanıyor. Nitekim Hz. Aişe'nin; 'bazen spermler ovularak giderilirdi'[119] sözü göze çarpar.

Bu hadislerden şunu anlıyoruz: Spermler kuru olduğu zamanlarda ovulur; yaş olduğu zamanlarda ise yıkanır.

Hadisler, spermlerin temiz olduğunu gösterir ve bunu iddia eden İslâm âlimlerinin en güçlü delilini oluşturur.[120] Hattâbi (338/998) hadisleri bu açıdan değerlendirir ve şöyle der:

"Ben derim ki (hadisler) spermlerin temiz olduğuna delildir. Eğer spermin aslı pis olsaydı, ovmakla temizlenmiş olması mümkün olmazdı. Zira gaita –büyük abdest- (yıkanmadığı durumlarda elbise üzerinde) kurusa, ovulmakla temizlenmez. Spermin ovulmasının yeterli olduğunu, yıkanmasının şart olmadığını savunanlardan biri de; Sa'd bin Ebi Vakkas'tır.

Bu tartışma son noktadan da önemlidir. Bilindiği gibi spermler insanın hammaddesidir. Alimlerin onu pis saymaması insana duyulan saygının bir neticesidir. Onlara göre insanın esasını oluşturan şey pis olamaz. Tabii ki bu yorumun bir tarafıdır.

Kanın Elbiseye Değmesi

Kanın necis olduğu, elbiseye bulaştığı zaman yıkanması gerektiği hadislerle sabittir. Gerçi, "akıcı olan kanın haram olduğu"[121] Kur'ân'la sabittir ama, bunun namaz ve diğer ibâdetlerle olan münâsebeti sünnetle ortaya konmuştur. Sünnet bu noktada âyetin sosyal hayata tatbikini göstermiştir.

Resulullah (sav), elbiseye dokunan kanın eseri gidinceye kadar yıkanması gerektiğini söylemiştir.

Hz. Esmâ'dan rivâyet edildiğine göre bir kadın Peygamberimize gelerek, birimiz elbisesi içindeyken hayız olursa (ve hayız kanı elbisesine dokunursa) ne yapsın? diye sorar. Peygamberimiz (sav) cevaben: "Onu ovala, hafif su dökerken parmaklarınla kazı ve sonra az az su dökerek izi silininceye kadar yıka, sonra da içinde namaz kıl"[122] buyurdu. Bu hadisler değerlendirilirken; Mekke ve Medine'de suyun az bulunduğu bir zeminde asgari temizlik ölçülerinin konduğu gerçeğini gözden uzak tutmamak gerekir.

Hadis necasetin nasıl temizleneceğine dair son derece açık ve tefarruatlı bilgi vermektedir.

Yerin Temizlenmesi

Toprağın aslında temiz olduğu, necasetten olan bir şeyin kendisine bulaşmamasıyla bilinir. Bu nedenle de teyemmüm âyetinde, "temiz toprak"[123] kaydı konmuştur. Necasetin bulaşmadığı veya bulaştığının bilinmediği bütün topraklar temizdir.

Tabii ki bu etapta şu soru akla geliyor. Necaset bulaşmış olan yerin temizlenmesi nasıl olacaktır? Daha doğrusu böyle bir yer temizlenebilecek mi? İşte böyle soruların cevâbını sünnetten bulabiliyoruz. Burada da sünnet Kur'ân açıklamış oluyor.

Enes bin Mâlik'ten rivâyet edildiğine göre bir arab mescide işedi. Cemâatin bir kısmı (ona mani olmak üzere) hızla ona doğru sıçradılar. Bunun üzerine Resulullah (sav) "onu işemekten kestirmeyiniz= bırakınız işini bitirsin," buyurdu.

Sonra bir kova su istedi. O yere döktü.[124]

Katı Cisimlerin Necasetten Temizlenmesi

Katı olan cisimlerin meselâ, sıvı yağların donmuş olan şekillerin necasetten arındırılma yolu da hadislerin öğrettiği yöntemlerdendir.

Peygamberimize yağın içine düşen farenin durumu soruldu. Şöyle buyurdular: "Onu ve etrafındaki (bölümü iyice sıyırıp) atınız sonra yağınızı yiyiniz."[125]

Hadis; katı cisimlerin içine düşen necasetin ancak bulaştığı yeri necis hale getirdiğini gösterir.

Murdar Hayvanın Derisinin Temizlenmesi.

Dinî ölçülere göre boğazlanmış olan hayvanın derisinin temiz olduğu genel hükümlerden bilinmektedir. Ancak eti yenen, fakat dinî şartlara uygun boğazlanmadan başka bir sebeble ölmüş olan hayvanların derilerinin durumu (yani başka bilgiyle) bilinebilirdi ki; bu konuda Peygamberimizden nakledilen hadisler olayı çözüme bağlamıştır.

Peygamber (sav) murdar hayvanın derisi hakkında; "Dibağat (deriye uygulanan temizleme işlemi) yapıldığı zaman temizlenmiş olur"[126] buyurdu.

Hadis, bugün dericilik sanatında dibağat denilen yöntemle, murdar hayvanın derisinin dinî yönden kullanılabilir hale getirilebileceğini gösteriyor.

Ayakkabılardaki Necasetin Temizlenmesi

Suyun kullanılması özellikle katı olan cisimlerdeki necasetin temizlenmesinde yaygın olan bir metoddur. Ancak Peygamberimiz (sav) su bulunamadığı hallerde yararlanabilecek ikinci bir yol daha göstermiştir. O da toprağın kullanılmasıdır.

Ebu Hureyre'den rivâyet edildiğine göre Peygamberimiz (sav); "Biriniz ayakkabısıyla pisliğe basarsa (toprağa sürsün) toprak onu temizleyicidir"[127] buyurmuştur.

c-ABDEST

c1- Kur'ân'ın Getirdiği Hükümler

Yukarıdaki bölüm necasetten taharetle ilgili noktalardı. Şimdi, hadesten taharette esas olan abdest ile ilgili esaslara geçebiliriz.

Abdestte yıkanması gereken uzuvlarla ilgili hüküm Kur'ân-ı Kerim'de yer alır. Bu konudaki âyette şöyle buyurulur:

"Ey imân edenler! Namaza kalktığınız zaman, yüzlerinizi, dirseklere kadar ellerinizi yıkayın, başınızı da meshedin ve topuklarınıza kadar ayaklarınızı da (yıkayın)...[128]

c2- Hadislerin Buna Getirdiği Açıklama, İlâve ve Yorum

Âyette yıkanacak ve meshedilecek organlar sıralanmıştır. Ancak gerek başın meshi, gerekse de ayakların yıkanması, teferruat isteyen ve bu nedenle de tartışma konusu olan noktalardır. Bu nedenle de Resulullah'tan rivâyet edilen hadisler bu noktalara da açıklık getiren hayati açıklamalar olmuştur.

Abdestin alınış şeklini teferruatıyla anlatan Humran: Hz. Osmân'ın abdestini Resulullah'la (sav) özdeştirilerek şöyle anlatıyor:

(Hz.) Osman'ı şöyle abdest alırken gördüm. Osman su kabı istedi, avucuna üç defa su döktü ve yıkadı, sağ avucunu kaba daldırıp mazmaza (ağza su almak) ve istinşakta (buruna su çekip sümkürme) bulundu. Sonra yüzünü üç defa yıkadı, ellerini dirseklerine kadar üç defa yıkadı. Sonra başını mesnetti. Sonra ayaklarını bileklerine kadar üç defa yıkadı. Sonra şöyle dedi: Resulullah (sav) şöyle buyurdu: "Kim benim bu abdestim gibi abdest alır, sonra iki rekâat namaz kılar ve namazı esnasında da hatırına gelen şeylerle fazlaca meşgul olmazsa gelecek günahları afv olunur".[129]

Hadis, âyette belirtilen uzuvlara yenilerini eklemiştir ki bunlar; her uzvun üçer defa yıkanması, sağdan başlanması, ellerin (dirseklere kadar) yıkanması, mazmaza ve istinşakta bulunması, ayaklarını yıkanmasını başının meshinden ayrı tutması şeklinde sıralanabilir.

Başın meshi konusunda âyette, *"başınızı meshedin"* buyurulmuş ancak, meshten muradın ne olduğu, mesh miktarının ne olduğu söylenmemiştir. Resulullah (sav)in abdest şekli sorulduğunda ashab: "Saçını meshederken elini önden arkaya doğru hareket ettirir, başının önünden başlayıp arkaya doğru başını meshederdi"[130] şeklinde cevap verirdi. Resulullah'ın mesh şekli böyleydi. İşte bu hadisler ilgili âyetin nasıl anlaşılması gerektiğini net olarak ortaya koyar.

Aynı hassasiyet, ayakların yıkanmasında da görülebilir. Âyette *"bileklere kadar ayaklarınızı yıkayınız"* buyurulmuştur. **"Ercül"** kelimesinin "esre" veya "üstün" okunmasına göre lûgat itibariyle "yıkama" ve "meshe" uygun anlamlandırılması mümkündür. Ancak muteber hadis kitaplarındaki rivâyetler bunun ancak *"yıkama"*[131] olarak anlaşılabileceğini gösterir.

Resulullah (sav) bir sefer sırasında acele ettikleri için ayaklarını (topuklarıyla beraber) iyi yıkamayan cemâati gördüğünde[132]; "Ateşten azab olsun (abdestte yakınmayan) ökçelere"[133] buyurdular.

Hadisler; *"ercül"* kelimesini *"rüus"* kelimesine atfederek saçın meshedildiği gibi ayakların da meshedilmesi gerektiğini ifâde edenlere karşı en güçlü delildir. Zira hadisler "ercül" kelimesinin "vücuh" kelimesine atfedilmesinin gerektiğini ve ayakların topuklarla beraber yıkanmasının şart olduğunu çok net olarak ortaya koyuyor. Hadisler bu âyetin doğru olarak anlaşılmasına ciddi katkıda bulunmuştur.

d- GUSÜL

d1- Kur'ân'ın Getirdiği Hükümler

Kur'ân-ı Kerim cünüb olan kişinin temizlenmesi gerektiğini; *"cünüb olursanız temizlenin"*[134] âyetiyle emretmiştir. "Cünüb"lük kavramının yanına "temizlenme" kavramı konmuştur; ama, tatbikat ve tarif Peygamber (sav) in hadislerine bırakılmıştır.

d2- Hadislerin Buna Getirdiği Açıklama, İlâve ve Yorum

Resulullah (sav)ın guslünü Hz. Âişe şöyle niteliyor: "Peygamber (sav) cünüblükten gusül yapmak istediğinde önce ellerini yıkardı sonra, namaz için abdest aldığı gibi abdest alırdı. Daha sonra parmaklarını suya daldırır ve ıslak parmaklarıyla saçlarının diplerini ovalardı. Sonra başının üzerine eliyle üç avuç su dökerdi. Daha sonra bütün vücûdunun üzerine su dökerdi".[135]

Hadis guslün farz ve sünnetlerini içiçe zikretmektedir. Cünüblükten temizlenmek için âyette emredilen yıkanmanın 'bütün vücûdu yıkamak' şeklinde olacağı hadisten anlaşılıyor.

Kadının Gusülde Saçını Çözmesi.

Bazı kadınların saçları gür veya uzun olur ve bu kadınlar saçlarına örgü yaparlardı. Yıkama sırasında da hem örgüleri çözmek problemleri ortaya çıkar ve hem de sık olan saçların uzantılarının ıslanamaması konusu gündeme gelirdi. Âyetlerde bu hususta bir hüküm olmadığı için kadınlar, Resulullah (sav)e aydınlanmak için soruyorlar.

Ümme Seleme (r.anha), Peygamberimize, 'Ben saçımın örgüsünü çok sıkı bağlayan bir kadınım. Cünüblük guslü için örgümü çözeyim mi? diye soruyor. Resulullah,(sav) 'Başına üç avuç su atman, sonra vücûduna su dökmen kafidir. Sen bununla temizlenirsin"[136] cevabını veriyor.

Hadis, saçların bitim yerinin yıkanmasının farz olduğunu gösteriyor. Hadise göre; kadın saçını çözmekle yükümlü olmadığı gibi, saçının uzantısını da yıkamak zorunda değildir.

Cünüb Neler Yapamaz

Kur'ân-ı Kerim'de cünübün neler yapamayacağı kayda bağlanmamıştır. Ancak sünnet bunu tafsilatlı olarak açıklamıştır. Kur'ân'da net herhangi bir beyân olmadığı için bu konuda rivâyet edilen bütün hadisler sünnetin Kur'ân'a ek olarak koyduğu hükümlerden sayılır. Buna örnek olarak iki hadisi gösterebiliriz:

a- Cünüb Mescid'e Giremez

Peygamberimiz (sav) hayızlı kadınlarla, cünüblerin mescide giremeyeceğini duyurmuşlardır.

Hz. Âişe'den rivâyet edildiğine göre Peygamberimiz şöyle buyurmuşlardır: "Ben hayızlı (kadın)ın ve cünübün camiye girmesini helâl etmiyorum"[137]

b- Cünübken Resulullah Kur'ân Okumazdı

Cünüblü haldeyken Resullullah'ın Kur'ân okumadığı rivayet edilen hadisler arasındadır. Hz. Âişe'den rivâyet edildiğine göre Peygamber (sav) 'cünüblü olmadıkça sahabeye Kur'ân okurdu",[138] yani cünübken Kur'ân okumazdı, şeklindedir.

Yine hadislerin Kur'ân'a ek olarak getireceği hükümler arasında, cünübken uyumak isteyenin önce abdest alıp öyle uyuyacağı,[139] kadının da ihtilam olacağı ve bu halde gusül gerekeceği[140] gusül yapılırken tamamen çıplak olunmamasının daha iyi olduğu[141], meziden dolayı sadece abdest gerektiği'[142] konuları sayılabilir. Yukarıda gusüle ait olarak sıraladığımız bütün izah, beyân ve diğer teferruat; cünüblük halinde gusül yapılmasını emreden Mâide sûresinin 6. âyeti altında ele alınabilir. Bütün bunlar hadislerin bu âyete getirdiği açıklamalardır.

e- TEYEMMÜM

Suyun bulunmadığı veya bulunmasına rağmen kullanılmasına mani bir durumun olduğu hallerde; küçük ve büyük abdestsizlikten kurtulmak için temiz toprağa ellerin vurularak yüzün, sonra da iki kolun meshedilmesine teyemmüm denir.

e1- Kur'ân'ın Getirdiği Hükümler

Teyemmüm hükmü Kur'ân'la sabittir. Bu konuda gelen vahiy; **"hastalık"** ve **"yolculuk"** hallerinde su bulunamamışsa, temiz suyla yüzün ve ellerin meshedilmesini kapsar. Âyetin meali şöyledir: "Eğer hasta veya yolculukta iseniz, yahut biriniz ayak yolundan gelmişseniz veya kadınlara yaklaşmışsanız ve bu durumlarda su bulamamışsanız tertemiz bir toprağa teyemmüm edin, yüzlerinize ve ellerinize sürün".[143]

Âyet-i Kerime belli organlara "mesh" olacağını bildirmiş ama tarifini yapmamıştır.

Hadisin Hayati Rolüne bir Örnek

Ashab; Peygamberimizi gören, onunla mübaşereti olan, Resulullah (sav)in karakter ve fiillerine en yakından şâhid olan kişilerdi. Arap dilini, kelimelerin kullanılış gayesini en iyi bilen kişilerdi. Çoğu; çölden, göçebe ailelerinden geldikleri için isti'mâli en az olan kelimelerin bile konuluş gayesini biliyorlardı. Ancak bütün bunlara rağmen bazı kelimeler karşısındaki *"garipsenecek"* tereddütleri Peygamberimizin açıklamalarının hem Kur'ân ve hem de İslâmi hayatlarında ne kadar önemli bir misyon yüklendiğini çok net olarak ortaya koyar.

Arap asıllı olanlar bile "mesh" kelimesini -âyeti duymuş olmalarına rağmen- farklı anlamışlardır. Hz. Ammâr ile ilgili olay buna güzel bir örnek teşkil eder. Hz. Ammâr, bir görevle gönderiliyor. Yolculuğu sırasında cünüb oluyor. Fakat âyeti -Resulullah'ın tatbikatını görmediği için- kendine göre yorumluyor. Kendi ifadesiyle: "Toprakta hayvanın yuvarlandığı gibi yuvarlanıp teyemmüm ettim"[144] diyerek, durumunu anlatıyor.

Belki hadislerle ilgili tecrübemiz bugün teyemmüm kelimesini duyduğumuzda, teyemmüm yaparken tatbik ettiğimiz fiilleri çağrıştırır. Ama, değişik vesilelerle edindiğimiz teyemmümle ilgili öncüllerimiz olmasaydı yani, elimizde sadece 'teyemmüm âyeti' olsaydı, Hz. Ammâr'ın düştüğü halden daha garip hallere düşerdik.

Hadis külliyatında mevcut olan benzeri rivâyetler yansıtsın veya yansıtmasın inanıyorum ki; Kur'ân'la ilgili bütün garip ifadelerde, ashab benzeri tereddütleri yorumları yaşamıştır.

e2- Hadislerin Buna Getirdiği Açıklama, İlâve ve Yorum

Yukarıda bir kısmını aldığımız hadisin geri kalan bölümü, teyemmümün nasıl yapılacağını uzunca anlatıyor.

Şakik'in, Ebu Musa el- Eş'âri'den, Hz. Ammâr'ın durumunu anlatırken rivâyet ettiği hadiste Hz. Ammâr diyor ki: "Resulullah (sav) beni bir görevle göndermişti. Cünüb oldum. Su bulamadım. Toprakta hayvanın yuvarlandığı gibi yuvarlanıp teyemmüm ettim. Ve namaz kıldım. Döndüğümde (olayı) Resulullah (sav) ra anlattım. Resulullah (sav) şöyle yapman yeterdi, deyip teyemmümü izah etti. Resullullah (sav) iki elini (avucunu) birleştirip toprağa vurdu. Yüzünü meshetti. Sonra sol eliyle sağa meshetti, sağla da sola meshetti.[145]

Bu konuda rivâyet edilen hadisler: "Tertemiz bir toprağa teyemmüm edin, yüzlerinize ve ellerinize sürün"[146] âyetini izah ediyor ve özlü ifadesini açıklıyor. Hadisler; elleri toprağa vurmayı, toprağı silkelemeyi ve ellerin nereye kadar meshedilebileceğini ölçüye bağlamıştır. Hadisler aynı zamanda âyette geçen '*Said*'in 'toprak' anlamında olduğunu açıklığa kavuşturmuş oluyor.

Yaralardan Dolayı Yapılan Teyemmüm

Resulullah (sav) den nakledilen başkaca hadisler de, teyemmümün boyutlarını genişletmiş, yeni hükümlere yol açmışlardır.

Hz. Câbir'in de bulunduğu bir yolculukta birinin başına taş isabet edip başını yarıyor. Sonra ihtilam oluyor. Teyemmüm edebilir miyim diye arkadaşlarına soruyor. Arkadaşları; sen su kullanmaya güç yetirdiğine göre teyemmüm yapamazsın diyorlar. Adam yıkanıyor ve sonra soğuk algınlığından ölüyor. Resulullah (sav)'e gelip durumu anlattıklarında: 'Onu öldürdüler, Allah canlarını alsın. Bilmediklerinde niye sormazlar. Cehalet hastalığının şifası sormak değil midir?' diye buyuruyor.[147]

Resulullah'ın akabinde şöyle dediği de Râvi tarafından ekleniyor:" ... veya yarası üzerine bir bez bağlayıp üzerine meshetse, vücûdunun geri kalan taraflarını da yıkasaydı."

Hadis, sağlığı ciddi tarzda etkileyecek fiziksel yaralarda ve benzeri mazeretlerde teyemmüm yapılabileceğini belirliyor.

Başka bir yönden de âyetteki "hastalık" kavramının sıhhati etkileyen her türlü rahatsızlığı kapsadığını ortaya koymuş oluyor.

Hadis-i şerif müslümanların, karşılaştıkları yeni problemler karşısında engin bir rahatlık ve serbesti içinde Kur'ân ve Sünnet ışığında ictihadda bulunmaları gerektiğini, bilmediklerinde sorgulayarak doğru cevabı bulmaya çalışmalarının şart olduğunu çarpıcı bir şekilde ortaya koyuyor.

Su Bulununca Teyemmümle Kılınan Namazın Durumu

Teyemmümle alınan abdestle kılınan namaz, daha namaz vakti çıkmadan bulunan su ile bozulur mu bozulmaz mı? tarzındaki teferruatlar, âyet-i kerime'de yer almamaktadır. Resulullah (sav) zamanında sahabenin karşılaştıkları bir olay bu soruya da dini cevabın ne olacağını gösteriyor.

"Ebu Saidi Hudri'den rivâyet edildiğine göre iki adam yolculuğa çıktılar. Namaz vakti geldi. Yanlarında su yoktu. Temiz toprakla abdest alıp namaz kıldılar. Sonra da vakit geçmeden su buldular. Biri namazı (suyla abdest alıp) iâde etti. Ötekisi ise namazı iâde etmedi. İkisi de gelip Resulullah'a durumu anlattılar. Resul-i Ekrem (sav) namazı iâde etmeyene sünnete tabi oldun, namazın kabul olmuştur dedi. Ötekine de; sana ise iki sevâb vardır, buyurdular."[148] Böylece, Resul-i Ekrem (sav) iki durumun da İslâmi kabul dairesinin içinde kaldığını, ama iâdenin daha isabetli olacağını duyurmuş oluyorlar.

f- NAMAZ

Namazla ilgili âyetler; namazın kılınmasına, vakitlerinin bir kısmına, diğer ümmetlere de farz kılınmış olduğuna, namazın günahlardan alıkoyup hayra yönlendirdiğine işaret eder. Ancak bugün bildiğimiz anlamda namaz ve tefarruatına ilişkin hükümler Kur'ân'da yer almamaktadır.

f1- Kur'ân'ın Getirdiği Hükümler

Namazın farz oluşuna ve vakitlerinin bir kısmına işaret eden bir âyette şöyle buyurulur: "Gündüzün iki tarafında ve gecenin (gündüze) yakın saatlerinde namaz kıl. Çünkü iyilikler, kötülükleri giderir"[149] Namazla ilgili diğer bazı âyetlerin meâlleri şöyledir:

"Ve namaz kılınız, zekâtı veriniz"[150], "Namazları ve orta namazı koruyun",[151] "Ey imân edenler! Siz içkiliyken namaza yaklaşmayın",[152] "Çünkü namaz, mü'minlere vakitli olarak farz kılınmıştır"[153]

Korku namazı[154], Cuma namazı,[155] gibi özel durumu olan namazlarla ilgili âyetler ayrı tutulursa, namazla ilgili âyetler genellikle teşvike yönelik ve mü'minlerin halini anlatan bir temada vahyolunmuştur.

f2- Hadislerin Buna Getirdiği Açıklama, İlâve ve Yorum

Namazın kılınış şekli, rekaâtlerinin sayısı, her rekaatinde okunacak âyet veya duaların durumu, namazın vakitleri, hiçbir namazın kılınamadığı vakitler, sehiv veya tilâvet secdeleri, hastanın namaz kılış şekli, cenâze, cuma ve bayram namazlarının kılınış şekilleri, namazla ilgili tahâret ve hükümleri ile benzeri bütün teferruatlar Peygamberimiz (sav)den nakledilen hadislerle sabittir. Böylece namazla ilgili bütün konularda; Kur'ân'ın özlü olarak temas ettiği veya hiç temas etmediği hükümlere ait açıklama ve ilaveyi yüklenmiş oluyor.

f2/I- Namazın Kılınış Şekli

Resul-i Ekrem (sav) namazın kılınış şeklini belirlerken kendisini merkez olarak göstermiştir: "Beni namaz kılıyorken gördüğünüz gibi namaz kılınız"[156] buyuruyor. Resulullah'ın namazını tarif eden rivâyetler haylice fazladır. Bunlara şu örnekler verilebilir:

Peygamberimizin namazını tarif eden Hz. Âişe şöyle naklediyor:

1. Hadis: "Peygamber (sav) namaza tekbirle başlar ve *'elhamdülillâhi Rabbi'l âlemin'*i okurdu. Rükû yaparken başını iyice eğmediği gibi tam doğrulmazdı da. Ama ikisinin arasında bir durumda dururdu. Rükûdan kalktığında tamamen doğurulmadıkça secdeye varmazdı. Secdeden başını kaldırdığında (mafsalları yerine gelecek tarzda) tam oturmadıkça (ikinci kez) secde etmezdi. Her iki rekâatte *'et-tehiyyatu'*yu okurdu. (Oturduğunda) sağ ayağını diker, sol ayağını ise yatırırdı. Köpek(lerin) oturuşundan nehyederdi. Ayrıca kişinin (vahşi) hayvanlar gibi dirseklerini kollarıyla yaymasından nehyederdi (sakındırırdı). Namazını selamla sona erdirirdi"[157]

Peygamberimizin namaz şeklini anlatan başka bir rivâyet Hz. Âişe'nin ifâde etmediği noktaları da içine alıyor.

2. Hadis: "Ebu Humeyd es-Sâidi'nin rivâyetine göre kendisi şöyle diyor: Resulullah'ın namazını içinizden en iyi bilen benim: Resulullah'ı gördüm; tekbir aldığı zaman ellerini omuz hizasına doğru kaldırırdı. Rükûa vardığı zaman elleriyle dizlerini tutar ve sırtını yere doğru (paralel olarak) eğerdi.[158] Başını rükûdan kaldırdığında bütün omurga (kemik)leri yerine oturuncaya kadar dikilirdi. Secde yaptığı zaman ellerini ne tam yumar ne de açardı. Ayak parmaklarını ise kıble tarafına yönlendirirdi. İki rekâat sonunda sol ayağı üzerine oturur, sağ ayağını ise dikerdi. Son rekâat için oturduğunda sol ayağını (kaba etinin altından) ileriye uzatır, ötekini diker ve kaba eti üzerine otururdu". [159]

3. Hadis: Resulullah'ın rükûa gidiş ve rükûdan kalkış sıralarında ellerini kaldırdığını anlatan rivâyetler, Resulullah'ın sadece tekbirde ellerini kaldırmadığını gösteriyor. İbn Ömer; Resulullah namaza başladığında tekbir sırasında, rükûa varmak ve rükûdan kalkmak sırasında tekbir aldığında (hep) ellerini omuz hizasına kaldırırdı"[160] diyor.

4. Hadis: Resulullah'ın fiilleriyle beraber bazı kıraatlerini de içeren bir rivâyette Ebu Hureyre; (ra) Hz. Peygamberin namazını tarif ediyor: "Resulullah (sav) namaza kalktığında tekbir getirir, rükûa vardığında yine tekbir getirirdi. Sonra rükûdan doğrulmaya başladığında *'Semiallahu limen hamide'*, derdi.

Tamamen doğrulduğunda ise; *'Rabbena ve leke'l hamd'* derdi. Sonra secde için eğilmeye başladığında tekbir getirirdi. Nihayet (secdeden) doğrulduğunda (yine) tekbir getirirdi. Bütün namaz boyunca böyle yapardı. İki rekâatın akabinde oturduğu tahiyyâttan üçüncü rekâata kalktığında da aynı şekilde tekbir getirirdi. [161]

Resulullah'ın secde ve rükudaki hassasiyetini anlatan bir rivâyette: "Rükû ve secdede belini düzgün tutmayan adamın kıldığı namaz yeterli değildir"[162] buyuruluyor.

5. Hadis: Resulullah'ın namazı esnasında yaptıklarından bazısını da Hz. Vâil şöyle anlatıyor: "Rükû ve secdede belini düzgün tutmayan adamın kıldığı namaz yeterli değildir"[163] buyuruluyor.

6. Hadis: Resulullah (sav) secde sırasında ellerinin arasını açardı, ellerinin arasına mesafe koyardı"[164]

7. Hadis: Resulullah (sav)in rüku ve secdesi esnasında okuduğu dualar arasında *'Sübhânekallahümme, Rebbenâ ve bihamdike, Allahümmeğfirli'* duası geçer. Hadisi Hz. Âişe rivâyet ediyor.[165]

8. Hadis: Ebu Hureyre (ra), Resulullah'ın fiiliyle beraber sözlü talimatını ileten bir rivâyetinde Resulullah (sav)in şöyle buyurduğunu naklediyor: "Namaz için kalktığında abdestini tam al, sonra kıbleye yönel ve tekbir getir. Sonra Kur'ân'dan kolayına geleni oku. Eklemlerin yerine oturuncaya dek rükû et, sonra rükûdan kalktığında iyice doğrul, sonra secde et, ta ki secdede, secde uzuvların yerine gelinceye kadar bekle. Sonra secdeden doğrul ve eklemlerin yerine oturup uzuvların yerleşinceye kadar otur. Sonra bütün namazında böyle yap".[166]

9. **Hadis:** Resulullah'ın rükûa varırken tekbir getirdiği, rükûdan kalkarken de tekbir getirdiği'[167] tarzındaki birçok rivâyet, Resulullah'ın namazı nasıl kıldığına dair teferruatlı bilgi vermektedir. Sahabenin, Resulullah'ın namaz şeklini olduğu gibi bizlere nakletmeleri yanında bu anlamdaki hadislerin bir araya getirilmesi namazın kılınış ve hükümleri hakkında doyurucu bilgi vermiştir.

Fâtihasız Namaz Olmaz

Namaz esnasında nelerin okunacağına işaret edilen âyette; "Artık, Kur'ân'dan kolayınıza geleni okuyun... Kur'ân'dan kolayınıza geleni okuyun, namazı kılın..."[168] buyurulmuştur. Buna göre Kur'ân'dan okunacak herhangi bir âyet namazın makbul olmasına yeterli olacaktır. Ancak Resulullah'ın ifâdeleri Fatiha okunmadan kılınan namazın makbul olmadığını beyân ediyor. Ubâde bin es- Samıt (ra)den rivâyet edildiğine göre Resulullah (sav); Fatiha'yı okumayanın namazı yoktur (makbul değildir)[169] buyurmuştur.

Hadise göre her namazda mutlaka Fatiha okunmalıdır.

Dualar Esnektir

Resullah'tan; rükû, sücûd, tehiyyat, i'tidal ve diğer hallerde belirli duaların okunması gerektiği rivâyet edilmesi yanında, Müslümanın gönlüne hoş gelecek her türlü duanın olabileceğini beyan eden rivâyetler de mevcuttur. Bu, Resulullahın namazda okuduğu duaların okunmasının daha uygun olacağını, ancak bunun ihmali halinde de namaza zarar vermeyeceğini gösterir.

İbn Abbas ve Hz. Ali'nin rivâyet ettiklerine göre Resulullah (sav) şöyle buyurmuştur: "Dikkat ediniz, ben rükû ve secdede Kur'ân (dan âyet) okumaktan alıkondum. Rükûda yüce Allah'ı ta'zim edin (*sübhane Rabbiye'l azim deyin*)."[170]

Secde Yapılacak Organlar

Secde sırasında hangi organların yere temas edeceği yine hadislerin açıklamasıyla bilinir. İbn Abbas'ın rivâyet ettiği hadiste Resulullah'ın şöyle buyurduğu ifade edilmiştir: "Yedi kemik üzerine secde etmekle emredildim. Alın ve (Resulullah) burnuna işaret etti, iki el (avuç içi) iki diz ve iki ayak parmağı".[171]

Hadis secdede hangi organların yere değmesi gerektiğini gösteriyor. Bu da âyetin secde ifadesine getirilen açıklamadır.

İmama Uyan Hareketlerinde İmamı Geçemez

Resûl-i Ekrem (sav) cemâatle namaz kılınma halinde, cemaatin imâmdan önce hareket etmemesi gerektiğini bildirmiştir. Ebu Hureyre ve Ebu Musa'nın haber verdiğine göre Resulullah'ın şöyle buyurduğu rivâyet edilir: "Ben hakikaten yaşlandım.[172] Onun için ben rükû ettiğim zaman siz de rükû ediniz ve ben secde ettiğim zaman siz de secde ediniz. Benden önce ne rükû'a ne de secdeye gidene rastlamayayım".[173]

Hadis, cemâatle namaza işaret ettiği gibi cemâatin, namazdaki hareketlerinde imamdan önce hareket edemeyeceğini açıklamış oluyor.

f2/2- Namaz Vakitleri

Kur'ân-ı Kerim'de namaz vakitlerini belirleyen âyetlerin sayısı yedidir. Bunların bir kısmının meali şöyledir:

"Gündüzün iki ucunda ve gecenin evvelindeki zamanlarında namaz kıl"[174]

"Güneşin batıya yönelmesinden,gecenin kararmasına kadar namaz kıl. Sabah vakti de namaz kıl. Zira sabah namazına melekler şâhid olur."[175] Başka bir âyette; "Güneşin doğmasından önce ve batmasından önce Rabbını hamd ile tesbih et"[176] buyuruluyor. Namaz vakitlerine işaret eden diğer âyetler de[177] namazların vakitlerini hassas bir tarzda belirlemediği gibi namazların başlangıç ve sonuna işaret de etmemiştir. Namaz vakitlerinin başlangıç ve bitiş zamanları, rakamsal olarak kaç vakit olduğu, Peygamber (sav) tarafından detaylı olarak açıklanmıştır.

Abdullah bin Ömer'den rivâyet edildiğine göre Peygamberimiz namaz vakitlerini şöyle belirlemiştir. "Peygamber (sav) öğle vaktini; güneşin göğün ortasından (batıya doğru) meyletmesiyle beraber, kişinin gölgesinin uzunluğu kadar olduğu zaman olarak tesbit etti. İkindi vakti gelmeyinceye kadar öğle vakti devam eder. İkindinin vakti, güneş sararmayıncaya kadardır. Akşamın vakti şafak kaybolmayıncaya kadardır. Yatsı namazının vakti, gecenin ilk yarısının ortasına kadardır. Sabah namazının vakti, fecrin çıkışından güneş batıncaya kadar olan süredir".[178]

Hadis son derece açıktır ve namaz vakitlerini; başlangıç ve sona eriş noktalarıyla, hiçbir tereddüde gerek bırakmadan aydınlığa kavuşturmuştur.

Bunun dışında; öğle namazı,[179] ikindi namazı,[180] akşam namazı,[181] yatsı namazı,[182] ve sabah namazı,[183] nın vakitlerini ayrı senedlerle ve son derece teferruatlı olarak veren rivâyetleri bulabiliriz.

Hadisler; âyetlerde, işaretleri verilmiş olan vakitlerin beşle sınırlı olduğunu, güneşin devamına göre bir önceki vaktin bitip, daha sonraki vaktin başladığını, bunu bilgili veya câhil herkesin kolayca tesbit edebileceği bir güneş takvimine bağladığını net olarak ortaya koyuyor.

Namaz Kılınmayan Vakitler

Namazların kılınamayacağı vakitler hakkında da Kur'ân-ı Kerim'de herhangi bir sınırlama getirilmemiştir. Peygamberimizden rivâyet edilen hadisler bu konuda da elimize yeterli malzeme vermiştir.

Ebu Saidi Huduri'nin bildirdiğine göre kendisi Resullulah'ın şöyle buyurduğunu işittiğini naklediyor: "Sabah namazının (farzından) sonra güneş doğuncaya kadar ve ikindi namazından sonra güneş batıncaya kadar hiçbir namaz yoktur".[184]

Hadis sabah namazı ve ikindi namazının sonrasında hiçbir namazın kılınamayacağını mutlak bir ifadeyle açıklıyor.

Bu hadiste, güneşin *istiva* (güneşin göğün tam ortasında olduğu zaman) halinde namazın kılınıp kılınamayacağına dair bir ifadeye rastlanmıyor. Ancak aynı konuda gelen bazı rivâyetlerde istiva vaktine işaret edildiğini görebiliyoruz.

Ukbe bin Amir el- Cüheni der ki: Üç saat vardır ki, Resulullah (sav) o saatlerde ölülerimiz üzerinde namaz kılmamızdan veya o saatlerde ölülerimizi defnetmemizden bizi menederek o vakitleri şöyle tarif etmiştir; "Güneş tam doğduğu zaman(dan göz ayarıyla bir mızrak boyu yükselinceye kadar), istiva[185] gölgesinin (görünüşte) durduğu zaman(dan) güneş batıya kayıncaya kadar ve güneş batmaya eğildiği zaman (dan) batıncaya kadardır"[186] buyurdu.

Benzeri rivâyetleri takviye eden hadisler bir araya getirildiğinde farz namaz kılınmayacak vakitlerin üçle sınırlandırıldığı ortaya çıkar. Güneşin tam doğduğu ve tam batması esnasında, o günün farz namazlarının bundan ayrı tutulmuş olacağı açıktır; ama, Resul-i Ekrem ayrıca da buna işaret etmiş ve o günün farzlarını bu genellemenin dışında tutmuştur.

Ebu Hureyre'nin rivâyet ettiğine göre Peygamberimiz (sav) şöyle buyurmuştur. "Kim sabah namazın(ın farzın)dan bir rekâate güneş doğmadan evvel yetişir ise sabah namazına yetişmiş olur ve kim ikindi namazın(ın farzın)dan bir rekâate güneş batmadan evvel yetişirse namaza yetişmiş sayılır".[187]

Hadis; farz namazlarını nehyedilen vakitler kapsamının dışında tutuyor. O halde belirtilen vakitlerde kılınması yasaklanan namazlar nafile ve diğer namazlardır.

Ka'be'yi Tavafta Kılınan Namaz

Peygamberimiz (sav) Kabe'yi tavaf sonrasında kılınan namazı, namaz kılınması yasaklanan vakitler kapsamının dışına çıkarmış ve nehyin buna uygulanamayacağını açıklamıştır. Bu durumda günün hangi vakit ve saatinde olursa olsun Ka'be'yi tavaftan sonra, Kabe'nin yanındaki Hicr-i İsmail denilen yerde tavaf namazı kılınabilecektir.

Cübeyr bin Mut'im'in bildirdiğine göre Peygamberimiz (sav): "Ey Abdi Menafoğulları! Bu beyti (Kabe'yi) tavaf edip gece ve gündüzün dilediği saâtında namaz kılan kimseyi engellemeyin"[188] buyurmuştur.

Hadis; her üç zamanda da tavafın sünnetinden olan nâfile namazının kılınmasının sakıncalı olmadığını gösteriyor.

Genel kurala başka bir istisna da "tehiyyetü'l mescid" dediğimiz namazdır ki, mescide girildiğinde kılınır.

Ebu Katâde'nin rivâyetine göre Peygamberimiz (sav) "İçinizden biri mescide girerse iki rekâat namaz kılmadıkça oturmasın"[189] buyurmuş, kısıtlayıcı bir zaman ölçüsü de koymamıştır.

f/3-3 Namazın Dışındaki Şartlar

Fıkıhçıların namazın dışındaki şartlar olarak tesbit ettikleri altı şartın kaynağı da, Resulullah'tan ulaşan hadislerdir. Namazla ilgili âyetlerde bunlara direkt bir işaret olmamasına rağmen hadisler, konuyu detaylı olarak bizlere iletmiştir. Örnek olarak bir kısmına işaret edelim:

Hadesten Tahâret (Abdestsiz bulunmak)

Resulullah (sav); "Biriniz namazda yellenirse (namazı bozup) geri dönsün, abdest alsın ve namazı iâde etsin"[190] buyurmuştur. Peygamberimiz burada namaza engel olan abdestsizlik haline, özel bir kavramla, *'hades'* sözcüğüyle tanımlıyor. Peygamberimize hades nedir diye sorulduğunda "sesi veya kokusu olan yellenmedir"[191] şeklinde açıklamada bulunuyorlar.

Hadisler abdesti bozan bir unsura işaret ederken; namaz kılan kişinin bu tür hallerden uzak olmaları gerektiğini ortaya koymuştur.

Gusülle ilgili hadisler ve uygulamayı ise daha önce belirtmiştik.

Setr-i Avret (Örtünecek yerlerin örtünmesi)

Kadının avret olarak sayılan bölgelerini kapatmadan namaz kılamayacağını belirten Peygamber (sav) şöyle buyurmuştur: "Hayız görme yaşına gelen kızın başında (saç ve avretini örten) örtüsü olmadan namazı makbul değildir."[192] Hadisin bu noktası kadının baş ve göğsüyle ilgili bölümüne işaret ediyor dense bile, bütün vücûduna işaret eden rivâyetler bunu tamamlamaktadır. Nitekim Peygamberimiz, Ümmü Seleme'nin bir sorusuna cevap verirken, kadının namazdaki örtüsünü; "örtüsü geniş ise ve ayaklarının üstüne kadar olanı kapatıyorsa evet,"[193] diyerek bütün vücûduna teşmil etmiştir. O halde bayanların başı açık olarak kılacakları namaz geçersizdir.

Peygamberimiz erkeklerle ilgili avreti de, "göbek ve diz kapaklan arasındaki bölge"[194] ile sınırlamıştır.

İstikbâli Kıble (Kıbleye yönelmek)

Kıbleye yönelme konusu Kur'ân'la sabittir. Âyette, "Her nereden yola çıkarsan, yüzünü mescidi haram semtine çevir..."[195] buyurulmuş ve namazda yönelme yönünün mescidi haram olduğu öğretilmiştir.

Ancak bazı hallerde kıble cihetine dönmeye devam etmek sıkıntılı, hatta imkansız olurdu. Bunlardan birisi de binek üzerindeyken (bu gün ise toplu taşıma araçları –otobüs, uçak, gemi gibi...) sürekli kıble yönünün değişmesidir. Resulullah zamanındaki uygulamayı anlatan Amir bin Rabia(ra) diyor ki: "Ben, Resulullah'ı, bineği üzerinde (nâfile) namaz kılarken gördüm. Hayvan nereye dönerse dönsün Resulullah kılmaya devam ediyordu" Bazı rivâyetlerde ise bu namazın; "nafile namaz" olduğu kaydına rastlanıyor.[196]

Bu uygulamanın nâfile namazlara ait olduğu, Peygamberin farz namazlarda böyle yapmadığına dair ilâve rivâyetler de mevcuttur[197]

Örnek olarak verdiğimiz hadisler âyetteki özlü hükmü daha teferruatlı bir şekilde açıklamış ve ilâve hükümler de getirilmiştir.

Mekanın Temizliği

Kişinin elbisesini her türlü necasetten arındırması gerektiği gibi namaz kıldığı mekanı da temizlemiş olması şarttır. Tabii mekanın temizliği denirken, sadece necasetten arındırılması anlaşılmamalıdır. Namaz için seçilen yerin maddi veya mânevi boyutuyla temiz olması esası aranmalıdır. Mesela; temiz olması koşuluyla bütün yeryüzü temiz kabul edilmiştir. Ama temiz olabileceği düşünülse bile bazı mekanlar bu genel temizliğin dışına çıkarılmıştır. Bunlardan ikisi, mezarlık ve banyo (tuvalettir). Peygamberimiz bu hükmü koyarken; "Bütün yeryüzü mesciddir'[198] ancak mezarlık ve hamam (bundan müstesnadır)[199] buyurmuştur.

Sahabenin, Resulullah "mezarlıkta namaz kılmaktan nehyetti[200] şeklindeki şâhidlikleri de uygulamanın bu tarzda cereyan ettiğini gösterir. Bazı rivâyetlerde geçen "Yedi yer var. Oralarda namaz kılmak caiz değildir. Beytullah'ın (Kabe'nin) üstü, kabristan, çöplük, mezbaha, hamam, deve (hayvan) yatağı ve cadde"[201] ifâdeleri, mezarlık ve banyoya benzer yerleri aynı hükme uydurmadır ki bu son rivâyet ötekiler kadar güçlü görülmemiştir.[202]

Hadisler üzerinde necaset olması mümkün olmayan Kabenin üstü gibi yerleri de ifade ederek yerin namaz kılmaya elverişliliği hususunda sadece açık necaset hükmü uygulanamayacağını hadisin haber vermesiyle temiz olan bazı mahallerin de namaz kılmaya uygun olmayanlar statüsüne dâhil edileceğini gösteriyor. Hadis kitaplarında yer alan ve fıkıhçıların farklı hükümler çıkarmalarına sebeb olan bütün rivâyetler, Hz. Peygamberin sünnetinden alınmıştır.

Namazda Konuşmak

Hadislerin açıklamış olduğu hususlardan biri de namazda dünya kelâmıyla ilgili herhangi bir konuşmanın yapılamayacağı, yapılması halinde de namazın bozulacağı hususudur. Peygamber (sav) "Namazda insan sözü uygun değil (namazı bozar) Namaz (daki sözler) tesbih, tekbir ve Kur'ân kıraâtidir".[203]

g. HASTA NAMAZI

Kur'ân'da hastaların namazlarını nasıl yerine getireceklerine dâir açıklayıcı bir hüküm bulunmamaktadır. Peygamberimiz (sav) hasta olanların namazlarını târif ederek bu kişilerin sıhhatli insanlar gibi namaz kılmak zorunda olmadıklarını açıklığa kavuşturmuştur.

İmrân bin Husayn (r.a)'dan rivâyet edildiğine göre kendisi, Resulullah'ın şöyle buyurduğunu söylüyor. "Ayakta namaz kıl. Buna güç yetiremiyorsan oturarak kıl. Buna da gücün yetmiyorsa yan yatarak kıl. Aksi halde (buna da güç yetiremiyorsan) işaretle kıl".[204]

Başka bir hadiste de Resulullah'ın; "Hasta secde edemezse başıyla imâda bulunur"[205] tarzında açıklamada bulunduğu belirtilir.

Hasta namazıyla ilgili teferruatlara girmeden bu rivâyetlerle yetinmek bile; Kur'ân'ın özlü olarak işaret ettiği, "namaz ibâdetine hadislerin getirmiş olduğu boyutları tesbit mümkün olabilmektedir. Hastaların nasıl namaz kılacağına dair Resulullah'ın uygulaması, elimizde olmamış olsaydı; 'Dinde zorlama (zorluk) yoktur'[206] 'Allah kulun gücünün yetmeyeceğini yüklemez"[207] tarzındaki Kur'ân'ın genel ölçülerine rağmen, hasta olan kişi de sıhhatli kişinin namazı gibi namaz kılmak zorunda olacaktı. Tabii burada tekrar işaret etmekte fayda var ki; sıhhatli olan kişinin namaz kılış şekli dahi Kur'ân'la değil de sünnetle sâbittir.

h. EZÂN

h1- Kur'ân'ın Getirdiği Hükümler

Ezân, namaz vakitlerinin girdiğini ilân etmek anlamına gelir. Kur'ân-ı Kerim genel bir kâide olarak; "Ey imân edenler! Cuma günü namaz için (ezânla) çağırıldığı vakit Allah'ı zikre koşunuz...[208] buyurulmuş ve ezânın namaz için bir nida=çağrı olduğunu duyurmuştur.

h2- Hadislerin Buna Getirdiği Açıklama, İlâve ve Yorum

Ezân sözcüklerini Kur'ân belirtmemiştir. Ezân ile ikâmet arasındaki farkı, sabah ezânıyla diğer vakit ezânları arasındaki farklı lafızları yine Kur'ân'da bulmak mümkün değildir. Bütün bunlar Resulullah'ın açıklamalarıyla bilinmiştir.

Hadislerin "ezân" maddesine kazandırdığı ilâve hüküm ve açıklamaların bir kısmı şunlardır:

Ezân Sözcükleri

Bilindiği gibi ezânın emredilme şekli; sahabenin gördükleri rüyayı, Resulullah'ın "hak rüyadır" tarzında yorumlayıp, rüyadaki ezân ifadelerini hayata tatbik etmeleridir. Söz konusu rüyayı birkaç sahabe birden görmüşlerdir.

Abdullah bin Zeyd (bin Abdi Rabbih) (ra)den rivâyet edildiğine göre şöyle demiştir. Resulullah (sav) namaza davet için borazanı arzulamış ve çan edinilmesini emretmiş ve çan yapılmıştı. Sonra Abdullah bin Zeyd rüya görmüş ve rüyasını şöyle anlatmıştır: Ben, rüyamda üzerinde iki yeşil elbise bulunan bir adam gördüm. Bir çan taşıyordu. Ona: Ey Allah'ın kulu! Şu çanı satar(mı)sın dedim. Adam; Bununla ne yapacaksın diye sordu. Ben -onunla namaza çağırırım, dedim. O bana, seni şu çandan daha hayırlı bir şeye yönlendirmeyeyim mi, dedi. Ben, delâlet edeceğin şey nedir diye sordum. Adam, şunu söylersin dedi:

Allah'u Ekber, Allah'u Ekber Allah'u Ekber, Allah'u Ekber
Eşhedu enlâ ilahe illallah, Eşhedu enlâ ilahe illallah
Eşhedu enne Muhammeden Resulullah,
Eşhedu enne Muhammede'r -Resulullah
Hayye Ale's-Selât Hayye Ale's-Selât.
Hayye Ale'l Felah, Hayye Ale'l Felah.
Allah'u Ekber, Allah'u Ekber
Lâilâhe İllallah.

Abdullah bin Zeyd, bu rüyadan sonra sabahleyin çıkarak Resulullah (sav)ın yanına vardı ve gördüğü rüyayı ona anlatarak şöyle dedi:

"Ya Resulallah! Ben rüyamda üzerinde iki yeşil elbise bulunan bir adam gördüm, bir çan taşıyordu" Abdullah daha sonra gördüğü rüyayı anlattı. Bunun üzerine Resûl-i Ekrem (sav) sahabilere: 'Sizin arkadaşınız bir rüya görmüştür", buyurduktan sonra (rüya gören Abdullah'a) "Bilâl ile beraber mescide çık da gördüğün ezân kelimelerini ona öğret. Bilâl de onu okusun.

Çünkü O'nun sesi, seninkinden daha gürdür" buyurdu. Abdullah demiştir ki: Ben Bilâl'le mescide çıkarak ona ezân kelimelerini öğretmeye başladım. O da kelimelerle çağırıyordu. Bunun üzerine Ömer Bin El-Hattab ezân sesini işitince çıkageldi ve: 'Ya Resulullah! Vallahi Abdullah'ın rüyada gördüğünün mislini ben de rüyamda görmüştüm', dedi.[209] Resulullah'ın, çanı Hıristiyanlardan, borazanı ise Yahudilerden ötürü hoş görmediğini beyan eden ifâdeler de mevcuttur.[210]

Kişinin terci', (yani önce şehâdet kelimelerini ikişer defa alçak sesle okuduktan sonra, yeniden bu defa yüksek sesle ikişer defa okuması) işini de Resulullah bizzat Ebu Mahzûre'ye tatbik ettirerek uygulatmıştır.[211]

Hadisler, ezân kelimelerinin, ezânla ilgili birçok konunun bizzat Resulullah tarafından öğretildiğini ve ezânın sünnet'in koyduğu bir dinî esas olduğunu göstermektedir.

İkâmet Vitr, Ezân Şef'dir =
Kamet sözcükleri tek tektir; ezan sözcükleri çift çifttir

İkâmet kelimesi lafız olarak da Kur'ân-ı Kerim de yer almaz. Hadisler Kur'ân'da ifâde edilen nida=ezân'ın özlü ifade ettiği sözün açılımlarını ortaya koyduktan ve onunla ilgili hükümleri belirttikten sonra ezâna ilâve olarak ikâmeti belirlemiştir.

Peygamberimiz, ezân sözlerini (tekbirler ve sonundaki tevhid kelimesi hariç) ikişer kere, ikâmetin ise (tekbirler ve kedkâmeti's-sala –namaz kılınma anı geldi- cümlesi hariç) birer kere okunacağını bildirmiştir.

Enes b. Mâlik, Sad el-Kurazi, Ebu Rafı' ve başka sahabelerin ayrı senedlerle rivâyet ettiklerine göre Peygamberimiz Bilâl'e ezân (sözcüklerini)'ı ikişer ikişer, ikâmet (lafızların)ı ise birer birer okumasını emretti.[212]

Ebu Muhzûri'nin rivâyetinde Peygamberimizin ezân ve ikâmeti bizzat öğrettiğini ve ezânı ondokuz kelime, ikâmeti de onyedi kelime olarak bellettiğini görebiliyoruz.[213]

Bazı hadislerde ikâmetin de 'ikişer defa' olarak öğretilmiş olduğu ifâde edilir.[214] Ancak sözcüklerin tek tek olduğuna dâir rivâyetler daha yaygın ve senedleri daha az tenkid görmüştür. Fıkıh kitaplarında görülebileceği gibi âlimler bu iki türlü rivâyeti de değerlendirmişlerdir.

Sabah Ezânındaki İlave: Tesvib

Hadislerin koydukları ilâve hükümlerden biri Enes'in de rivâyet ettiği gibi sabah ezânında; *"hayye ale'l felahtan"* sonra, *"es-Selâtu hayrum'minen-nevm"* cümlesini eklemektir.[215] Hadis kitaplarında tesvib denilen bu ilâve Resulullah tarafından öğretilmiştir.

Ezânı uzatmak[216], ezân okunurken okuyucunun parmaklarıyla kulaklarını tıkaması,[217] abdestsiz ezân okumanın mekruh oluşu,[218] namaz vakti gelince ehil olan birine ezanı okutmanın gerektiği[219] ezân lafızlarının ardından söylenen cümlelerin işitici tarafından kendi kendine tekrar edileceği[220], ezân okunurken mescidden çıkmanın günah olduğu ve kınama sebebi olduğu,[221] vaktinden evvel ezân okumanın nehy edilmiş olduğu[222] ve benzeri birçok hüküm Peygamberimiz (sav) tarafından haber verilmiştir.

Netice olarak, ezân ve ikâmet hususunda Kur'ân'da yer almayan bütün hükümler Resulullah tarafından ortaya konulmuştur. Bu konudaki hadisler namaza çağırma vasıtası olduğu belirtilen, 'ezân' kavramının nasıl anlaşılması gerektiğini son derece ayrıntılı bir biçimde açıklamıştır.

1- CUMA NAMAZI

1/1- Kur'ân'ın Getirdiği

Cuma namazının farz olduğu hususu Kur'ân-ı Kerim'le sabittir. İlgili âyette şöyle buyurulmaktadır. "Ey iman edenler! Cuma günü namaz için nida edildiğinde Allah'ı zikre (hutbeye) koşunuz, alışverişi bırakınız...[223] Cuma namazı ve ahkâmı ile ilgili Kur'ânî bilgi bundan ibarettir.

Bu âyetin nasıl anlaşılması gerektiği, "cuma namazı", ve "zikr" kavramlarının neyi kastettiği âyetten anlaşılması zordur, belki de imkansızdır. Âyetlerin işaretlerini beyân eden hadisler olmazsa cuma namazının farz rekâatlerinin sayısını bu namazın ne zaman kılınacağını tesbit imkansız olurdu. Yine bu âyetten "hutbe" ve ilgili hükümlerin ortaya konması, haylice sıkıntılıdır, diğer bir ifadeyle mümkün değildir.

1/2- Hadislerin Getirdiği Açıklama

Cuma namazının kaç rekâat olduğu, Cuma'nın kimlere farz olduğu, hutbenin nasıl okunduğu, Resulullah'ın hutbede nasıl davrandığı, Cuma'nın vaktinin ne zaman olduğu, Cuma namazının kılınabilmesi için kaç kişinin olması gerektiği, Cuma ve Bayram namazlarının aynı güne rast gelmesi halinde bayram namazını kılan kişinin Cuma namazını kılıp kılmama konusunda muhayyer olduğu, Cuma günü yıkanmanın müstehâb olduğu, Cuma namazından sonra dört rekâat sünnet kılmanın müstehâb olduğu ve benzeri birçok esas hadislerle sabittir. Bütün bu hükümler Cuma sûresinde çok özlü olarak ifade edilen Cuma âyeti kapsamında ortaya konmuştur. Bunların bir kısmının delillerini görelim:

Hutbenin Nasıl Okunduğu

Peygamberimizin, hutbesinde neler okuduğu ve nasıl davrandığı hadislerle tesbit edilmiştir. Câbir bin Abdillah şöyle diyor: 'Resulullah'ın Cuma hutbesi, Allah'a hamd ve övgü (senâ)dan sonra sesini yükselterek 'Allah'ın hidâyete erdirdiğini kimse sapkınlığa düşüremez. Allah'ın, sapkınlığa (hak kazandığından ötürü) götürdüğünü de kimse hidâyete erdiremez (tarzındaydı.)[224]

Hutbede Nasıl Davrandığı

Resulullah'ın hutbeyi okurken nasıl hareket ettiğini anlatan rivâyetler; Kur'ân'da zikredilen *"Allah'ı zikre koşunuz"*dan muradın hutbe olduğunu belirlerken, hutbenin okuma şeklini de belirtiyor.

Câbir bin Semûre'nin rivâyet ettiğine göre Peygamberimiz (sav) ayakta hutbe okurdu.

Oturur sonra kalkar ve ayakta hitab ederdi: (Râvi şöyle devam ediyor): "Kim sana Peygamber (sav)in oturarak hutbe okunduğunu haber verirse şüphesiz yalan söylemiş olur".[225]

Hadis, Resulullah'ın (sav)in ayakta hutbe okumaya başladığını, sonra oturduğunu sonra yine ayakta okumaya devam ettiğini gösteriyor. Bu arada şunu belirtmek gerekir. Hadisleri, Resulullah'ın yaşlandığı zaman oturduğu tarzında yorumlayanlar da vardır.

Hutbe Kimlere Farzdır

Âyet-i Kerime *"Ey imân edenler"* tarzında genel bir ifade kullanarak, Cuma'nın kadın, erkek, çocuk gibi herkese farz olduğu kanaatini uyandırır. Ancak Kur'ân'daki bu ifâdenin, kendi içinde istisnai hükümleri gizlediğini Resulullah (sav) haber veriyor.

Tarık bin Şihâb'ın haber verdiğine göre Resulullah (sav) şöyle buyurdu: "Cuma namazı dört kişi hariç, cemâat halindeki her müslümana farzdır. (Bu dört kişi) köle, kadın, çocuk ve hastadır".[226] Buna göre Cuma namazı kadınlara farz değildir. Ancak kadınlar isterlerse kılabilirler. Bilindiği gibi, kılabilme ile farz kılınma çok farklı fıkhi neticeler verir.

Hadis, Cum'anın farziyyetine işaret eden âyetteki; *"Ey imân edenler"* cümlesini sınırlamış ve sayılan dört grubun bu âyetin genel prensibinin dışında tutulduğunu haber vermiştir.

Cuma'nın Vakti

Âyet-i Kerime'de *"Cuma günü namaz için nida edildiğinde"* deniyor ama, bu çağrının zamanı belirlenmiyor. Bu çağrı, öğle olduğu gibi ikindi vakti veya arada bir vakit de olabilirdi. Ancak Resulullah'ın açıklamaları bu vaktin öğle vakti olduğunu, Cuma ile öğle vakitlerinin aynı vakitte olacağını, yani Cuma vaktinin öğle vakti olduğunu haber veriyor.

Hz. Enes 'Resulullah (sav) Cuma namazını güneş (batıya) yöneldiğinde kılardı'[227] diyor.

Bayram ile Cuma namazlarının aynı güne denk gelmesi halinde ne yapılacağını da Resulullah kayıt altına almış ve bayram namazını kılan dilerse (aynı günkü) Cum'a namazını kılar, dilerse kılmaz."[228] buyurmuştur.

Dikkat edilirse hadisler Cum'a namazıyla ilgili âyetin her kelimesi üzerine açıklamalarda bulunmuş ve Kur'ânî ifadelerin doğru ve maksada uygun anlaşılmasını sağlamıştır.

j- CENÂZE NAMAZI

j1- Kur'ân'ın Getirdiği Hükümler

Cenâze namazı; mü'mine şefâat, bağışlanma ve rahmet dileği ve duasıyla kılınan rükusuz ve secdesiz bir namazdır. Cenâze namazını, kılınışını veya cenâze namazının farziyyetini ifade eden açık âyet bulunmamaktadır.

Namazla ilgili âyetlerdeki emir, belki cenâze namazı için uzak bir işaretle de olsa delil sayılabilir. Cenâze namazı konusunda net bir âyet yoktur. Fakat Resulullah'a münafıkların kabirlerine gidip cenâze namazını kılmasını yasaklayan âyetler, cenâze namazına açıkça işaret etmektedir. Âyet: "Onlardan (münafıklardan) ölen kimsenin namazını sakın kılma, mezarı başında da durma. Çünkü onlar Allah'ı ve Peygamberini inkâr ettiler, fâsık olarak öldüler."[229] şeklindedir.

Âyet, münafıkların namazının durumunu anlatmakla beraber bunun şeklini açıklamamış, Resulullah'ın münafıkların cenâze namazı hususunda -şayet kılsaydı- nasıl kılacağını tanımlamamıştır. Münafıkların cenâze namazını kılması yasaklandığına göre mü'minlerin cenâze namazı kılınmalıdır ama, nasıl kılınacak? İşte Kur'ân'ın mücmelen işaret ettiği cenâze namazı ile ilgili bütün tefaruatı hadisler açıklamıştır.

J2-Hadislerin Buna Getirdiği Açıklama, İlâve ve Yorum

Cenâze namazının nasıl kılınacağı, namaz esnasında nelerin okunacağı, cenâze üzerine kaç tekbir getirileceği, namazın müslümana neler kazandıracağı, şehidlerin namazının nasıl kılınacağı, cenâze namazının kılınması esnasında imâmın cenâzenin neresinde duracağı ve benzeri birçok hüküm Resulullah'ın sözleriyle bilinmiştir.

Bütün bu pratikler Kur'ân'da geçen *"cenâze namazı"* kavramının en doğru, ilahi murada en uygun şekilde bilinmesini, yerine getirilmesini sağlamıştır. Resulullah'ın fiil ve sözlerinin ihmâl edilmesi halinde "cenâze namazı"nın adından başka hiçbir şey bilemeyeceğiz. Hadislerin getirdiği beyânların birkaçına örnek verelim:

Cenâze Namazının Ölüye Faydası

Tevbe sûresinin 84. âyetinde münafıkların cenâze namazını kılmak yasaklanırken; gerekçe olarak, onların Peygamberimizi inkar etmeleri ve fâsık oluşlarına dikkat çekilmiştir.

Yani cenâze namazı onlara bir şey kazandırmayacaktır. Hadisler, cenâze namazının Müslümana çok şey kazandıracağını haber vermiştir. Diğer bir ifadeyle âyetin mefhumu muhalifi (zıt anlamı) hadisin işaret ettiği gibi gerçekleşmiş, cenaze namazı mü'mine bir rahmet olmuştur.

İbn Abbas'ın rivâyet ettiğine göre Peygamberimiz (sav) şöyle buyurmuştur. "Hiçbir Müslüman yoktur ki öldüğünde cenâzesinde hazır bulunmuş olan ve Allah'a şirk koşmamış olan kırk kişi bulunduğunda, Allah onları (bu) ölüye şefâatçi kılmış olmasın".[230]

Hadis; cenâze namazının ölüye fayda sağladığını, cemâatin ölüye şefâatçi olacağını, münafık ve benzerlerinin ise buna hak sahibi olmadıkları için üzerlerine cenâze namazının kılınamayacağını ortaya koymaktadır. Tabii ki buradaki münafık kavramını belirlemek son derece önemlidir. Medine'de –Peygamberimiz döneminde- münafık kavramı; imani noktada problemi olan, doğru bir imana sahip olmayan kişiler hakkında kullanılırdı. Yani, âyeti kerime müslüman olup da ibadetlerinde, ahlaki özelliklerinde nifaka bulaşmış olan müslümanları bu kapsamın dışında tutmuş oluyor.

Cenâze Namazında Neler Okunacak?

Kur'ân'ın özlü olarak geçtiği bir husus da cenâze namazında neler okunacağı konusudur. Diğer namazlardaki kıraatle aynı mıdır, Fatiha ve sûre okunacak mı, yoksa özel dualar mı içerir, bununla ilgili olarak âyette herhangi bir bilgi yer almamaktadır.

Ebu Hureyre'nin rivâyet ettiğine göre Peygamberimiz (sav) cenâze namazı kıldığında şöyle derdi: "Ya Rabbi dirimize, ölümüze, hazır bulunanımıza, burada bulanamayanımıza, küçüğümüze, büyüğümüze, erkeğimize, dişimize, mağfiret eyle.

Allahım! Bizden yaşattığın kimseleri İslâm dini üzere yaşat! Bizden öldüreceklerini de imân üzerine öldür.

Allahım! Bu cenâzenin sevabından bizi mahrum etme ve ondan sonra bizi dalâlete (sapkınlığa) götürme."[231]

Peygamberimizin farklı dualar okuduğu da rivâyet edilmiştir. [232]

Resulullah'ın, "ölü üzerinde ihlasla dua ediniz"[233] hadisi ve Câbir'in; Resulullah, Ebu Bekr ve Ömer (r.anhuma) cenâze namazı için "tavkitte" bulunmadılar[234] sözü, *"duayı sınırlamadılar"* şeklinde anlaşılabilir.

O halde hadisler ihlaslı olmak şartıyla Peygamberimizden duyulmuş olsun veya olmasın herhangi bir duanın okunabileceğini gösterir.

Bu, cenaze namazındaki duayla ilgili bölümü kapsıyor.

Ancak cenâze namazındaki kıraat hakkında da ayrı hükümler konmuştur. İbn Abbas ve Ümmü Şerik'in rivâyet ettikleri hadiste Resulullah cenâze üzerine namaz kılarken Fatiha okudu ve okunmasını emretti,[235] denmiştir. Buna göre de önce Fatiha sonra dua okunacaktır.

Cenâze Üzerine Tekbir Alınması

Cenâze namazının rükû ve secdesiz bir namaz olduğu, cenâze üzerine normal namazlardan farklı olarak birkaç tekbir alınacağı Peygamberimizin uygulamasıyla bilinmiştir.

Osman bin Affan (ra)'dan rivâyet edildiğine göre Peygamber (sav) Osman bin Maz'un'un cenâzesi üzerinde namaz kıldı ve cenâze üzerine dört defa tekbir aldı.[236]

Peygamberimizin zaman zaman beş tekbir aldığı, ancak esas olanın dört tekbir olduğu sahabenin şâhidliğiyle bilinmiştir.

Abdurrahman bin Ebu Leylâ'nın bildirdiğine göre, Zeyd bin Erkâm (ra) cenâze üzerine dört tekbir alırdı. (Bir defa) bir cenâze üzerinde beş defa tekbir aldı. Bunu kendisine sordum. Dedi ki: Resulullah (sav) beş defa tekbir alırdı.[237]

Hadislerin incelenmesinden ve diğer rivâyetlerin de değerlendirilmesinden dört tekbirin asıl olduğu, bundan az tekbir olamayacağı, ama zaman zaman Resulullah'ın beş, altı ve yedi tekbir de aldığı anlaşılır.

Zeyd bin Erkâm'ın beş tekbir alması sahabeyi şaşırttığı içindir ki neden dört değil de beş tekbir aldığı soruluyor. Eğer dörtten fazla tekbir alışık olunan bir uygulama olsaydı, beş tekbirin gerekçesi sorulmazdı.

Gıyabi Cenâze Namazının Kılınması

Kur'ân'daki "Cenâze namazı" kavramına hadisin getirdiği ilâve hükümlerden biri de, ölünün gıyabında cenâze namazının kılınabileceği hususudur.

Necâşi'nin vefatı üzerine Peygamberimiz (sav) ashaba: "Kardeşiniz Necâşi vefat etmiştir. Kalkın üzerinde namaz kılın ve onun için tövbe edin"[238] buyurmuştur. Bu da gıyabi cenâze namazını sünnetin belirlediğini gösteriyor.

Kabrin Hangi Usulle Kazılacağı

Peygamberimiz Müslüman cenâzeler için lahd usulüyle mezar kazılmasını emretmiş ve "Lahd[239] (usulü) bizedir, Şakk[240] (usulü) başkalarınadır"[241] buyurmuştur.

Sahabenin bir kısmının da vefat edeceklerinde, "Resulullah'a yapıldığı gibi" bana da lahd kazınız ve üstünü kerpiçle dikiniz (örtünüz)[242] şeklinde vasiyet ettikleri bir vakıadır.

Yine, Resulullah'ın vefatı sonrasında kendisine lahd kazıldığı sahabe tarafından haber verilmiştir.[243]

Kabir kazılmasında belli bir yöntemin izleneceği ve imkân oldukça bu yönteme göre ölülerin kabre konacağı Resulullah'ın hadisleriyle böylece tesbit edilmiştir.

Cenaze Cemaatin Önüne Nasıl Konur

Peygamberimiz (sav) bir kadının "cenâze namazını kıldırırken cenâzenin tam ortası hizasında durmuştur.[244] Sahabenin uygulaması da böyle olmuştur.[245] Sahabenin uygulamasında, İmam, kadının cenâzesinin orta hizasında durur.[246] Böylece cenâze konulurken; imam kadının karın bölgesine denk yerde durur.[247] Zira Hz. Enes "Resulullah böyle yaptı, siz de böyle yapınız" demiştir.[248]

Böylece Kur'ân'ın değişmediği ritüellerin hepsini sünnet belirlemiştir.

Ölünün Yıkanması ve Kefeni

Ölünün nasıl yıkanacağı da hadislerin beyanıyla bilinmiştir. Peygamberimiz (sav) ölünün üç-beş defa veya daha fazla sayıda yıkanmasını öğretmiştir. Ümmü Atiyye (ra) şöyle diyor; biz Hz. Peygamber (sav) in vefat etmiş kızını yıkarken yanımıza girdi. Şöyle buyurdu. "Onu üç, beş veya daha fazla defa su ve sidr (isimli bitki yaprağı) ile yıkayın. Son suyuna ise kâfurdan (güzel kokudan) katın".[249]

Hadis, ölünün yıkanmasından maksadın iyice temizlenmesi olduğunu gösteriyor.

Ölünün yıkanma gibi kefenlenmesi şeklini de hadisler açıklamıştır. Hz. Aişe (ra) şöyle diyor: 'Resulullah (sav) Yemen ürünü beyaz üç parça bez içinde kefenlendi. Bunların içinde gömlek veya sarık yoktu. Hz. Aişe (r.anha)ya diyorlar ki; Peygamber (sav) hibere (çizgili hırka) içinde kefenlenmiş, denildi. Bunun üzerine Aişe (r.anha); 'Hibere hırkasını getirdiler de onu kefen yapmadılar' dedi.[250]

Benzeri hadisler incelendiğinde cenâzelerin kefenlenme şekli ortaya çıkar. Gerek ölünün yıkanması ve gerekse de kefenlenmesi Kur'ân'ın temas etmediği, hadislerin açıklayıp öğrettikleri hususlardandır.

Ayrıca; Resulullah'ın cenâzenin önünden yürüdüğü, ama cenâzenin önünden ayağa kalkmadığı,[251] çocuğun cenâze namazını kıldığı,[252] cenâze üzerine ancak abdestli namaz kılınacağı[253] cenâzede hazır bulunup namazını kılana sevap yazıldığı[254] gibi, ilgili bütün tefarruatlar Peygamberimizin hadisleriyle sabittir.

Cenâze ve namazıyla ilişkin hükümlerin hepsi Tevbe sûresinin 84. âyetinde geçen ve münafıkların cenâze namazına gitmemeyi emreden "cenâze namazı" kavramının açıklaması olarak kabul edilebilir.

k- İKİ BAYRAM NAMAZI

Bayram namazı, namazın farz oluşunu belirten âyetin genel kapsamı içinde düşünülebileceği gibi; "...Rabbin için namaz kıl ve kurban kes"[255] âyetinin Kurban bayramına işareti içine de alınabilir.

k1- Kur'ân'ın Getirdiği Hükümler

Âyetlerin getirdiği genel kural olan "namaz kıl" emri, bayram namazı için de uygulanacaktır. Kevser sûresindeki "namaz kıl" emri de bayram namazına yorumlanabilir. Yani; gerek açıkça, gerekse de işâreten olduğu ifâde edilsin, *"bayram namazından"* sadece isim boyutunda bilgi verilmiştir. Kaldı ki Kevser sûresindeki âyetin, bayram namazına yorumlanması da hadislerin bize verdiği öncüllerle bilenebilmektedir.

k2- Hadislerin Buna Getirdiği Açıklama, İlâve ve Yorum

Bayram namazlarının kaç rekaat olduğu, tekbir sayıları, ezân veya ikâmet okunup okunmayacağı, hutbenin öncesinde mi sonrasında mı okunacağı ve benzeri bütün bilgiler hadislerle sabittir.

Hutbenin Zamanı

Sahabe-i Kiram; Peygamberimizin Ramazan bayramı için çıktığını ve önce bayram namazını kıldığını daha sonra da hutbe okuduğunu haber veriyor.[256]

Yine, Resulullah'ın Kurban ve Ramazan bayramlarından önce namaz kıldığı, sonra da hutbe okuduğu ayrı senedlerle bizlere ulaşmıştır.[257]

Hadislerden anlaşılan, öncelikle namaz kılınacağı ve sonra da hutbe okunacağı hususudur.

İbn Abbas; Hz. Peygamber, Ebu Bekr, Ömer ve Osman (r. anhum)un kıldırdıkları Ramazan bayramlarında hazır bulunduğunu, hepsinin önce namaz kıldıklarını sonra da hutbe okuduklarını gördüğünü söylüyor.[258]

İslâmi uygulama da bu şekilde gerçekleşmiştir.

Bayram Namazında Ezân ve İkâmet

Bayram namazları için ezân ve ikâmete ihtiyaç olmadığı hususu da, Peygamberimizin uygulaması ve; Hz. Ebu Bekr, Ömer ve Osman (r.ahmun)un aynı uygulamaya devam etmeleriyle bilinmiştir.[259]

Bayram Namazları Kaç Rekâattir

Kur'ân'ın özlü ifadelerine hadislerin getirdiği açıklamalardan biri de bayram namazlarının kaç rekaat olduğudur. İbn Abbas, Peygamberimizin bayram günü iki rekâat namaz kıldığını, ondan önce veya sonra ise namaz kılmadığını belirtiyor.[260]

Namazda Kaç Tekbir Alınacağı

Bayram namazlarının kılınma usulünün diğer namazlardan farklı olduğu, iftitah (namaza başlama) tekbiriyle beraber ek tekbirlerinin yer aldığı Peygamberimizin uygulaması ile bilinmektedir.

Sa'd el-Karaz ve birçok sahabinin[261] haber verdiğine göre; Resulullah (sav), iki bayramda (namazın) ilk rekâatında kıraatten önce yedi ve son rekâate kırâatten önce beş (defa) tekbir alırdı.[262]

Hadis, bayram namazlanndaki ek tekbirlerin sayısını belirlediği gibi tekbirlerin alınış yerlerini de tesbit ediyor. Buna göre ilk rekâatteki tekbirler kıraatten önce, ikinci rekâatteki tekbirler de yine kıraatten önce alınacaktır. Hemen ifade etmek gerekir ki tekbirlerin sayısı ve kıraatten önce veya sonra oluşu hususunda -esas alınan- hadislerden ötürü mezhepler arasında farklı görüşler vardır.

Bayram namazı ve ilgili bütün ayrıntılar, örneklerini verdiğimiz gibi hadislerle bilinmiştir. İşte bütün bu hükümler, Kevser sûresindeki *"namaz kıl, kurban kes"* âyetinin nasıl anlaşılması gerektiğini ortaya koyan esaslardır.

I- MİSAFİR NAMAZI

I1-Kur'ân'ın Getirdiği Hükümler

Misafirin kılacağı namaz Kur'ân'da özlü olarak yer almıştır. İlgili âyette şöyle buyurulmaktadır. *"Yolculuk ettiğinizde kâfirlerin size bir fenalık yapmasından korkarsanız, namazı kısaltmanızda size bir sorumluluk yoktur."*[263] Âyeti Kerime, korku halinde namazın kısaltılabileceğini, bunda bir sakınca olmadığını ifâde ediyor.

Kur'ân'ın misafirin namazıyla ilgili olarak verdiği bilgi bundan ibarettir.

Misafirliğin süresi, kişinin misafir sayılması için gitmesi gereken mesafe ve kısaltmanın şekli, nasıl olacağı hususları bilinmeden, namazları kısaltma (kasr) ile ilgili âyetin anlaşılması mümkün değildir. Bunu açıklayan hadisler olmasaydı kişi tek bir rekâatle kısaltma yapacağını ve bunun yeteceğini söyleyebilirdi. Âyetin böyle anlaşılmasının doğru olacağını iddia etseydi ona karşı diyeceğimiz bir cevabımız olmazdı.

I2- Hadislerin Buna Getirdiği Açıklama, İlâve ve Yorum

Yukarıda da belirttiğimiz gibi; kişinin misafir sayılabilmesi için kalınacak süre, misafir sayılabilmesi için gideceği uzaklık, namazı kısaltmanın nasıl olacağı, hangi namazın kaç rekâat olduğu gibi bütün incelikler hadislerle sabittir.

Kur'ân'ın "yolcunun namazını kısaltması" esasının nasıl işleyebileceği bu hadisler olmadan anlaşılması mümkün değildir.

Âyetin işaretini şerh eden, özel kısımlarını açıklayan hadislerden ve getirdikleri kurallardan bazı örnekler verelim:

Korku Kalkınca Misafir Tam Kılar mı?

Âyet-i Kerime namazı kısaltmaya gerekçe (illet) olarak yolcunun düşmandan korkusunu göstermiştir. Korkunun kalkması halinde gerekçenin iptal olacağını ve kısaltma ihtiyacının da kalmayacağını düşünmek pekâlâ mümkündü.

Aynı ihtimâli sahabe de düşünmüştür.

"Ya'la bin Ümeyye diyor ki: Ömer bin el- Hattab'a... 'Yolculuk ettiğinizde kâfirlerin size bir fenalık yapmasından korkarsanız, namazı kısaltmanızda size bir sorumluluk yoktur' âyetini sordum. Ve; insanlar artık düşmandan, korku duymuyorlar. Peki namazları yolculukta kısaltmaya gerek var mı diye sordum. Ömer: 'Senin hayret ettiğinden, ben de (merak ve) hayret ettim de, Resulullah'a sordum. Kendileri bana şöyle buyurdu: "Bu Allah'ın size verdiği bir sadakadır, o sadakayı kabul edin."[264]

Gerekçenin kalkmasına rağmen, Resulullah namazı kısaltma kolaylığının aynı şekilde kalmasına hükmetmiştir. Hadis namazı kısaltma hükmünün yolculuk bulundukça devam edeceğini gösteriyor. Bu da âyetin nasıl anlaşılması gerektiği konusunda ciddi ufuk açıyor.

Sefer Sayılacak Mesafe

Gidilen uzaklığın yolculuk hükmünü taşıması için belli bir uzaklığa ulaşması gereklidir.

Hz. Enes'in ifâdesine göre "Peygamber (sav) üç mil veya fersah uzaklığa (yaklaşık 90 km.) gittiğinde namazı iki rekâat kılardı.[265]

Yine Hz. Enes'in rivâyetinde; Resullulah (sav) ile beraber Medine'den Mekke'ye gidiliyor. Yolculuk sırasında Resulullah namazları ikişer rekâat olarak kılıyor.[266]

Buraya aldığımız hadisler en az üç mil veya daha fazla bir mesafeye çıkan kişinin misafir sayılacağını ve bu kolaylıktan yararlanabileceğini gösteriyor. Bu hususta mezheb imamlarının görüşleri fıkıh kitaplarında okunmalıdır.

Namazı Kısaltacak Misafirlik Süresi

Yolculuğa çıkan kişinin kaç gün kısa kılacağı, diğer bir ifadeyle yolculukta yerleştiği yerde kaç gün kaldıkça misafir olacağı hakkında gelen hadisler çeşitlidir. Buna ilgin şu örnekleri verebiliriz:

İbn Abbas'ın rivâyetinde Resulullah (sav) (Mekke'de) ondokuz gün kaldı ve namazları kısalttı[267] deniliyor.

Yine Resulullah'ın "yirmi gün"[268] kalmasına rağmen kısaltmaya devam ettiği de aktarılıyor.

Diğer rivâyetler ve fıkıhçıların bu rivâyetleri değerlendirmeleri bir yana; hadisler Kur'ân'ın özlü olarak geçtiği *"namazı kısaltma"* esasına ilâveler getirerek namazı kısaltabilmek için zaman sınırlamasının olması gerektiğini ortaya koyuyor.

Hadisler, namazın ilk farz kılındığında ikişer rekâat olarak farz kılındığını, sonra bunun sefer namazı olarak tesbit edildiğini, buna yerleşik olanın namazındaki rekâatlerin eklendiğini,[269] Resulullah'ın Tebuk Seferi sırasında öğle ile ikindi ve akşam ile yatsı arasında cem' (iki namazı birleştirip bir vakitte kılmak) yaptığını ve kısaltmanın akşam namazı hariç ikişer rekâat olduğu, akşamın ise üç rekâat olarak kılınacağını ve benzeri hükümleri yolculukla ilgili âyetin özlü hükmünü açıklaması şeklinde ortaya çıkmıştır.[270]

Yukarıda anılan hadisler ve Resulullah'ın uygulaması olmadan namazın kısaltması ile ilgili âyetin doğru şekilde uygulanması mümkün olmazdı.

m- TİLAVET (OKUMA), YANILMA ve ŞÜKÜR SECDELERİ

m1- Kur'ân'ın Getirdiği Hükümler

Kur'ân-ı Kerim şükür ve tilâvet secdelerini özlü olarak belirtmiştir. Âyetler herhangi bir hüküm içermeden sadece birçok secdeye işaret etmiştir. Diğer bir ifadeyle bu secdelerin ne manaya geldiği hadislerden bilinebiliyor.

Örnek olarak *"(Allah'a) secde et ve yaklaş"*[271] ile, *"Kendilerine hatırlatıldığı zaman derhal secdeye kapanırlar"*[272] âyetleri farklı secdelere işaret ediyor. Kur'ân-ı Kerim'de geçen secde âyetlerinden hangilerinin tilâvet ve şükür için olduğu tartışmalıdır.

Bilindiği gibi secde âyetleri ondört tanedir.[273]

m2- Hadislerin Buna Getirdiği Açıklama, İlâve ve Yorum

Sehv (yanılgı), tilâvet ve şükür secdeleri Resulullah'ın hadisleriyle sabittir. Âyetlerde ifâdesini bulan secdelerin bunlara uygulanması hadislerle bilinir.

Tilâvet Secdesi

Sahabe, Peygamberimizin içinde secde olan sûreyi okuduğunda secde ettiğini kendilerinin de beraberinde secde ettiklerini bildiriyor.[274]

Resulullah (sav) namazda tilâvet secdesi geçtiğinde secde ettikleri gibi, hutbedeyken de içinde secde geçen âyeti okuduğunda minberden inip secde edip tekrar geri çıkıyordu.[275] Hadis; içinde secde geçen âyetlerin okunması durumunda (hemen veya sonra) secde edilmesi gerektiğini gösteriyor.

Şükür Secdesi

Şükür secdesi, tilâvet ve yanılma secdelerinden farklıdır. Peygamberimiz (sav) Cebrail'in verdiği bir müjde üzerine şükür secdesi yapıyor. "Rabbıma şükür için secde ettim"[276] buyuruyorlar.

Allah'ın bir nimeti, rahmeti, hak edilmeyen bir bağışı karşısında şükür niyetiyle secde edileceği Peygamberimizin hadislerinden öğreniliyor.

Sehv (Yanılma) Secdesi

Sehv secdesi namazda unutmaktan dolayı meydana gelen gecikmeyi veya eksikliği gidermek amacıyla yapılan secdedir. Sehv secdesinin gerektiği yerler, rekâat sayısında tereddüd, ikinci rekâatten sonra teşehhüde oturmadan sehven kalkan kişinin durumu, dört rekâatli namazda sehven ikinci veya üçüncü rekâ-ate selam verenin durumu, sehiv secdesinin selamdan önce veya sonra yapılması gibi sehvle ilgili bütün ayrıntılar Peygamberimizin hadisleriyle bilinmiştir... Bu konudaki kanallara örnek olarak bir hadisi verelim:

"Abdullah bin Mes'ud (r.ahnden) şöyle demiştir;

Resulullah (sav) namaz kıldırdı. Ya fazla yaptı veya eksik yaptı. (ravi İbrahim, bu tereddüt bendendir demiştir) Bunun üzerine:

-'Ya Resulullah! Namaza bir şey mi ilâve edildi? denildi. Resulullah (sav):

"Ben ancak bir insanım. Siz unuttuğunuz gibi ben de unuturum. Biriniz unuttuğu vakit, oturduğu halde iki secde yapıversin... " buyurdu. Sonra Peygamber (sav) kıbleye dönerek iki secde etti.[277]

Tilâvet, sehv ve şükür secdeleri hakkında gelen hadislerin incelemesinden, bir yandan Kur'ân'da geçen secdelerin ne tür secdeler olduğunu anladığımız gibi, diğer yandan da Kur'ân'da geçen secdelerin hepsinin aynı anlamda olmadığını anlamış oluruz.

Hadisler, Kur'ân'daki secde kavramının detaylı bir tarzda anlaşılmasına zemin hazırlamıştır. Ve aynı zamanda hadislerin yönlendirmesiyle, Kur'ân'daki "secde" kavramına yüzlerce hüküm eklemiş oldu.

n-NAFİLE NAMAZLAR

n1- Kur'ân'ın Getirdiği Hükümler

Nafile namazları hakkında Kur'ân'da direkt bir âyet yoktur. İsrâ sûresindeki *"Ey Muhammed! Geceleyin uyanıp, yalnız sana mahsus olarak fazladan namaz kıl"*[278] âyeti, Resulullah'a yüklediği ekstra sorumluluk hariç, beş vakit namazın dışındaki namaza işaret kabul edilebilir. Nafile ve sünnet namazlar; yani vakte bağlı olan veya olmayan namazlar, namaz hakkındaki âyetlerin genel kapsamı içinde kabul edilir.

n2- Hadislerin Buna Getirdiği Açıklama, İlâve ve Yorum

Nafile namazlar, Peygamberimizin fiilleri ve sözleriyle bilinmiştir. Vakte bağlı olan nafile namazlar; farz namazlardan önce ve sonra olmak üzere iki kategoride sınırlandırılabilir. İki kısım da Peygamberimizin uygulaması ve sözlü sünnetiyle sabittir.

İbn Ömer'in (Resulullah'tan hıfzettim -veya Resululllah şöyle yapıyordu diye) rivâyet ettiği hadiste; "Öğleden evvel iki, öğleden sonra iki akşamdan sonra iki rekâatı evinde, yatsıdan sonra iki rekâatı evinde ve sabahtan önce (iki rekâat olarak kıldığı),[279] haber verilir. Buna göre Resulullah öğlenin farzından evvel ve sonra ikişer, akşam ve yatsıdan sonra ikişer ve sabahtan önce iki rekâat namaz kılmıştır. Peygamberin vakte bağlı sünnetler içinde bazılarına özel önem verdiğini de hadisler bildiriyor:

Hz. Aişe'nin bildirdiğine göre Resulullah'ın en çok takip ettiği, üzerinde durduğu nafile namaz, sabah namazının sünnetiydi.[280]

Resulullah'ın öğleden önceki dört rekâat sünneti bırakmadığı[281] ve benzeri rivâyetler de değerlendirildiğinde; vakit namazlarından önce ve sonra tesbit edilmiş bulunan müekked ve gayri müekked nafilelerin Peygamberimiz tarafından yerine getirildiği görülür.

Peygamberimizin, farz namazlarda; sabah namazının farzında ve (bazen de akşam namazında) Kunut okuduğu yine hadislerle anlaşılıyor.[282] Teheccüd, duhâ, hacet, istihare, hüsuf ve küsuf, yağmur, vakte bağlı olmayan nafile gibi birçok tetavvu, ayrıca vitir namazlarının hepsi hadislerle bilinen namazlardır. Ve bütün bunlar, Kur'ân-ı Kerim'in son derece özlü olarak belirttiği namazın açıklaması sayılır.

2- ORUÇ

İbâdetlerden olan orucun farz oluşu Kur'ân ve hadislerle sabittir. Kur'ân'da, orucun bizden önceki ümmetlere farz kılınmış olduğu gibi, bize de farz kılındığı belirtilen âyetten başka bir kısım ek hükümler de belirtilmiştir.

a- Kur'ân'ın Getirdiği Hükümler

Oruç ibâdetinin farz oluşu ve benzeri konularda şu ayetler inmiştir:

"Ey İmân edenler! Oruç, sizden öncekilere farz kılındığı gibi, Allah'a karşı gelmekten sakınasınız diye, size sayılı günlerde farz kılındı."

İçinizden hasta olan veya yolculukta bulunan, tutamadığı günlerin sayısınca diğer günlerde tutar. Oruca dayanamayanlar, bir düşkünü doyuracak kadar fidye verir...[283]

"Sizden bu ay (Ramazan)ı idrak eden, onda oruç tutsun, hasta veya yolculukta olan, tutamadığı günlerin sayısınca diğer günlerde tutsun. Allah size kolaylık ister, zorluk istemez...[284]

"Oruç tuttuğunuz günlerin gecesi kadınlarınıza yaklaşmanız size helâl kılındı..."[285]

Kur'ân'da, oruç ve fıkhi konumu ile ilgili âyetler bunlardır. Bunun dışında geçen oruçla ilgili âyetler genellikle bazı günahların keffaretinde tutulacak oruç, haçta oruç vs. konuları kapsar ki oruç ibadetiyle doğrudan ilişkili konular değildir.

b- Hadislerin Buna Getirdiği Açıklama, İlâve ve Yorum

Ramazan ayının başlangıcını tesbitten başlamak suretiyle Kur'ân'ın belirtmediği bütün teferruatlar hadislerle sabittir.

Ramazan Ayının Sübûtu ve Bayramın İlânı

Âyette, "Sizden bu aya ulaşan onda oruç tutsun"'[286] buyurulmuş, ancak ayı tesbitte nasıl bir yöntem takip edileceği söylenmemiştir. Resulullah'ın uygulaması, Ramazan ayını nasıl tesbit edeceğimize dâir bize yeterli açıklık kazandıımıştır. İbn Ömer Resulullah'ın şöyle buyurduğunu naklediyor: Hilâli gördüğünüzde oruca başlayınız, yeni hilâli gördüğünüzde de iftar (bayram ilân) edin. Eğer hava bulutlu olur da göremezseniz takdir ediniz."[287] Başka rivâyette "Hilâli görmezseniz otuza tamamlayınız" ifadesi vardır.[288] Yine Ebu Hureyre'nin rivâyeti, 'Şabanın sayısını otuza tamamlayın"[289] şeklindedir. Diğer rivâyetler de değerlendirildiğinde şu sonuç ortaya çıkar. Ramazan ayı hilâlin gözetlenmesiyle anlaşılır. Hilâl görülünce Ramazan başlar, yine hilâl görülünce de bayram ilan edilir. Böylece Âyet-i Kerime'nin maksadının ne olduğu anlaşılmış olur.

Niyet Konusu

Oruçta niyet konusu, Kur'ân'ın temas etmediği konulardan biridir. Peygamberimiz (sav) niyetsiz oruç olamayacağını haber vermişlerdir. Hafsa (r.anha)nın bildirdiğine göre Peygamberimiz (sav) şöyle buyuruyor. "Kim fecirden önce oruca niyet etmezse onun orucu yoktur."[290] Bu hadise göre Ramazanda her günün orucu için fecirden önce niyet şarttır.[291]

Mazeretsiz, Kasten Orucu Bozanın Durumu

Kur'ân-ı Kerim'de; hasta veya yolculukta olanların tutamadıkları günlerin sayısınca oruç tutacakları,[292] oruca dayanamayanların bir yoksulu doyuracak kadar fidye vereceği,[293] belirtilmiştir. Ancak Kur'ân, hiçbir mazereti olmamasına rağmen bilerek oruç yiyenlerin durumu hakkında bir hüküm getirmemiştir.

Kasten oruç yiyenin durumu Peygamberimiz (sav) tarafından belirtilmiştir. Ebu Hureyre'nin bildirdiğine göre birisi Resulullah (sav)'e gelerek; "Helak oldum ey Allah'ın elçisi,' dedi. Resulullah (sav); 'Seni helak eden nedir?' diye sordu. Adam; 'Ramazan gündüzünde (oruçluyken) karımla münâsebette bulundum', cevabını verdi. Peygamberimiz (sav); 'Âzâd edecek köle bulabilir misin?' diye sordu. Adam, 'Hayır' dedi. Peygamberimiz (sav); 'İki ay aralıksız oruç tutabilir misin?' diye sordu. Adam 'Hayır' dedi. Peygamberimiz (sav); 'O halde altmış fakiri doyuracak yiyecek bulabilir misin? dedi. Adam, 'Hayır' dedi. Sonra da oturdu. O esnada Resulullah'a içinde hurma olan bir kap getirdi. Resulullah (sav) hurmayı adama vererek 'Bunu fakirlere dağıt', dedi. Adam; 'Ya Resulullah! Seni hak (din) ile gönderen Allah'a yemin ederim ki Medine'nin kara taşlı iki dağı arasında ailemizden daha muhtaç bir ev halkı yoktur', dedi. Efendimiz (sav) azı dişleri görünecek kadar tebessüm etti ve şöyle buyurdu: 'Peki git bunu aile fertlerine yedir'.[294]

Hadis, mazeretsiz oruç bozanın, sıralanmış olan kefaretlerden birini yerine getirmek zorunda olduğunu gösteriyor. Bunlar da köle azadı, iki ay aralıksız oruç tutmak, altmış fakiri doyurmak şeklinde belirtilmiştir. Oruç yemekle ilgili hükümlerin bir kısmı âyetlerle tesbit edilmiştir. Bunun devamı olan diğer bir kısmı da hadisle bildirilmiştir.

Hangi Günler Oruç Tutulmaz

Peygamberimizin oruç tutmayı yasakladığı günleri hadisler bize iletmiştir. Bunlardan birincisi iki dini bayramın ilk günleridir. Bu konudaki hadiste Peygamberimiz (sav)in; Fıtır (Ramazan) bayramı ve Kurban Bayramı günleri oruç tutmayı yasakladığı rivâyet edilmiştir.[295]

Yasaklanmış olan oruçtan biri de Ramazan ayını bir veya iki günle karşılamak şeklinde tutulan *"yevmü'ş-şekk"* orucudur. Peygamberimiz (sav) bu orucu da yasaklamıştır.

Ebu Hureyre (ra)ın rivâyet ettiğine göre Peygamberimiz (sav) şöyle buyurmuştur. "Ramazanı bir veya iki gün orucuyla karşılayın. Ancak bir adamı daha önceden başlamış olduğu (kaza, nafile vs.) orucu tutuyorsa o müstesnadır, (orucuna devam etsin)".[296] Hadislerin ifadesine göre "eyyamü'ş-Şekk" denilen ramazandan önceki bir veya iki gün oruç tutmak yasaklanmıştır.

Yasaklanan oruçlardan biri de *"eyyâmü't-teşrik"* denilen günlerdir. Peygamberimiz eyyâmü't-teşrik'in[297] (yani; Kurban Bayramı'nın 2,3 ve 4. günleri) müslümanların bayramı olduğunu ifâde ile "mina günleri (eyyamı teşrik) yiyip içmek günleridir"[298] tarzında buyurmuşlardır. Hadis, teşrik günlerinde (gerekçesiz) orucu yasaklamıştır.

Böylece Resulullah'ın hadisleri; Ramazan ve kurban bayramının ilk günleri, kurban bayramının geri kalan üç günü ve Ramazan ayının öncesindeki iki günü oruçla geçirmeyi yasaklamıştır.

Oruç tutulmayacak günler hakkında Kur'ân'da herhangi bir işaret veya açıklık yoktur.

Orucu Bozup Bozmayan Şeyler

Hangi şeylerin orucu bozup bozmadığına dair Kur'ân'daki tek hüküm, ramazan gecelerinde kadınlara yaklaşmanın haram olmaması[299] hususudur.

Bunun mefhumu muhalifi (karşıt anlamı) gündüzün kadınlara yanaşmanın orucu bozacağı şeklinde anlaşılabilir.

Hz. Aişe, Peygamberimiz (sav)in oruçluyken zevcelerini öptüğünü, yanaştığını ama kendisine herkesten daha çok hâkim olduğunu belirtiyor.[300]

Kişinin kusması halinde orucunun bozulmayacağı, ancak kasten kendini zorlayıp kusturması halinde ise orucunun bozulacağı Resulullah'ın sözleriyle anlaşılır.[301]

Yine hadislerle anlaşılan diğer bir husus da, unutarak yiyen ve içenin orucunun bozulmayacağıdır. Peygamber (sav); "Kim unutarak yer ve içerse orucunu tamamlasın. Zira onu Allah yedirmiş ve Allah içilmiştir."[302]

Verdiğimiz örneklerden açıkça görülüyor ki, orucun sıhhatini etkileyen noktaları Peygamberimiz (sav) haber vermiştir.

Oruçla ilgili olan; hacamatın oruca zarar vermemesi, acele etmek, sahuru terketmemek, ramazanın son on gününde i'tikafa devam etmek, iftar etmeden ikinci gün orucuna girişmemek, oruçluyken kötü ve çirkin söz söylememek gibi bütün hükümler, Resulullah'ın hadisleriyle anlaşılabilir. Ve bütün bu konular oruçla ilgili son derece özlü olan âyetlerin açıklaması türündedir.

3- ZEKAT

a- Kur'ân'ın Getirdiği Hükümler

Kur'ân-ı Kerim'de zekâtın farz oluşuyla ilgili âyetler yer almaktadır. İnen âyetler; zekâtın farziyetini, kazandığımız ve yerin çıkardığı şeylerin iyilerinden fakirlere harcamamız gerektiğini, müslümanların mallarından onların mallarını temizlemek için sadaka -zekat- alınacağını belirten hükümleri kapsamaktadır.

Bu hususta inen âyetlerin bir kısmının mealleri şöyledir:

"Namazı kılın, zekâtı verin."[303]

"Ey inananlar! Kazandıklarınızın temizlerinden ve size yerden çıkardıklarımızdan harcayın."[304]

"Allah'ın rızasını dileyerek verdiğiniz herhangi bir sadaka (zekât) böyle değildir. İşte onlar sevablarını kat kat artıranlardır."[305]

"O kişiler ki zekâtı verirler."[306]

"Ey Muhammed! Mallarının bir kısmını; kendilerini temizleyip arıtacak sadaka olarak al. Onlara dua et..."[307]

Örneklerini verdiğimiz; gerek bugünkü anlamda zekâta, gerekse de daha öne tatavvu olarak verilen sadakalara işaret olsun, bütün âyetler sadece böyle bir gerekliliğin varlığına işaret etmektedir. Ancak zekâtla ilgili detaylar bu âyetlerde yer almamaktadır.

b-Hadislerin Buna Getirdiği Açıklama, İlâve ve Yorum

Kur'ân-ı Kerim *"mallarından sadaka al..."* veya *"zekâtı verin"* buyuruyor ama, bunun nasıl olacağını açıklamıyor. Zekâtın hangi mallardan, hangi miktarda verileceği, yılın bitiminden önce zekâtın çıkarılıp çıkarılamayacağı ve benzeri bütün detaylar hadislerle anlaşılır.

Neden, Ne Kadar Zekât Gerekir

Kur'ân'da zekâtın farz olduğu ifâde edilirken; hangi mallardan, hayvanlardan veya nakitten ne kadar zekat alınacağı hususunda bir bilgi verilmemiştir. Zekât hakkındaki âyetin özlü ifadelerini Peygamberimiz (sav) detaylandırarak izah etmiştir.

Cabir bin Abdillah[308]ın rivâyetine göre Resulullah (sav) şöyle buyurmuştur.

"Beş deveden aşağısında zekât yoktur. Beş okkiyye'den az (gümüş) de zekât yoktu? Ve beş vesk (640-970 kg arası) miktarından az olan (hurma, üzüm ve hububat) da zekât yoktur."[309]

Hadiste geçen beş vesk; mezheblerin hesabına göre 639 ile 973.5 kg.[310] arasındaki bir ölçüdür. Beş okiyye ise 200 dirhem gümüşe mukâbildir.[311]

Buna göre beş ve daha yukarı sayıda deveye sahip olan kişilere develerinden ötürü zekât düşer. Ayrıca 699 kg. ve daha yukarısı miktarda hurma, üzüm ve hububata sahip olan kişiye zekât düşer. Yine 200 dirhem yani, 624 gram ve daha fazla miktarda gümüşe sahip olan kişiye zekât gerekir. Tahıl ürünleri, hayvanlar ve diğer mallardan ne miktarda zekat gerekeceği de hadisler yoluyla bildirilmiştir. Bunların bir kısmını şöyle örnekleyebiliriz:

b1- Hurma ve Hububat (Tahıl Ürünleri)

Daha önce beş vesk, yani 639 kg. ve daha yukarı miktarda hububat, hurma ve üzüme sahip kişinin zekât nisabına ulaştığını belirtmiştik. Peki, zikredilen miktarda bu malzemeye sahip olan kişi ne kadar zekât verecektir?

Sünnet bu konuda ürün veren arazinin sulanma yöntemine dikkat çekmiştir. Kişinin herhangi bir masrafı olmadan sulanan araziye, onda bir (öşür) hükmü getirilirken; kişinin masraf yaparak âletle sulattığı arazinin ürününden de yirmide bir (öşürün yarısı) zekât gerekeceği Peygamberimiz tarafından bildirilmiştir. Bu konudaki hadislerinde Peygamberimiz (sav) şöyle buyurmuşlardır.

"Yağmurun ve pınarlar (gibi akar sular)ın suladığı şeylerde öşür "onda bir" (zekat vâcib)dir. Nadıh (=âletle) sulananlarda ise öşürün yarısı "yirmide bir" (zekat vermek vâcib)dir."[312]

b2- Koyun ve Keçinin Zekâtı

Koyun ve keçinin zekâtı, artan sayılara göre belli miktarda tesbit edilmiştir. Peygamberimiz hayattayken bu konuyu hesaplamış ve yazdırmıştır, Hz. Ebu Bekir de aynen uygulamıştır.

Resulullah'ın vefatından önce yazdırmış olduğu bir mektubunda şu ifâdelere rastlıyoruz: "Kırk koyun ve keçiden yüzyirmiye kadar koyunu olanın zekat miktarı bir koyun veya keçidir. Yüzyirmiden bir tane fazla olunca, ikiyüze kadar iki koyun veya keçidir.

(İkiyüzden) bir tane fazla olunca, üçyüze kadar üç koyun veya keçi zekat verilir. Daha da çoğalınca artık her yüz tanede bir koyun veya keçi (zekât) olur."[313]

Hz. Ebu Bekir'in de; Enes bin Mâlik'i Bahreyn'e zekât âmiri olarak gönderdiğinde kendisine vermiş olduğu yazılı genelgede Besmele'den sonra özellikle; "Allah'ın Peygamberine emrettiği, Peygamberin de Müslümanlara farz ettiği zekât farizasıdır,"[314] cümlesini koydurması son derece mânidardır.

Halbuki mektupla iletilen metnin[315] kapsamındaki hükümlerin hiçbiri Kur'ân-ı Kerim'de yer almamaktadır. Hz. Ebu Bekir'in *"Resulullah (sav) farz kıldı"* cümlesi son derece önemlidir. Bu cümle sahabenin, sünnetin bağlayıcılığı konusundaki açık deklarasyonudur.

b3-Sığır ve Mandanın Zekâtı

Sığır ve mandanın zekâtı; koyun, keçi ve develerden farklıdır. Bunu belirleyen bir hadiste Muaz bin Cebel, Resulullah'ın kendisini Yemen'e zekât âmili olarak gönderince şu emrini iletir: "Her kırk sığır ve mandadan bir müsinneyi (üç yaşına girmiş sığır veya manda; erkeği müsin, dişisi müsinnedir) ve her otuzdan bir tebi' (bir yaşını doldurup ikincisine basmış manda ve dananın erkeği) veya tebi'ayı (zekât olarak) almamı emretti".[316]

Hadis, sayıları otuza varmamış sığır ve mandaların zekâta tabi olmadığını gösteriyor. Zekât nisabına girmesi, sığır ve mandaların toplam sayılarının otuza varmasından sonra başlar.

Kişinin, kendi atından[317] ve yararlanılan (ticâret için olmayan) maldan[318] zekât gerekmediği, yine kişinin henüz bir yılı dolmadan zekât olarak çıkaracağı maldan zekât çıkarmak konusunda acele edebileceği[319] gibi birçok detay Resulullah'ın hadisleriyle sabittir.

4- HACC

a- Kur'ân'ın Getirdiği Hükümler

Hacc ve umre ile ilgili âyetler, Kur'ân-ı Kerim'de mücmel olarak geçmiştir. Haccla ilgili âyetlerin çoğunluğu haccın farziyetine işaret ederken, bir kısmı da hacdaki bazı ahkâmla ilgili esasları içeriyor. Âyetlerin bir kısmı şöyledir:

"Hacc, bilinen aylardadır. O aylarda hacca girişen kimse bilmelidir ki, hac'da kadına yaklaşmak, sövüşmek, döğüşmek yoktur...[320]

"Başladığınız hacc ve umreyi Allah için tamamlayın. Alıkonursanız, kolayınıza gelen bir kurban gönderin. Kurban yerine ulaşıncaya kadar, başlarınızı tıraş etmeyin. İçinizde hasta olan veya başından rahatsız bulunan varsa, fidye olarak ya oruç tutması, ya sadaka vermesi ya da kurban kesmesi gerekir. Güven içinde olursanız, hacca kadar umreden faydalanabilen kimseye kolayına gelen bir kurban kesmek, bulamayana hac esnasında üç gün ve döndüğünüzde yedi gün, -ki o tam on gündür- oruç tutmak gerekir.

Bu, ailesi Mescid-i Haram'da oturmayan kimseler içindir...[321]

"...Arafattan indiğinizde, Allah'ı Meş'ar-ı Haram'da anın...[322]

"Allah'ı sayılı günlerde anın. Günahtan sakınan kimseye, acele edip (Mina'daki ibâdeti) iki günde bitirirse günah yoktur, geri kalsa da günah yoktur..."[323]

"Oraya (Mekke'ye) yol bulabilen insana, Allah için Kabe'ye haccetmesi gerekir..."[324]

Bir kısmını zikrettiğimiz haccla ilgili âyetlerin geri kalanları da[325] aynı tarzdadır.

Âyetlere dikkat edildiğinde; hacda münakaşa, sataşma yasaklanmış, haccı -bir özürden dolayı- yarıda bırakanın kurban kesmesi emredilmiş, hasta olup hacca devam edemeyecek olanın oruç, sadaka veya kurbandan birini yerine getirmesi bildirilmiş, hac ile umreyi bir niyette birleştirmiş (temettü veya kıran haccı) olanların kurban kesememeleri halinde (üç günü orada) toplam on gün oruç tutacağı gibi bazı hükümler disiplin altına alınmıştır.

b- Hadislerin Buna Getirdiği Açıklama, İlâve ve Yorum

Kur'ân-ı Kerim haccı başından sonuna kadar nasıl yapacağımıza dâir detaylı bilgi vermemiştir. Bunu Peygamberimizin izahına bırakmıştır. Resul-i Ekrem (sav) "Haccla ilgili menâsikinizi (uygulama ve kurallarını) benden alınız"[326] buyurarak hacla ilgili Kur'ân âyetlerinin nasıl tatbik edileceğini; âyetlerin açıklamayıp açıklamasını Resulullah'a terkettiği diğer hükümlerin neler olduğunun kendisinden alınacağını bildirmiş oluyor. Çünkü haccla ilgili âyetler incelendiğinde, âyetlerin bir bütünün bazı parçalarını oluşturduğunu açıkça görebiliriz. Bütünün diğer parçalarını ise Resulullah (sav)in pratiği ve sözleri tamamlamaktadır. Bütünün sünnet tarafından tamamlanmasından kastımız; hadislerin, Kur'ân'ın özlü ifadelerini detaylandırmış ve bunun bazen Kur'ân'ın âyetlerini tefsir, bazen ek sorumluluklar koymak şeklinde oluştuğunu ifade etmektir.

Hacc Kaç Defa Yapılacaktır

Âyet-i Kerime'de oraya yol bulabilen insana, Allah için Kabe'ye haccetmesi gerekir"[327] denmiş, ancak bu görevin kaç kez yerine getirileceği belirtilmemiştir. Zira hacca giden bir kişi yeniden buna güç yetirecek hale gelebilir. O halde yeniden hacc edecek mi? Bu da cevap verilmesi gereken bir detaydır.

Aynı ihtiyacı Resulullah'ın zamanında hisseden Müslümanlar Peygamberimize 'her yıl mı hacc edeceğiz?' diye sorar. Resulullah (sav) şöyle cevap verir. 'Eğer evet deseydim size her yıl farz olacaktı. Siz de güç yetiremeyecektiniz.' Sonra şöyle devam buyurdular. 'Sizi bıraktığım konularda beni bırakınız. Sizden öncekiler çok soru sordukları ve Peygamberlerine sık sık (bu konularda) başvurdukları için helak oldular. Size bir şeyi emrettiğimde gücünüz yettiğince yerine getirin, sizi bir şeyden nehyettiğimde de bırakın."[328]

Hadis çok nettir. Âyet-i Kerimede belirtilen güç yetirme, yani maddi imkanları yetse bile, bir kez hacc yapmış olanın başkaca hacc etmek zorunda olmadığını belirtiyor.

Arafede Vakfe

Bilindiği gibi haccın iki rüknünden birisi, arafat meydanındaki hacc vakfesidir. Bunu Peygamberimizin sözlerinden anlıyoruz. Gerçi *"Arafattan indiğinizde"*[329] âyeti bizlere ipucu vermektedir; ama, Peygamberimiz (sav) in *"Hacc arafedir"*[330] ifadesi olayı netleştirmiştir.

Mikatlar

Hacc görevinin yerine getirilmesinde mikatların büyük önemi vardır. Peygamberimiz (sav) dışarıdan gelen kişilerin hacc veya umre için -ilk Mekke'ye girişlerinde- ihrama girmeleri gereken sınırları isim isim belirtmişlerdir. İbn Ömer'in rivâyetiyle

Peygamberimiz (sav)in mikatleri şöyle belirlediği haber veriliyor. "Medine ehli için Zülhüleyfe, Şam ehli için Cuhfe, Necd ahalisi için Karnı Menâzil, Yemen ahalisi için Yelemlem..."[331] Mikatlar bir anlamda; ihram yasaklarının başladığı kırmızı çizgi gibi anlaşılmalıdır.

Remy-i Cimar

Minadaki şeytanların -cemerâtın- taşlanması da Resulullah'ın öğrettiği hacc menâsikindendir.

Hz. Peygamberin; Kabe'yi soluna, minayı sağına alarak yedi taş attığı, ilk günde sabahleyin diğer günlerde ise öğleden sonra taşlarını attığı, şeytanları taşlarken; "Bismillahi Allahu ekber..." dediği[332] ve benzeri, taşlamayla ilgili bütün ahkâm Resulullah'ın uygulaması olarak hadislerle ortaya konmuştur.

İhramın yasakları, saç tıraşı, kurban kesme vakti ve durumu, Arafattan inişte müzdelifede duruş, namazların cem'i te'hir ve takdimi, hacc ile umrenin uygulaması arasındaki fark, tavaf ve haccın çeşitleri, hacdaki kurbanlar, hacdaki kıyafet ve cezaların nasıl tatbik edileceği ve ilgili bütün hacc pratiği hadislerle korunmuştur. Resulullah'ın ilgili bütün açıklama ve ek hükümler koyması, Kur'ân'ın bu konuda gelen özlü emirlerini bir anlamda tefsir etmiştir.

D- KUR'ÂN-I KERİM ÂYETLERİNİN İFADE ETTİĞİ ANLAMLARI NETLEŞTİRMEDE HADİSLERİN ROLÜ

Hadislerin, Kur'ân'ın anlaşılmasında etkin olduğu hususlardan biri de; Kur'ân'da geçen ve nitelikleri değişen sözcüklere getirdiği açıklamalar olmuştur. Bu kavramlar Kur'ân'da bazen anlamı veya sınırları belli olmayan tarzda yer almış bazen de anlaşılabilir olmasına karşın hükmünün boyutları ve detayları bilinmemiştir. Hadisler bu anlamdaki bütün lafızları, Cenâb-ı Allah'ın maksadına uygun tarzda ve sahabenin de tereddütlerini giderecek şekilde açıklamıştır.

İleride örneklerini vereceğimiz gibi bu anlamdaki kavramların doğru bir tarzda anlaşılmasında hadisler hayati bir rol oynamıştır. Çünkü sahabe gibi Arap dil ve geleneğinin bilgisine sahip bir cemâatin anlam, nitelik ve kapsamında tereddüd ettiği Kur'ânî bazı kavramlar, Resulullah tarafından açıklığa kavuşturulmasaydı daha sonraki asırlarda gelecek müslümanlar ciddi anlamda sıkıntıya düşerlerdi. Çünkü bu hususlar ictihadla bilinebilecek konulardan değildi. Resulullah'ın bu noktaları açıklığa kavuşturmadığını varsayalım; başta sahabe olmak üzere bütün asırlardaki müslümanlar, Kur'ân'ın birçok kavramı hususunda tereddüt içinde kalacaklardı. Yüce Yaratıcının bölye bir şeye müsaade edeceği düşünülemez. Bu nedenle de Peygamberini konuşturmuş, indirdiği vahyi pratik hayatta yaşatmıştır.

Hadislerin izahına açık bırakılan Kur'ân kavramları yedi kısımdır. Bu kısımlar şunlardır:

Hadislerin Kur'ân'ın Genelini Özel Kılması.

Kur'ân'daki Lügavî hususları açıklaması.

Hadislerin Kur'ân'ın anlamında tereddüd olabilecek sözlerini açıklaması.

Hadislerin Kur'ân'ın sınırsız kavramlarını sınırlaması.

Hadislerin Kur'ân'ın özlü ifadelerini açıklaması.

Hadislerin Kur'ân'ın belirsiz zannedilen sözlerini açıklaması.

Hadislerin Kur'ân'ın neshini duyurması.

1- KUR'ÂN'IN GENELİNİ ÖZELLEŞTİRMEDE HADİSLERİN ROLÜ

"Âmm": Genel içeriğine giren birçok anlama, tek bir sözle işaret eden kavramlara "âmm" denir.[333] Mesela, er-Rical = adamlar sözü, genel bir söz olup bu sözün konuluşuna uygun olan (yani kendisine adam denilen) herkese işaret eder. Bu hususta mezhepler arasında ciddi metodolojik tartışmalar yaşanmıştır.[334] Genel ve özel anlam içerebilecek bu kavramlar sorumluluk açısından son derece önemlidir.[335]

İşte tanımını verdiğimiz Kur'ân'daki âmm sözcükleri, yer yer hadisler özele indirgenmiştir. İmâm-ı Şafii ve Ahmed'e göre Kur'ân'ın genel bir kavramını, âhâd haber tahsis edebilir (özel bir anlama çekebilir).[336] Böylece Kur'ân'daki bu âmm lafız artık hadisin yönlendirmesine göre işlem görür. Zira Kur'ân'ın geneli, her ne kadar senedinde kesin de olsa, içerdiği anlamda ihtimal taşır. Sınırlayan sünnet ise (haber-i ahad olduğunda) senedinde her ne kadar Peygamberimizin söyleyip söylemediğinde ihtimal taşıyorsa da içerdiği anlamda kesindir. Bu görüş sahipleri, sünneti - haberi âhâd bile olsa- Kur'ân'a açıklama olarak kabul ederler.[337]

Hanefiler ise; bunu özelleştirme kabul ederler ve genelin içeriğinin bir kısmını iptal etmektir derler. Bu iki görüşü bir örnekle izah etmeye çalışalım:

Abdestle ilgili âyette; "Ey imân edenler! Namaza kalktığınızda, yüzleriniz ve dirseklere kadar ellerinizi ve başlarınıza meshederek, her iki topuğa kadar ayaklarınızı yıkayın"[338] buyurulmuştur.

Bu âyetteki esaslar geneli ifâde eder. Bu açıdan abdest alınırken organlar arasında herhangi bir sıra aranmaz. Zira *"vav"* atıf harfi tertip anlamı taşımaz, mutlak sıra anlamına gelir. Buna göre abdest alacak biri; mesela, önce ayağını, sonra yüzünü yıkasa, sonra da başını meshetse caiz olur. Hanefilerin içtihadı bu tarzdadır. Çünkü âyetteki umumi hükmü esas kabul eder, bu konudaki tertip hadisini ise sünnet-i müekkede olarak yorumlarlar.[339] O halde abdestte organlar arasında sırayı gözetme vâcib değildir.

Şâfiiler, Malikiler ve Hanbeliler ise bu âyetteki genel hükmün sünnetçe özel hale getirildiğini, sınırlandığını söylerler. Zira sıralamayı emreden hadiste Peygamber (sav): "İyice temizlenip, yüzünü, sonra kollarını... yıkamadıkça, Allah kişinin namazını kabul etmez"[340] buyuruyor. Peygamberimiz burada *"ve"* yerine *"sümme"* (sonra) atıf harfini kullanır ki sümme atıfla beraber tertip anlamı taşır. Böylece Kur'ân'daki bu umumi hüküm hadisle tahsis edilmiş oluyor.

İmâm-ı Mâlik haber-i vâhid, Kur'ân'ın genel ifadelerini sınırlamasında Medine halkının pratiğine bakar. Zira onlar Hz. Peygamberden görerek böyle bir pratiği yaşamış olabilirler. Bu konuda Medine'de yaygın bir görüş yoksa o zaman kıyas (tümevarım) tarafından desteklenme şartı arar.[341]

I. Örnek:

Dinî şartlara uygun boğazlanma olmadan ölen hayvanların ve her türlü kanın haram olduğunu belirten âyette; *"... Size şunlar haram kılındı. Meyte (boğazlanmadan ölmüş hayvan) kan..."*[342] denilmiştir. Kendi kendine ölen bütün hayvanlar ve kanın haram olduğu âyetin açık ifadesinden anlaşılıyor. Âyet geneldir.

Ancak Peygamberimiz (sav) bu âyette ifade edilen meyte (ölü) ve kandan bir kısmının istisna edilmiş bulunduğunu haber veriyorlar. Ebu Hureyre'nin rivâyet ettiğine göre sahabe Peygamberimize; "Ey Allahın Resulü, biz gemiye biniyoruz, yanımıza da içecek az su alıyoruz. Şayet bu suyla abdest alırsak susuz kalırız. Deniz suyuyla abdest alalım mı?" diye sordular. Resulullah (sav), "Denizin suyu temizleyici, ölüsü (meytesi) ise helaldir"[343] buyurdu.

İşte bu hadis, âyette geçen 'meyte' (ölü hayvandan) sözünden deniz ürünlerini çıkarmış, avlanmadan ölmüş bulunan deniz ürünlerinin murdar durumuna düşmediğini, bu nedenle de etinin helâl olduğunu kayıt altına almıştır. Böylece âyetin geneli hadisle özel kılınmıştır.

Âyetin ikinci hükmü ise kanın haram kılınmış olmasıdır. Kanın haram kılındığına dair ifâdede âyette sınırlandırıcı bir yön bulunmadığı için kural bağlayıcı kabul edilir. Ancak Peygamberimiz (sav) "Size iki meyte (kesilmeden ölmüş hayvan ve iki de kan helâl kılındı. Helâl kınan meyteler: Balık ve çekirge; kanlar ise karaciğer ve dalaktır..."[344] buyurarak, Kur'ân'daki bu genel anlamı sınırlamıştır.

Çünkü âyetin genel hükmüne göre karaciğer ve dalak içindeki kan da haram sayılırdı. Ancak Resulullah bu iki kanın genel hükümden istisna kabul edildiğini duyurmuştur.

II. Örnek

Fatiha sûresinin sonunda dosdoğru olan yola iletilmemizi dilerken (Yarabbi! Bizi doğru yola ilet....) hemen akabinde iki sınıfın yolundan uzak tutulmamızı isteriz. Yollarına gidilmekten sakınılan bu iki grubu Cenab-ı Allah şu özellikleriyle tanıtır. "... gazaba uğramayanların, sapmayanların yoluna eriştir..."[345]

Kur'ânî ifâdeyle bunlar: *"dâllin"* ve *"mağdûbi aleyhim"*dirler. Âyetin genel hükmünden hareket edilirse 'dâllin (sapıtan) ve mağdûbi aleyhim' (gazaba uğrayanlar) sıfatına yakışan herkes bu tanımın içine girer.

Ancak Peygamberimiz âyetin genelini sınırlamış ve bu iki özelliği Yahudi ve Hıristiyanlar, olarak belirlemiştir.

Adiyy bin Hâtim rivâyet ettiği bir hadiste; Peygamberimiz (sav)in mağdûbi aleyhim'in Yahudiler, dâllin'in ise Hıristiyanlar olduğunu söylediğini[346] nakledivor.

Peygamberimizin bu tefsiri, Kur'ân'ın açık olmasa da dolaylı olarak işaret ettiği tefsirine uygun düşmektedir. Zira Mâide sûresinde Yahudilerden bahsedilirken *"Allah'ın gazab ettikleri"*[347] ; aynı sûrede Hıristiyanlardan bahsedildiğinde ise *"dalâlette"*[348] vasıflarını kullandığını görebiliriz.

Vadi'l Kura'dayken Peygamberimize kimler tarafından kuşatıldıkları sorulduğunda -ki Yahudiler kuşatmıştı- Peygamberimizin; 'Allah'ın kendilerine gazab ettiği Yahudilerdir' dediği nakledilir.[349] 'Diğer grup kimdir?' diye sorulduğunda ise, 'Hıristiyanlardır' buyurmuşlardır.[350]

Böylece Peygamberimiz, Kur'ân'ın haber verdiği bu iki vasfı, iki sınıfa özel kılmış ve mutlak olan sıfatları Yahudi ve Hıristiyanlarla tahsis etmiştir.

III. Örnek:

Hadislerin özel kıldığı Kur'ânî ifâdelerden biri de zulüm kavramıdır. Mü'minlerin hallerini anlatan âyette şöyle buyuruluyor: *"İmân edip imânlarına zulüm karıştırmayanlara güven vardır. Onlar doğru yoldadırlar."*[351]

Zulüm kelimesi, genel anlamıyla ele alınırsa her türlü zulüm işleyen âyetin uyardığı grubun içine düşer. Bu ise son derece ağır bir hüküm, bundan korunma ise son derece zordur. Zira herkes mutlaka az çok zulüm işlemiştir. Ashab da aynı sıkıntıyı yaşamıştır. Onlar şöyle anlatıyorlar.

"Âyet inince bu Müslümanlara hayli ağır geldi. "Ey Allah'ın Resulü, hangimiz nefsine zulmetmiyor" dediler. Resulullah (sav) "Anlatılmak istenen bu değildir. Burada işaret edilen (zulüm) şirktir. Lokman'ın oğluna ne dediğini duymadınız mı? 'Ey oğulcuğum!, Allah'a şirk koşma. Şüphesiz şirk büyük zulümdür. (Lokman, 13)"[352]

Başka bir rivâyette de ".... imânlarına zulüm karıştırmayanlar..." âyetinin inişinden sonra sahabenin, "hangimiz zulüm yapmıyoruz?" diye sıkıntılarını iletmeleri üzerine Lokman'ın oğluna dediği, "Ey oğulcuğum şüphesiz şirk büyük zulümdür" âyeti indi[353] denir.

Hadisler âyetteki zulmün genel anlamını sınırlayarak, buradaki zulmün şirk anlamında olduğunu belirlemiş oluyor. Böylece âyetin anlamı haylice farklılaşmıştır. Peygamberimizin izahına göre âyet; "İmân ettikten sonra imânlarına şirk karıştırmayanlar..." tarzında tefsir edilmiş oluyor ki mü'minlerden başka bir grup hedeflenmiş oluyor.

Halbuki hadis yok kabul edilirse anlam; "imân ettikten sonra, imânlarına zulüm (haksızlık) karıştırmayanlar..." tarzında olur ki, mü'minlerin içinde hata işleyenlere yani, yine mü'minlere uyarı anlamında bir âyet olmuş olur. Bu iki tanım arasındaki ciddi farkı ve hatalı anlayışı Peygamberimizin sözleri açıklığa kavuşturmuş oluyor.

IV. Örnek:

Ganimetlerin taksimini anlatan âyette, "Bilin ki ganimet aldığınız şeylerin beşte biri Allah'a- Resulüne ve akrabalığı bulunanlara... aittir. "[354] denmiştir.

Âyetteki *"Lizi'l Kurba"*yı (Peygambere) akrabalığı bulunanlara" tarzında terceme ettik. Âyette Peygambere akrabalığı bulunanlardan kimin hedeflendiği açıklanmıyor. O halde âyet genel anlamıyla Resulullah'ın bütün akrabalarını kapsıyor. Ancak hadisler bu genel anlamı sınırlayıp bundan hedeflenenlerin

Peygamberimizin bütün akrabaları değil de, ancak "Beni Hâşim ve Beni Muttalib" kolları olduğunu haber veriyor.

İlgili rivâyette Cübeyr bin Mut'im şöyle diyor: Peygamberimiz (sav) Hayber günü (ganimet mallarını dağıtırken, "Resulullah'a akrabalığı bulunanlara" âyetinde belirtilen) akrabaların payını, "Beni Hâşim ve Beni Muttalib'e ayırdı. Beni Nevfel ve Beni Abdi Şems'i bunun dışında tuttu."[355]

Böylece Peygamberimiz *"Lizi'l Kurba"* kavramından, yine akrabalarından olan Beni Nevfel ile Beni Abdi Şems'i çıkarıyor ve âyetteki ifadeyi, Beni Hâşim ve Beni Muttalib'e özel kılıyor.

Benzeri bir özelleştirme Şûra sûresindeki *"illel meveddete fî'l Kurba"*[356] âyeti hakkında gerçekleşmiştir. Bu âyetteki "fi'l Kurba-yakınlar"ın tefsiri İbn Abbas'a sorulduğunda "bütün Kureyştir" diyor. Hatta aynı soruya "Hz. Muhammed'in yakın akrabalarıdır" diye izahatta bulunan Said bin Cübeyr'i uyararak *acele ettin* cevabını vermiştir.[357]

İkinci örneğimiz sahabinin tefsirine bir örnektir. Gerek Resulullah (sav)in gerekse de İbn Abbas'ın açıklamaları değerlendirildiğinde, ikisinde de Kur'ân'ın genel kavramlarının bazen sınırlandırıldığını görmek mümkün olmaktadır.

2- KUR'AN'IN LÛGAVİ TANIMLAMALARININ ANLAŞILMASINDA HADİSLERİN ROLÜ

Kur'ân-ı Kerim âyetleri nazil olmaya başladığında o dönemde yaşayanlar zaman zaman bazı lûgatlerin, zaman zaman da kavramların anlamlarında belirsizliğe düşmüşlerdir. Bazen bu tereddüd, karşılaşılan kelimenin fazlaca kullanılmamasından, bazen kelime bilinmekle beraber o âyette neyin hedeflendiğinin (muradın) net olmamasından bazen de dilin zenginliğinden birkaç anlamı kapsayan o kelimenin hangi gayeyle nazil olmuş olduğunun bilinmemesinden dolayı belirmiştir.

Hadislerin; Kur'ân'daki lûgatleri açıklaması sadece Resulullah'tan rivayet edilen haberlerde değil, bunların yanında sahabeye özgü rivâyetlerde de çok fazlasıyla görülmüştür.

Resulullah (sav)in lûgatları açıklaması da farklı olmuştur. Bazen sadece kelimenin bilinen ve çokça kullanılan eşanlamlı şeklini, bazen uzun cümleler halinde kelimenin anlamını, yaşamdaki pratiğinin örneğini vermekle yetinmiştir.

"*Garib*" (yabancı) olan kelimelerin karakterinden ötürü hedef kitlenin soru sorması son derece doğaldır. Bu nedenle lûgatle ilgili açıklamalar, daha çok ashabın sorması üzerine Resulullah'ın cevabıyla oluşmuştur. Az olmakla beraber zaman zaman hiçbir gerekçe olmadan Resul-i Ekrem (sav) ashaba garib (yabancı) geleceğini bildiği kelimeleri farklı metodolojiyle yorumlamıştır.

Resulullah (sav)'in, Kur'ân'ın garib lûgatlerine yaptığı açıklamalarını yöntemlerine işaret ederek şöyle örnekleyebiliriz:

a) Hadislerin Kelimeyi Farklı Bir Kelimeyle Açıklaması

I. Örnek = Cibt

Âyet-i Kerime'de "cibt" kelimesi "tağutla" beraber kullanılmıştır. Kitab ehlinden, imân edenler kınanırken; inkar edenleri dost edindiklerine işaret eden âyette; ehli kitabın cibte ve tağuta kandıkları vurgulanır. Âyet şöyledir:

"Kendilerine kitap verilmiş olanların, cibte ve tağuta kanıp inkâr edenlere; 'bunlar inananlardan daha doğru yoldadırlar, dediklerini görmedin mi?"[358]

Peygamberimiz (sav) âyette cibti izah ediyorlar. Kutb bin Kubeyse'nin babasından rivâyetine göre Peygamberimiz cibti şöyle tarif ediyor:[359]

"İyafet (kuşların ses, isim ve geçiş yollarıyla uğur ummak), tıyare (bazı şeylerde uğursuzluk olduğuna inanmak) ve tark (yere çizgiler çizmek, kadınların yaptığı gibi taşa vurmakla uğursuzluğu defetme sanısı) cibt'tendir.[360]

Rahatça görülebildiği gibi Peygamberimiz (sav) cibt'in bir tek anlamı olmadığını, farklı birçok negatif inanç ve tavrın cibt kelimesi anlamı içinde düşünülebileceğini belirtmiş oluyor. Âyette geçen cibt'in, Resulullah'ın verdiği örneğe göre herhangi bir şeyi Allah'tan başkasına ait göstermek anlamında kullanıldığını öğrenmiş oluyoruz. Çünkü gerek uğur ve gerekse de uğursuzluk inancı, materyalist bir felsefeye yol açar ki, dinin böyle bir inancı hoş görmeyeceği açıktır.

II. Örnek: = Ahd

Arapça'da ahd; söz, anlaşma, sonuç gibi anlamlara gelir. Fakat ahdin 'Peygamberlik' anlamında kullanılacağı ancak istisnai bir duyuruyla bilinir. Nitekim Kur'ân'da *"ahd"* kelimesi kullanılırken böyle istisnai bir anlama geleceğine dair herhangi bir işaret bulunmamaktadır. Hz. İbrahim'in, önder kılınacak insanlar arasında soyunun da alınmasını dileyen isteği üzerine Yüce Allah, 'Benim ahdim zâlimlere ulaşmaz"[361] buyuruyor. Bu âyette kullanılan ahd'ın "Nübüvvet" görevi manasında olduğunu Peygamberimiz ifade ediyor.[362]

Böylece Peygamber (sav) kelimeyi asıl maksadının dışına çıkararak kelimenin lûgat karşılığında bulunmayan başka, farklı bir kelimeyle izah etmiş oluyor.

III. Örnek: = Melik

Hz. Musa milletine Allah'ın nimetlerini hatırlatırken, "İçinizden Peygamberler çıkarmış ve sizi melikler yapmıştı."[363] demiştir.

İlk etapta akla gelen varsayım, melik'in sultan anlamına kullanılmış olmasıdır. Ancak Resulullah (sav)in âyetle ilgili açıklaması, Melik'in yaygın olan anlamının dışında bir gaye için kullanıldığını gösteriyor.

Ebu Said-i Huduri, Resulullah'ın şöyle buyurduğunu naklediyor. "Beni İsrâil'den birinin hizmetçisi, bineği ve eşi olduğunda kendisine melik denirdi."[364]

Zeyb b. Eslem'in rivâyetinde, "Ve sizi melikler yaptı âyeti hakkında Peygamber (sav)in 'hanımı, evi ve hizmetçisi olana melik denirdi,'[365] izahına rastlıyoruz.

Peygamberimizin sözleri gösteriyor ki: *"Sizi melikler yaptı"*, sizi krallar yaptı, anlamında değildir. Burada melikten kastedilen; sizi her türlü maddi lüks ve imkana sahip bir hayat tarzına sahip kıldı, sizlere hizmetçiler, binekler ve zevceler vererek herbirinize rahat bir hayat imkanı verdi, anlamıdır. Peygamberimiz böylece melik kelimesini yaygın anlamından çıkarıp farklı bir kelime ve anlamla izah ediyor.

b-Resulullah'ın Günlük Konuşmasında Lûgatleri Açıklaması

Resulullah'ın günlük faaliyetlerinde konuşmasını yaparken kullandığı bazı lûgatler, Kur'ân'da geçen garib lûgatlere tefsir ve beyân olurdu. Peygamber (sav) o lûgati kullanırken hangi anlamı kastettiği cümlenin genel anlamından rahatça çıkarılabilirdi.

I. Örnek: = Salavat

Salat kelimesi; rahmet, mağfiret, dua, namaz, salavat gibi farklı manalara gelir. Kur'ân'da bütün bu anlamlara ait örnekler vardır. Kullanıldığı yerde hangi anlama geldiği ise hadislerle tesbit edilebilmiştir. Sabreden müminlerin halinin anlatıldığı âyetlerin sonunda şöyle denmiştir: 'Rablerinin salavatı (mağfiret ve rahmeti) onlaradır.'[366]

Kişilere yönelik salavatın, dua (rahmet ve mağfiret dileme) anlamında olduğunu Peygamberimizin tavırlarından anlıyoruz.

Abdullah b. Ebi Evfa'nın rivâyetine göre herhangi bir kavim zekâtlarını getirip Resulullah (sav)a dağıtması için takdim ettiklerinde, Resulullah (sav) "Allahım! Filanın ailesine salat (mağfiret) et," derdi. Babam ona zekâtla geldiğinde Resulullah (sav) 'Yarabbi, Ebu Evfa'nın âline salat et,' derdi.'[367]

Başka bir vesilede de Peygıamberimiz (sav) "Allahım! Ubeyd ebu Malik'e salat (mağfiret) et"[368] duasında bulunuyor.

Hadisler, Kur'ân'da bu sırayla kullanılan salatın mağfiret -yani dua- anlamında kullanıldığına dair bir ölçü koymuş oluyor.

II. Örnek: = Yakin

Peygamberimize hitab edilen bir âyette; *"Sana yakin gelinceye kadar Rabbine ibâdet et"*[369] deniliyor. Yakin kelimesinin lûgatte birçok anlamı vardır. Ancak bu âyetteki anlamı fazlaca alışık olunmayan bir manayı kapsamaktadır ki o da *"ölüm"* manasıdır.

Yakin'in ölüm anlamında kullanıldığı, Peygamberimizin de bu kelimeyi bu anlamda kullanmasıyla bilinmiştir.

Ebu Hureyre'den rivâyet edilen ve uzlet (dünyadan sıyrılıp ahirete yönelme) halinden bahseden bir hadisin içinde Peygamberimiz; biri cihâd için fırsat kollayan bir İslâm süvarisini, öteki de koyun sürüsü içinde namazını kılan, zekâtını veren, ama uzlete girmiş iki insandan bahseder. Ve hadisin sonunda "ölünceye kadar Rabbine kulluk eder"[370] derken de ölüm anlamında **'yakin'** kelimesini kullanır.

Efendimiz günlük yaşantılarında yakin'i sık sık ölüm anlamında kullanmıştır. Osman bin Maz'un vefat ettiğinde yıkandı, kefenlendi. Resulullah (sav) onun yanına geldiğinde Osman b. Maz'un'un evlerinde misafir kalmakta olduğu Medineli kadın Ümmü'l Ala şöyle dedi: "Ey Ebu Sâib! (Osman b. Maz'unu kastediyor) Allah sana rahmet etsin. Ben Allah'ın sana ikramda bulunduğu konusunda şâhidlik ederim," dedi: Resulullah cevaben; "Ona gelince, ona yakin (ölüm) ulaşmıştır..."[371] buyurdu.

Peygamberimiz burada da, yakini ölüm anlamında kullanmıştır.

Bu örneklerde Resulullah (sav) özellikle Hicr sûresinin 99. âyetini esas alıp izah etmiş değildir. Fakat normal, ferdi ve sosyal münasebetleri sırasında Kur'ân'da geçen kelimeyi izah tarzında -belki de kasıtsız- aynı anlamda olmak üzere aynı kelimeyi kullanıyor. Böylelikle yakinin ölüm anlamında olduğu, dolaylı olarak anlaşılıyor.

III. Örnek: = Endâd

Cenâb-ı Allah; Yüce zatına eş, ortak koşulmaması anlamında, *"... Artık Allah'a bile bile endad koşmayın"*[372] buyuruyor.

Burada kullanılan *endâd; eş, ortak* manalarına gelir.

Peygamber (sav) değişik vesilelerde endâd kelimesini eş, ortak anlamında kullanmıştır. Kendisine Allah katında hangi günah daha büyüktür diye sorulduğunda, 'Allah seni yaratmış olduğu halde senin ona eş koşmandır'[373] cevabını veriyor. Eş diye terceme ettiğimiz kelimeyi Peygamber (sav) endâd olarak kullanmıştır.

Başka bir seferinde münafıklardan bahsederken; "Onlar Allah'a endâd (ortak) koşuyorlar"[374] cümlesini tercih etmiştir.

Bu anlamda gelen diğer hadisler de incelendiğinde varılan netice hep aynıdır. Peygamberimiz endâd kelimesini; eş, ortak, zıt koşmak anlamlarına kullanmıştır ki, âyetteki endad kelimesine açıklama türünden kabul edilir.

c- Edebi İnceliklerle İlgili Kelimelere Beyânı

Kur'ân'da sıkça kullanımış olan mecaz, kinaye ve benzer sanatların hangi anlamı kastederek kullanılmış olduğunu Peygamberimiz zaman zaman açıklığa kavuşturmuştur. Bu gibi durumlarda âyetin geçtiği sözle değil de ilâhi iradenin kastettiği manaya göre anlam verilir.

I. Örnek: = Hars

Eşler arasındaki yakınlıktan bahseden bir âyette: "*Kadınlarınız sizin tarlanızdır. Tarlanıza dilediğiniz şekilde yanaşın*"[375] buyurulmuştur.

Âyette kadınlar tarlaya benzetilmiştir. Ve tarlanıza dilediğiniz gibi yanaşınız denmiştir. Âyetin, cinsi münasebeti imâ ettiği açıktır. Kadının tarlaya benzitilmesi ve tarlaya da dilediğiniz şekilde giriniz, denmesi bazı ihtimalleri ortaya koymuştur. Düşünülmesi dahi mümkün olmamakla beraber kadınla ters ilişki gibi bazı sorular akıllarda belirebilmiştir.

Halbuki âyetin iniş sebebine bakıldığında bu ihtimalin hemen ortadan kalktığı görülür. Sahabenin Medine'ye gelmeleri üzerine Mekkeli bazı Müslümanlar, Medineli kadınlarla evlendiler. İlişki esnasında, kadınlar yüzüstü iken önlerine yanaşmak istediklerinde kadınlar bunu hoş karşılamadılar. Zira Yahudiler bunu büyük günah kabul ediyorlardı. Onlara göre erkek ancak karısına, karısı sırt üstü uzanmışken ön taraftan yanaşırdı. Durum Peygamberimize sorulduğunda bu konudaki âyetler indi.[376]

İbn Abbas'tan rivâyet edildiğine göre Hz. Ömer, Resulullah'a gelerek, "helak oldum" dedi. Resulullah (sav) "Seni helak eden nedir?" diye sorunca; "Hanımıma bu gece o yüzüstü iken ön taraftan yanaştım," cevabını verdi. Resulullah cevap vermedi. Sonra bu âyet indi. Âyet; "Kadın yüzüstü veya sırt üstü olsun ona önden olmak koşuluyla yanaşmanda sakınca yoktur. Ancak kadının arka organına yanaşma ve kadın hayızlı iken de münasebette bulunma" anlamındadır.[377]

Bir kısmını aldığım rivâyetler; âyetin iniş sebebini, âyetin hangi sıkıntıyı gidermek için indiğini belirgin olarak ortaya koyuyor.

Sahabe ayette kadının hars (tohum ekilen tarla) ya benzetilerek tarlaya atılan tohumla; kadın rahmine yerleştirilen sperm arasındaki benzerliğe dikkat çeker. Ve buradan kadının üreme organının kastedildiğini söyler.[378]

Resulullah Kur'ân'ın bu tesbitindeki maksadın gerçek anlamını ilan ediyor. Burada kadın ekin tarlasına benzetilmiş ve maksat olarak çocuk doğurtacak organ kastedilmiştir. Tabiidir ki anüs buradan çıkarılmıştır. Benzetilme yönü -vech-i şebe- ikisinin de (kadın ve tarlanın) ürün vermesi ve ikisine de ürün verilecek tohup serpiştirilmesidir.

Böylece Peygamberimiz (sav), uzak ihtimal olmakla beraber âyetin anüs'e yanaşmayı hoş görebileceği şeklindeki hatalı ve yanlış anlayışı kökünden ortadan kaldırmış ve bertaraf etmiştir.

II. Örnek: = Dayanmış Keresteler

Peygamberimiz gerektiğinde Kur'ân'ın mecazi ifadelerini hakiki manaya yöneltmiştir. Kur'ân-ı Kerim, münafıkların halini anlattığı âyetlerden Münafikun sûresinde olanında, onların fizyolojilerinin hoşa gittiğini, sözlerini dinlenebildiğini ama onların "tıpkı, dayanmış keresteler gibi..."[379] olduklarını açıklıyor. Zeyd b. Erkam, Ubeyy'in fitne yaptığı sefer bölümünde rivâyet ettiği hadiste, Resulullah'ın, "Allah'ın, onlar dayanmış keresteler gibidirler" sözünden, "Onların güzel cüsseli bir takım adamlar" olduğunu kastettiğini söyler.[380] Hadis; adamların iri, uzun, güzel cüsseli oluşlarını dayanmış (yaslanmış) kerestelere benzetmiş, böylece Kur'ân'ın bu ifadelerinden maksadın ne olduğunu netleştirmiş oluyor.

III. Örnek: = Sayyıb

Sayyıb kelimesinin mecaz (dolaylı, edebi anlatım) olduğunu söyleyenlere göre[381] münafıkların ruh hali karanlık, gök gürlemesi ve şimşek arasında gökten inen yağmura benzetilmiştir. Yağmur, rahmet ve bereketi temsil etmekle beraber münafıkların hali yağmura benzetilmiştir. Onların yağmura benzer tarafları vardır. Münafıkların dilinde olan Kur'ân kelimeleri onların yağmura benzetilme yönüdür. Ancak şimşek, gök gürlemesi ve karanlık içinden süzülen bir yağmur ki;[382] o da onların kendi nefisleriyle başbaşa kaldıkları zamanlardaki ruh hallerini simgeler.

Âyette mecazi olarak kullanılan *"sayyıb"* kelimesinin garib bir kelime olduğunu Ebu Hureyre'nin bir rivâyetinden anlıyoruz: Peygamber (sav) "Sayyıb (yağmur) şuradan gelir" derken o anda eliyle göğe işaret ediyordu.[383] Nitekim İbn Abbas da bu kullanılışa dayanarak âyette geçen Sayyıb için "yağmur" diyor.[384]

Peygamberimiz -yağmur duasında- yağmur talebinde bulunurken zaman zaman yağmur anlamında Sayyıb kelimesini kullanıyor.[385]

IV. Örnek: = Refes

Refes kelimesi lûgat itibariyle açığa çıkarılması uygun söz veya eyleme denir.[386] Refes'i nikah, cinsel birliktelik anlamına alanlar da olmuştur.[387]

Gündüzü oruçla geçirilen gecelerde kişilerin kadınlarına yaklaşması helâl kılınmıştır. Bunu duyuran âyette; "Oruç tuttuğunuz günlerin gecesi kadınlarınıza yaklaşmanız (refes) size helâl kılındı."[388]

"Kadınlara yaklaşma" olarak terceme ettiğimiz kelimenin aslı refes'tir. Bilindiği mecazi kullanımlara gibi mecaz'ın çeşitlerinden birisi de ve bir şeye başka bir anlam verme şeklidir. Bu tür mecazi kullanımlar ise harfler, fiiller ve isimlerde olur.

Kur'ân'da geçen *"Er- Refes ila"* yani, refes'in harfi cerle geçişli oldurulması durumunda, *"cinsi münasebet"* anlamına geldiği, hadisle bilinir.[389]

Âyetin öncesine dönecek olursak refes'in neden *"cinsi münasebet"* anlamına alındığını daha iyi anlayacağız.

Bera şöyle anlatıyor: Resulullah'ın ashabından herhangi biri oruçlu olduğunda iftar vaktine varır da iftar etmeden uyur, artık o gece ve gündüz hiçbir şey yemez de (orucuna devam eder ve ikinci gün için) gecelerdi. Kays el-Ensari oruçluydu. İftar vakti gelince karısına geldi. "Yenecek bir şey var mı?" diye sordu. Kadın; "Hayır yoktur, ama çıkıp da isteyeyim" dedi. Adam gündüz çalıştığı için yorgun düşmüştü ve uyuyakaldı... Geceyarısı karısı gelince onunla münâsebete girdi. Bunu Resulullah'a anlattı. Bunun üzerine "Oruç tuttuğunuz günlerin gecesi kadınlarınıza yaklaşmanız (refes) size helâl kılındı" âyeti indi...[390]

Olayın sebebi olan sahabenin hanımına yaklaşması, âyette refes olarak geçiyor ki, bu da refes'in cinsi yakınlaşma anlamında kullanıldığını gösterir.

V. Örnek:

Hadisler, Kur'ân'ın kinaye sözlerini de izah etmiştir. Kinaye lafızlardan biri olan mübaşeret (yakınlık) tan bahseden âyette şöyle buyurulmuştur. "Mescidlerde itikafta olduğunuzda kadınlara yaklaşmayın."[391] "Kadınlara yaklaşmayın" tarzında tercüme ettiğimiz söz Kur'ân'da "mübaşeret" kelimesiyle geçmiştir. "Mübaşeret"ise lûgat olarak; dokunmak, ellemek, derinin deriye teması[392] gibi anlamlara gelir.

Ancak burada lûgat anlamının kastedilmediği, buradaki mübaşeretin cinsi mübaşeret kinaye olduğu Resulullah'ın fiillerinden çıkarılmaktadır.

Zira Resulullah i'tikafa girdiğinde, bazı hanımları da beraberinde i'tikafa girerlerdi.[393] Bu durumda Resulullah'ın lûgat (açık) anlamı itibariyle kendileriyle elin ele değmesi tarzındaki fiziksel temastan uzak olması mümkün değildir.

Yine, Resulullah (sav)in zevcelerinden Hz. Aişe'den, Resulullah İ'tikaftan başını mescidden (veya çadırdan) çıkarıp kendisinin Resulullah'ın başını yıkadığı rivâyet edilmektedir.[394]

Bütün bunlardan; âyetteki *"mübaşeretin"*, *"cinsel yakınlık"* olduğu, el (deri) ile dokunma anlamının kastedilmediği anlaşılır.

Kabul edilmesi gerekir ki; cinsel birleşmeyle sade dokunma arasında büyük ve ciddi fark vardır. Ve Resulullah'ın bu konudaki fiilleri âyetten muradın ne olduğunu netleştirmeseydi hukuki sonuçlar tamamıyla değişecekti.

d-Hadislerin Kelimenin Sınırlarını Çizmesi

I. Örnek:

Hacda her türlü münakaşa ve kavganın haram kılındığını belirten âyette; "Kim o aylarda (ihrama girerek) haccı kendine farz kılarsa, bilsin ki hacda refes, füsûk ve cidal olmaz"[395] buyuruluyor.

Âyette geçen üç kelimenin tanımını Peygamber (sav) yapıyor: "Refes, açık veya dolaylı bir tarzda kadınla cinsi münasebet kurma isteğini ifade etmek, füsûk, her türlü günah, cidal da, kişinin arkadaşıyla münakaşa etmesidir."[396]

Peygamberimizin ilan etmesi ile, refes'in cinsi münâsebet olmadığı anlaşılmış oluyor. Cidal konusunda da aynı açıklık hadisle sağlanıyor. Sözlü tartışmanın da yasaklanan bir konu olduğu, yasaklanma için mutlaka elle müdahale gerekmediği bu tanımla anlaşılıyor.

Aynı âyette geçen *"eşhürü'm-malûmât"*, *"bilinen olaylar"* hakkında da Peygamberimiz "Şevval, Zülka'de, Zilhicce,"[397] açıklamasında bulunuyor.

Yine hadis, haram ayları üçle sınırlıyor ve Şevvalle başlatıyor.

II. Örnek = (vücuh)=Yüzler

Abdestin farzlarını belirleyen âyette, "Ey inananlar! Namaza kalktığınızda yüzlerinizi... yıkayın"[398] buyuruluyor.

Âyette *"yüzün yıkanması"* anlamında *"vücuh"* kavramı kullanılmış ve yüzün yıkanması abdestin farzlarından sayılmıştır. Ancak *"vücuh"* kelimesinin sınırı hakkında da ölçü getirilmemiştir. Kulakların yüzden sayılıp sayılmadığı belli değildir. Ancak *"yüz"* tabirinden kulakların da anlaşılması muhtemeldir. Kulaklar yüzden sayılsa, yüzle beraber yıkanması farz olacaktır.

Peygamberimiz bu probleme cevab vermiş ve vücuh kelimesinin sınırını çizmiştir. Buna göre kulaklar yüzden değil ve yıkanması da farz değildir.

Belirttiğimiz ölçüyü getiren hadis, Abdullah b. Zeyd'den rivâyet olunmuştur. Onun rivâyetine göre Peygamber (sav) "Kulaklar baştan (birer parça)dır"[399] buyurmuştur. O halde kulakların hükmü başın hükmüdür.

Yani, baş meshedildiği gibi kulaklar da meshedilecektir.

Böylece, Resulullah'ın hadisi *"yüz"*ün sınırın çizerken (yani; yüzün yıkanacak miktarını açıklarken) kulakları bu sınırın dışına çıkarmıştır.

III. Örnek: = Gıybet

Allah'ın yasak ettiği kötü huylardan biri de gıybettir. Gıybetin haram olduğunu belirten âyette, "Bir kısmınız, bir kısmınızı gıybet etmesin"[400] buyurulmuştur. Gıybet; kişinin olmadığı yerde, arkadaşından onun hoşlanmayacağı şekilde konuşmadır.

Kişilerin birbirlerini gıybet etmeleri yasaklanmış; ancak, ne tür şeylerin gıybet olduğu, ne tür şeylerin de gıybet kapsamına girmediği; diğer bir ifadeyle Kur'ân'da yerilen gıybet kelimesinin boyut ve sınırlarının neler olduğunu hadisler netliğe ulaştırmıştır.

Hangi işlerin gıybet sayılacağı Resulullah'a sorulmuştur. Resulullah (sav) şöyle cevap vermişler:

"Kardeşini hoşlanmadığı bir şekilde anmandır." Bunun üzerine soru soran: "Dediklerim gerçekten de adamda varsa durum ne olur?" diye sorunca Peygamber (sav): "Eğer dediğin şeyler kardeşinde bulunuyorsa onu gıybet etmiş olursun. Eğer dediğin şeyler onda bulunmuyorsa ona iftirada bulunmuş olursun"[401] cevabını verdi.

Böylece hadis; bir yandan Kur'ân'daki gıybet kavramını tanımlanmışken diğer yandan ufak bir nüansın hüküm farklılığına sebeb olduğunu açıklığa kavuşturmuş oluyor. Resulullah'ın getirdiği tanım olmasaydı, gıybetin sınırlarını, hangi söz ve konuşmaların gıybetten sayıldığını tesbit mümkün olmayacaktı.

IV. Örnek: = Hased

Kurân-ı Kerim'in müteaddid âyetlerinde hasedden bahsedilmiş ve hased fiilini işleyenler kınanmıştır.[402]

Hased haram olunca, birini içinde bulunduğu nimeti kıskanmanın her türlüsünün haram olması gerekir. Ancak hadisler, Kur'ân'daki hased kavramını yorumlamış ve görünüşte hased gibi olup, aslında hased kavramı içinde olmayan fiileri saymıştır.

Zühri'nin babasından rivâyetine göre Resulullah şöyle buyurmuştur: "Ancak iki şeyde hased yapılabilir. (Birincisi şudur) Bir kişiye Allah mal vermiştir. O da gece-gündüz o malını (Allah yolunda) harcar. (İkincisi de şudur) Bir adama Allah Kur'ân (ı okuma, anlama gücü) vermiştir. Adam Kur'ân'ı gece-gündüz okur (ve onun gereğini yapar).[403]

Böylece Peygamberimiz ilk etapta hased gibi görülen ama iyiliğe yönlendirme olan iki tür "kıskançlık" eyleminin hased dışında tutulduğunu beyan ediyor ki; malını Allah yolunda harcayan ve Kur'ân'la meşgul olan adam gibi olmayı temenni ve arzunun Kur'ân'la kınanmış olan hasedin dışında olduğu anlaşılmış oluyor.

e-Teferruata Girmeden Eşanlamıyla Açıklanması

I. Örnek:

Kalem sûresinde Velid b. Muğire'nin vasıfları anlatılırken, kötü olan bütün özelliklerden sonra âyet şu özelliğiyle sona erdirilir: *"…. bütün bunlardan sonra bir de soysuzlukla damgalanmış…"*[404] âyette "damgalanmış" anlamında *"utull"* kelimesi kullanılmıştır. Fiil olarak kullanıldığında; kişiyi sert şekilde sürüklemek, çekiştirmek, sırtlamak gibi anlamlara gelir. Bazen de (isim veya mastar olarak) her şeyin aşırısı, şiddetlisi, kaba, şer adam gibi sıfat olarak kullanılır.

Âyette kullanılan *"zenim"* ise; kulağı kesik, mensubu olmadığı bir kavme sonradan dahil olan kişi, zina çocuğu gibi anlamlara gelir.[405]

Kur'ân'da geçen bu tabir, yeni *"Utullu'z-Zenim"* hakkında Resulullah'a soruluyor; "Kendileri; "yaradılışı haşin ve kaba, çok yiyen ve içen, insanlara çokça zulmeden, karnı geniş kişi"[406] cevabını veriyor.

Bu âyetle ilgili diğer rivâyetler de değerlendirildiğinde, 'zenim' tabirinin 'zina mahsulü kişi' anlamına geldiği de tesbit edilebiliyor.[407] Zira bu âyetin nüzulünden sonra Velid b. Muğıre'nin, zina mahsulü olduğu anlaşılıyor.

Netice olarak şöyle denebilir: Peygamber (sav)in; "yaradılışı hain ve kaba, çok yiyen…" şeklindeki tanım; kelimenin lûgat yönünü, Velit'in zina ürünü olduğunu dolaylı anlatımı ise âyetin özel anlamını ifâde etmiştir.

II. Örnek:

Hadislerin, Kur'ân'ın kelimelerine, detaya girmeden açıklama getirmesine örneklerden biri de, *"Harec"* kelimesidir. İlgili âyette; "Dinde size bir harec (zorluk) yüklenmemiştir"[408] denmiştir. Zorluk diye terceme ettiğimiz harec'in anlamını Resulullah'a nisbet edilen hadisler ortaya koyuyor.

Kasım b. Muhammed, Hz. Aişe'nin şöyle dediğini nakleder: Peygamber (sav)e âyeti sordum. Resul-i Ekrem (sav) Harec'i, kastederek 'O darlıktır' buyurdular.[409]

Harec kelimesinin darlık anlamında olduğunu beyan eden hadisler dışında, kelimeye daha geniş boyut kazandıran hadisler de bulunmaktadır.

Nitekim Said b. Mansur'un, İbn Abbas'tan aldıkları bir rivâyette, "(Dinde size bir darlık kılmamıştır) dan murad Ramazan hilâlidir."[410] ifadeleri yer alır.

Harec kelimesi sorulduğunda gerek Hz. Ömer'in ve gerekse de, Hz. Abbas'ın *Hazeyl kabilesinden kimse var mı?* dedikleri; o kabileden biri gelince de Harec kelimesini sordukları, onların da *"darlık"* anlamında olduğunu ifade ettikleri ulaşmıştır. Birinde İbn Abbas'ın, "Keffarettir", işte böyle bir çıkış kapısıdır[411] dediği iletilir.

Gerek Peygamberimiz (sav) ve gerekse de sahabe tarafından söylenmiş olsun, bütün rivâyetler birleştirildiğinde bir bütünün parçalarını oluşturduklarını ve "harec" kelimesinin lûgat olarak "zorluk" anlamında olduğunu ve anlamın "dinde kolaylık, rahmet, yüsr" gibi manalara dönüştüğünü ifade edebiliriz.

III. Örnek

Namazlara dikkat etmeyi emreden âyetin sonunda, "Kânitin (saygılı ve itaatli) olarak Allah'a kulluk edin"[412] buyurulmuştur. Burada *"Kânitin"* olarak geçen kelimeyi itaatli olarak terceme ettik. Bu tanımın aslı Peygamberimizin Kur'ân'ın kelimelerine yaptığı bir tefsirinde geçer. Ebu Said-i Huduri'nin rivâyetine göre Peygamberimiz şöyle buyurmuştur: Kur'ân'da Kunut'un geçtiği her sözün anlamı itaattir."[413]

Peygamberimizin, Kunut; itaat anlamındadır hadisi dışında, Sahabenin de benzer tesbitleri vardır. Gerek muttasıl (Peygamberimizden iletilen) ve gerekse de mevkuf (Sahabeden iletilen) haberler olsun hepsinin ortak noktası, Kunut'un; itaat, sükut etmek, boyun eğmek, uymak, ibâdet etmek gibi anlamlara gelir.

Sahabenin önceleri namazda konuştuklarını, selam verenin selamını aldıklarını, hatta Abdullah b. Mes'ud'un bir seferinde; "Resulullah'a kendileri namazdayken selam verdim. O cevap vermedi. Sonra da (Bakara, 238.) âyetini okudu", dediğini nakleden Taberi; muttasıl ve munkatı senedlerin yanında sahabe ve tabiine nisbet edilen haberlerde Kunut'un Allah'a itaat, namazda sükut, ayakta durmak gibi anlamlarda kullanıldığını söyler.[414] Hepsi de birbirlerine yakın ifâdelerdir. İbrahim ve Mücâhid'in benzeri tanımları da[415] Peygamberimize nisbet edilen hadisi doğrular.

IV. Örnek: (Eyyam)

Kur'ân'ın, hadislerce açıklığa kavuşturulan kavramlardan biri de **"eyyam"** kelimesidir. Kelimenin geçtiği âyette şöyle buyurulmaktadır. "Andolsun ki Musa'yı da, "Kavmini karanlıklardan aydınlığa çıkar ve onlara Allah'ın eyyamını (günlerini) hatırlat" diye mucizelerimizle gönderdik."[416]

Eyyam Arapça'da, gün anlamındaki yevm'in çoğuludur. Eyyam'dan Araplar arasındaki savaşlar, belli gün ve aylar ve benzeri manaların kastedilmesi olası olurdu. Ancak Peygamberimizin hadisleri âyete bu ihtimallerin dışında bir anlam kazandırmıştır. Buna göre eyyam'dan maksat, "Allah'ın ni-metleri"[417]dir. O halde Ubeyy'in de rivâyeti gözönünde bulundurulursa burada[418] âyetin anlamı şöyle olur..." Onlara Allah'ın nimet ve bağışlarını hatırlat..."[419]

f- Hadislerin Bazı Kavramları Açıklaması

I. Örnek: (Birr ve İsm)

"Birr ve İsm" Kur'ân'ın bazen beraber, bazen de ayrı ayrı andığı iki kavramdır. Bunlardan birinde Yüce Allah şöyle buyuruyor: "Birr ve takvada yardımlaşın; ism ve düşmanlık (aşırı gitmekle yardımlaşmayın."[420]

Burada Birr ve ism üzerinde durmak istiyoruz. Ashab zaman zaman bu iki kavramın anlamı hususunda Peygamberimize soru yöneltmişlerdir. Peygamberimizin verdiği cevap da kavramların daha net ve doyurucu bir tarzda anlaşılmasına zemin hazırlamıştır.

Nevevi bin Sem'ân'dan iletildiğine göre kendisi şöyle diyor: "Bir adam Resulullah'a *"Birr"* ve *"İsm"* hakkında sordu. Resulullah, *"Birr"*, güzel ahlak; *"İsm"*, seni rahatsız eden, kurcalayan ve başkalarının bilmesini istemediğin şeylerdir"[421] buyurdu.

Peygamberimizin birr'i; 'Nefsin yatıştığı şeydir'[422] şeklinde tanımı da vardır. Son tanıma göre, Bir ve İsm birbirlerinin zıt anlamını taşıyan; birr; pozitif açıyı, ism ise negatif unsuru oluşturan iki özellik olmuş olur.

II. Örnek: (Kavlü'z Zûr)

Kur'ânî kavramlardan olan *"Kavlü'z Zur"*un anlamı hadislerle açıklığa kavuşturulmuştur. Hacc sûresindeki âyette yüce Allah, *"...Kavlüz-zurdan kaçının"*[423] diyor.

Kavlezzur'un ne olduğu ise Peygamberimizce bildirilmiştir.

Eymen'in haber verdiğine göre Peygamberimiz (sav) hitab ederek şöyle buyurdu. "Ey insanlar! Yalan şâhidlik (yalan söz) Allah'a şirk koşmakla eşittir. Sonra Resulullah şunu okudu. 'O halde pis putlardan sakının, yalan şahidlikten kaçının'[424]

Açıkça görüldüğü gibi Peygamberimizi (sav) âyette geçen "*kavlezzur*" kavramını, benzer bir kavram ve özdeyişle yani, 'yalan şahidlik' veya 'yalan söz' ifadeleriyle izah etmiştir. Buna göre âyetin anlamı 'yalan şahidlik (veya söz)den kaçının."[425]

g- Hadislerin Garib (anlamı bilinmeyen) Sözlerin Beyânı

I. Örnek: (El-Menn)

Yüce Allah İsrailoğulları'na verdiği sayısız nimeti sayarken: "... *ve size menn ve bıldırcın kuşu indirdik*"[426] buyurur.

Kur'ân'daki "*menn*" kelimesi garib (anlamı pek bilinmeyen) bir sözdür ve ancak Peygamberin yorumuyla anlamı bilinebilir.

Menn kelimesini; ağaçların üzerine düşen tatlı bir içecek, ağaç veya taşların üzerine düşüp sonradan katılaşan ve katı bala benzeyen bir sıvı[427] olarak tanımlayan tefsirciler olmuştur.

Menn'in bundan başka birçok anlamı vardır.[428]

Peygamberimiz (sav) Menn'i doğrudan doğruya tanımlayacağı yerde farklı bir yöntem uygulayarak, Menn'den sayılan maddelere örnek vererek mennin anlamını duyurmuş oluyor. Menn'e mantarı örnek veren Resulullah (sav) şöyle buyuruyor. "Mantar menndendir. Suyu ise göze şifâdır."[429]

Böylece Peygamberimiz menn'e hem yeni bir lûgat ve anlam kazandırmış oluyor ve hem de İsrailoğulları'na verilen menn'in belli bir yiyeceğin adı olmakdan çok; zahmet, sıkıntı, çalışma ve gayret olmadan kazanılan her maddeye isim olduğunu belirtmiş oluyor.

O halde İsrailoğulları'nın menni farklı şeyler olabilir, ama hepsinin ortak noktası, "çalışmadan uğraşı verilmeden, zahmet çekilmeden elde edilen" şeylerden olmalarıdır.

İlginç olan bir yön de şudur: Hadiste Peygamberimiz, dikkatli ve özel bir dil kullanıyor ve "mantar menndendir.." derken *'min-i ba'diyye'* kullanıyor. Yani; menn, sadece mantardır, demiyor, Mantar da menndendir, diyor. Buna göre birçok şey menden sayılır. Onlardan biri de mantardır. Bilindiği gibi mantar tabiatta yaygın bir halde ve genellikle zirai bir ekin olmadan da bulunabiliyor.

II. Örnek: (Eş-Şef' ve'l Vetr)

Kur'ân'ın üzerine yemin ettiği kavramlardan biri de *"şef ve vetr"* kelimeleridir. "Şefe ve vetr'e yemin olsun"[430] âyeti inince sahabe Peygamberimize bu iki kelimenin anlamını soruyor: Peygamberimiz şöyle cevap veriyor. "Şef; arafe günü ve gecesi ile Kurban Bayramının ilk günü, vetr ise; Kurban Bayramı gecesi ile cuma gecesidir."[431]

Başka bir rivâyette ise, şef ve vetr sorulduğunda Peygamberimiz (sav) "Onlar namazlardır. Bir kısmı tek, bir kısmı ise çift rekâattır;"[432] buyuruyor.

Peygamberimiz şef ve vetr kelimelerine iki ayrı anlam veriyor: Rivâyetleri sahih kabul edersek; şef ve vetr'in tek bir anlam yerine birkaç anlamı olduğunu anlarız. Aksi takdirde şef, çift rekâatli; vetr ise tek rekâatli namazlara işaret sayılır.

h- Hadislerin Yakın Anlamlı Kelimeleri Açıklaması

I. Örnek: (Fekku Rakabe)

Beled sûresinde köle azadından basedilirken *"O zor geçidin ne olduğunu sen bilir misin? O geçit bir rakabeyi salıvermektir,"*[433] denilir. Buradaki *'Rakabe'* köle anlamındadır. Gerçi rakabe'nin lûgat anlamı 'boyun' demektir; ama, boynun bükük oluşu veya zincirlenmesi veyahutta başkasına bağlı oluşu nedeniyle rakabe köle anlamında kullanılmıştır.

Bera bin Azib'in naklettiği bir hadiste bir adam Resulullah'a kendisini cennete sokacak bir amel öğretmesini istiyor. Efendimiz (sav) 'Nesmeyi[434] azad et veya Rakabeyi çöz (salıver)' buyuruyor. Soruyu soran ikisi de aynı şey değiller mi, diyor. Efendimiz (sav) hayır diyor. *"Nesme'yi âzâd' köleyi sadece âzâd etmekle yetinmendir. Ama fekku rakabe ise köleyi azad etmekle beraber onun azad edilmesine de yardımcı olmandır."*[435] buyurmuştur.

Peygamberimiz, âyetteki fekku rakebe'nin köle azad etmek anlamında olduğunu açıkladıktan sonra böyle bir eyleme yardımcı olmanın da bu kavramın anlamı içinde olduğunu açıklığa kavuşturmuş oluyor.

II. Örnek: (Miskinen Zâ Metrebe)

Âyet-i Kerime yardım edilecek muhtaçları sayarken, "veya *zâmetreb* olan yoksulu"[436] tanımında bulunur. Metreb kelimesini sahabe ve sonrakiler farklı farklı anlamışlardır. Metrebe, *"türab"* kökünden türemedir. **İbn Abbas;** yollarda düşmüş, onu topraktan koruyacak bir şeyi olmayan, **İkrime;** borcu olan, muhtaç, **Said b. Cübeyr;** hiç kimsesi olmayan, **Katade;** çoluk çocuk sahibi olan[437] yine, **İbn Abbas;** çok muhtaç olan, vatanından uzak olan[438] şeklinde yorumlarda bulunmuşlardır.

Bütün bu rivâyetlerin Peygamberimizin tanımından hareket edilerek getirilmiş birer yorum olduğu rahatça söylenebilir. Zira İbn Ömer'in, *"Resulullah (sav) zâ metreb için 'Barınağı çöplük olan[439] kişi' tabirini kullandı"* rivâyeti de gözönünde bulundurulursa, Peygamberimiz hiçbir şeyi olmayan, yersiz, yurtsuz, yiyecek ve giyeceksiz kişi anlamında bir tanım kullanıyor. Sahabenin bütün tanımları da bu rivâyetin çerçevesi içinde olgunlaşmış ifadelerdir.

III. Örnek: (Bürûc)

Yakın anlamlı kelimelerin çeşitlerinden biri de eşanlamlı kelimelerdir. Aynı kelime zaman zaman farklı anlamlarda kullanılmıştır. Bunların nerede, hangi anlamda kullanılmış olduğunu ancak Peygamber (sav)in sözlerinden tesbit edebiliriz.

Aynı harflerden oluşan –okunuş ve yazılışı aynı olan- ama farklı anlamlarda kullanılan kelimelerden birisi, *'buruç'* kelimesidir. Bilindiği gibi buruç; burcun çoğuludur. Yıldız, ayın menzileri, gök kapıları gibi anlamlara gelir.

Buruç kelimesinin geçtiği âyetler nazil olunca sahabe bunu Peygamber (sav)e sormuştur.

Hz. Cabir bin Abdillah'ın rivâyet ettiğine göre Resulullah'a 'Burçlara sahip olan göğe and olsun'[440] âyeti hakkında soruldu. Cevaben; 'Yıldızlardır,' buyurdu. 'Göklerde burçlar yaratan...'[441] âyeti hakkında sorulunca da, 'Yıldızlardır' buyurdu. Bunun üzerine "*Burcun müşeyyede*"; sağlam yapılmış burçlar"[442] âyeti (hakkında, buradaki burç) nedir diye soruldu. Resulullah (sav) "*saraylardır*" cevabını verdi.[443]

Rahatça görülebildiği gibi, elimizdeki rivâyette burç kelimesini Peygamber (sav) farklı anlamlarda açıklamıştır. Âyetlerdeki yerlerine göre kelimeyi değişik anlamlar yüklemiştir.

Burç kelimesi gibi farklı anlamlara gelen birçok kelimeden biri de "*necât*" kelimesidir. Hz. Musa'nın kavmine "Ey Milletim nedir başıma gelen? Ben sizi necâta çağırıyorum, siz beni ateşe çağırıyorsunuz"[444] derken, kullandığı "*necât*" için Mücâhid, İmân demektir[445] diyor. Mevkuf olan bu haber yanında, konuyla dolaylı irtibatı olan bir merfu haberde Peygamber (sav); "Dilini tut, evin sana yetsin, -zinaya meyletme- ve hatandan dolayı da ağla (işte necât budur) diyor.[446]

Görüldüğü gibi necât lûgat anlamıyla kurtuluş anlamında olmakla beraber, Peygamber (sav) bu kelimeye farklı anlamlar yüklüyor. Bazen imân, bazen dili muhafaza, zinaya meyletmeme veya takva ile günahlardan dolayı gözyaşı dökme gibi, temelde yakın ama boyutları olarak farklı anlamlara geldiği Resulullah tarafından bildirilmiş oluyor.

3- KUR'ÂN'IN (ANLAMINDA TEREDDÜD OLUŞAN) MÜŞKİLLERİNİ GİDERMEDE HADİSLERİN ROLÜ

Kur'ân-ı Kerim müşkili denirken; Kur'ân'da geçen bir sözün birkaç anlamı içinde taşıması olasılığı yanında; Kur'ân'da geçen bir âyetin diğer bir âyete veya sahih hadislerin âyete zıt olduğu gibi bir yapının belirmesi şekli de söz konusu olabilir.

Bu durum; bazen Arapça lûgatinin yapısından bazen Resulullah'ın hadislerinin değerlendirilmesinde bazen de hükümler kapsamış olmasından kaynaklanmıştır.

O halde hadislerin açıkladığı Kur'ân'ın müşkilleri (belirsizlikleri) üç kısımda mütalaa edilebilir:

a- Kelimenin kendisinde var olan müşkil.

b- Hadisin âyete zıt gibi görünmesiyle beliren müşkil.

c- İki âyetin birbirine zıtmış gibi görünmesiyle beliren müşkil.

a- Kelimenin Kendisinde Var Olan Müşkil'i[447] Giderme

Müşkil olan sözcüklerin bir kısmı hadislere ihtiyaç olmadan âyetin sıyak ve sibakından (gelişinden) kolayca anlaşılabilir. Bu tür sözcüklerin anlaşılmasında dışarıdan ekstra bir delil gerekmez. Böyle birçok anlamı taşıyan sözcüklere örnek olarak *"Ayn"* kelimesi verilebilir.

Ayn: Arapça görme aracı olan göz, su kaynağı, kişinin kendisi, casus gibi anlamlara gelir.[448] Ancak, "Onların gözleri var ama göremezler"[449] âyetinde geçen "a'yün'ûn görme organı olan göz olduğu âyetin açık anlamından anlaşılır. Peygamber (sav)in bunu ayrıca açıklaması gerekmiyordu.

Fakat birkaç anlamlı olma ihtimali taşıyıp Peygamberimiz (sav)in açıklamasıyla problemi giderilen kelimeler de bulunmaktadır. Bazı örnekleri şunlardır:

I. Örnek: Kuru'

Bu kelimelerden biri "*Kuru'* " kelimesidir. Talakla ilgili âyette şöyle buyuruyor: "Boşanan kadınlar, kendi kendilerine üç kuru' (aybaşı, temizlik) hali beklerler."[450]

Âyette geçen '*Kuru'*' lafzı hem aybaşı ve hem de temizlik anlamlarına müsaittir.

Nafi'inin Abdullah bin Ömer'e nisbet ettiği bir haberin sonunda İbn Ömer şöyle der: "Hür kadının iddeti üç, cariyenin iddeti iki hayızdır."[451]

Bu rivâyette hayız lafzı kuru' lafzının yerine konmuştur. Bundan, Kuru'nın aybaşı hâli olduğu anlaşılır. Nitekim Kuru'nun aybaşı anlamında olduğunu söyleyen Hanefilerin delilerinden biri de, bu hadistir.[452]

II. Örnek: El-Cenne

Müfessirlere zor gelen kelimelerden biri de Hz. Adem ve Havva ile ilgili olan "cennet" kelimesidir. Bilindiği gibi Hz. Adem ile Hz. Havva cennetten çıkarılmışlardır. Olay Âyet-i Kerimelerde anlatılır:

"Ey Adem! Eşin ve sen cennette kal. Orada olandan istediğiniz yerde bol bol yiyin, yalnız şu ağaca yaklaşmayın; yoksa zâlimlerden olursunuz, dedik. Şeytan oradan ikisinin de ayağını kaydırttı. Onları bulundukları yerden çıkardı. Onlara; Birbirinize düşman olarak inin, yeryüzünde bir müddet için yerleşip geçineceksiniz, dedik."[453]

"*Cennet*" âhirette mü'minlere hazırlanan ebedi mükafat anlamının dışında; ağaçlılık, bağlık-bostanlık yer anlamına da gelir. Hz. Adem ile Hz. Havva'nın indirildikleri cennet; dünyadaki bağlı-bahçeli yer anlamındaki cennet mi yoksa, âhirette hazırlanmış olan cennet mi tarzında âlimler arasında farklı yorumlar olmuştur."[454]

"*Cennet*" kelimesinde var olan bu belirsizlik Resulullah'tan konuyla ilgili olarak aktarılan rivâyetlerle giderilmiştir.

Ebu Hureyre (ra) kendisinin Resulullah'ı şöyle buyururken işittiğini söyler. "Adem ve Musa (Aleyhisselam) münakaşa ettiler. Musa (Aleyhisselam) Adem (Aleyhisselam)a; 'Ya Adem! Sen babamızsın. İşlediğin günahla bizi zarara soktun ve bizi cennetten çıkarttın,' dedi. Adem (aleyhisselam) da ona: Ya Musa! Allah, insanlar içinden seni seçti kelâmını sana verdi. Senin için Tevrat'ı eliyle yazdı. Allah'ın beni yaratmadan 40 yıl önce hakkında takdir buyurmuş olduğu bir şey (günah) üzerinde sen beni kınıyor musun? dedi..."[455] Tabii ki hadisin bu yönü üzerinde uzunca durulması gereken külli ve cüz'i irade konusunun irdelenmesiyle anlaşılabilir. Ama çalışmamızın konusu bu değildir.

Yine Ebu Hureyre ve Huzeyfe'den rivâyet edilen bir hadiste Resulullah (sav)in şu ifâdelerini görürüz:

"Allah Tebâreke ve Teala insanları toplar. Mü'minler ayağa kalkar. Nihayet cennet kendilerine yaklaştırılır. Derken Adem'e gelip; 'Ey babamız! Cenneti bize açtır,' derler. Bunun üzerine Adem sizleri cennetten ancak babanız Adem'in hatası çıkardı. Ben bunun sahibi değilim..."[456] der.

Hadislerden anlaşılan; Hz. Adem'in hatası olmasaydı, insanlar cennette üreyecek ve şeytan onlara musallat olamayacaktı, tarzındadır. Bundan da âyette geçen Cennet'in dünyadaki bahçelik anlamındaki cennet değil de âhirette mü'minlere hazırlanan cennet olduğu anlaşılır.

III. Örnek: (Salat)

Salat kelimesi Kur'ân-ı Kerim'in birçok âyette geçer.[457]

Geçtiği yerlere göre farklı anlamlar taşımıştır. Dua[458], rahmet ve mağfiret,[459] din,[460] gibi farklı manalarda kullanılmıştır.

Salatın derece itibariyle daha yüksekte olandan, daha aşağıda olana yapıldığında mağfiret ve rahmet manasında olduğu hadislerden anlaşılmıştır. Âyet-i Kerim'de;

"Ey Muhammed...! Onlara Salat et; senin salatın onlar için bir güvendir"[461] denmiştir. Bu âyetteki salat, yakın birçok anlama müsaittir.

Bu âyette Salat; dua, mağfiret ve rahmet istemek anlamındadır. Nitekim Peygamberimiz (sav); "Allahım! Ebu Evfâ'nın âline salat et"[462] derken, verdikleri bağıştan dolayı kendilerine dua niyetiyle Allah'tan mağfiret ve rahmet dilemiştir.

Genellikle 'Lûgatin yapısında var olan' ve büyük kısmını farklı sebeplerle söylenmiş olan hadislerin açıklığa kavuşturduğu bu türden kelimeler haylice fazladır. Bir kısmını vermek gerekirse; "El-Ümmet, el-İll, el- Kunut, ed-din, el-Mevla, ed-dalal, el-İman, ez-Zulm, el-Bela, el-Harec" ve benzeri kelimeler[463] tesbit edilebilir.

b- Hadisin Âyete Zıt Gibi Görünmesiyle Beliren Probleme Giderme

Buna en güzel örneklerden biri Hz. Peygamber (sav)in, "Kim ince hesaba çekilirse muhakkak helak olur"[464] cümlesi üzerine Hz. Aişe'nin, Ya Resulullah Cenâb-ı Allah "...Kolay geçireceği bir hesaba çekilir"[465] buyurmuyor mu? şeklindeki sorusudur.

Hz. Aişe (ra.) Peygamberimizin: 'İnce hesaba çekilen azaba çarpılır' şeklindeki sözü ile âyetteki 'kolay hesap' ifadesi arasında kendince çelişik görür. Burada Hz. Aişe için bir problem doğmuştur. Nitekim Peygamberimize danışarak kafasındaki problemi gidermek istiyor. Peygamber (sav) kendi cümlesini düzeltmiyor, yalnız Hz. Aişe ve diğerlerinin âyeti eksik anladıklarını açıklıyor ve âyeti anlamadaki problemi gideriyor.

Resulullah (sav); (Âyette geçen kolay hesap senin sandığın) Hesap değildir. Bu senin dediğin ancak arzdır. Yoksa kıyamet gününde her kim ince hesaba çekilirse azab edilmiş olur."[466] buyurarak, âyette geçen "hesab"ın "arz" olduğunu, yoksa amellerinin karşılığında sorgulama olmadığını açıklığa kavuşturmuş oluyorlar.

c- İki Âyetin Zıt Gibi Görünmesiyle Beliren Problemi Giderme

I. Örnek:

Kocası ölen kadının iddeti konusunda inmiş olan iki âyetin, farklı müddetler vermesi, Kur'ân'da okuyucu için problemli gibi görünen âyetlerden sayılmıştır.[467]

Bu âyetlerin birinde, "İçinizden ölenlerin bırakmış olduğu eşler kendi kendilerine dört ay on gün beklerler; müddetleri sona erdiğinde onların kendi haklarında uygun şekilde yaptıklarından dolayı size sorumluluk yoktur..."[468] buyurulmuş ve kocası ölen kadının iddet süresinin dört ay on gün olduğu kayda bağlanmıştır.

Aynı sûrenin başka bir âyetinde ise ayrı bir hüküm getirilir: "İçinizden ölüp, eşler bırakacak olanlar, evlerinden çıkarılmaksızın, senesine kadar eşlerinin geçimini sağlayacak şeyi vasiyet etsinler, eğer çıkarlarsa kendilerinin meşru olarak yaptıklarından dolayı size sorumluluk yoktur".[469] Buna göre de ölecek olanlar hanımlarının bir yıllık geçimini sağlayacak malı- parayı- vasiyet edecekler. Kadınlar da bir yıl evden çıkmayacaklardır.

Gerçi bu âyetlerin arasında nesh (sonra gelen âyetin, daha önceki âyetin işlevini ortadan kaldırması) olduğunu gösteren rivâyetler bulunmaktadır. İbn Zübeyr; Hz. Osman'a, "Bakara sûresinin (240.) âyeti, diğer bir âyetle neshedilmişken neden onu mushafa (yazdırmak suretiyle) topluyorsun?" diye sorar. Hz. Osman (ra) cevaben;

'Ey kadeşimin oğlu! Kur'ân'dan hiçbir şeyi yerinden değiştirmem cevabını veriyor. İki âyet arasında olduğu sanılan çelişkiye Sahabe-i Kiram ifadesiyle nesh yoluyla açıklığa kavuşturuluyor. Çünkü İbn Zübeyr'in sözlerine Hz. Osman'ın (neshin varlığı açısından) herhangi bir itirazı olmuyor.[470]

Âyetle ilgili soruları gidermenin ikinci yolu da Mücâhid'e nisbet edilen bir haberdir. Mücâhid dört ay on gün ile ilgili âyetin vâcib olan iddeti gösterdiğini; geri kalan yedi ay ve yirmi günün de isteğe bağlı iddet olduğunu söyler.[471]

İki âyet arasında herhangi bir çelişkinin olmadığı âyetlerden her birinin farklı bir duruma işaret ettiği sahabenin şehâdetiyle anlaşılmış oluyor.

II. Örnek:

Cenâb-ı Allah mü'minlerin cennete gireceklerini değişik âyetlerle bildirmiştir. Bunlara örnek olarak Hacc sûresindeki: "Doğrusu Allah, inananları ve yararlı işler işleyenleri, içlerinden ırmaklar akan cennetlere koyar,[472] âyeti gösterilebilir. Bu âyetlerde önce cehenneme girilecek, sonraysa oradan çıkarılıp cennete girilecek tarzında bir kayıt bulunmamaktadır.

Fakat Meryem sûresinin 71. âyetindeki: "Sizden cehenneme uğramayacak yoktur." hükmü sorulara sebep olmuş; bu âyetle, Kur'ân'ın genelinde mü'minlerin cennete gireceğini mutlak olarak ifade eden âyetler arasında görüntüde bir problem belirmiştir.

Sahabe de aynı âyetlerin arasını bulmak konusunda zorlanmışlar. Ve Resulullah (sav) in bu konuda nasıl bir tefsirde bulunduğunu öğrenmeye gayret etmişlerdir.

Ebu'z-Zübeyr'in, Câbir bin Abdillah'tan işittiği uzun bir hadis cehenneme olan *'vürûd'* (giriş, uğrama) hakkında genel bilgi vermiştir. Buna göre vürud'dan maksat cehenneme girip azab görmek değil de, cehennem üzerine kurulmuş olan sırat'tan geçmektir. Hadisin ilgili kısmında şu ifadeler yer alır:

"...Câbir'e Vürûd'dan soruluyordu. Câbir bin Abdillah şöyle dedi... Cehennem köprüsü üzerinde bir takım çengeller ve dikenler vardır ki, Allah'ın dilediği kimseleri yakalarlar. Derken münafıkların nurları söner. Sonra mü'minler kurtulur."[473]

Böylece vürud'un cehenneme girmek olmadığı anlaşılır.

Abdullah bin Mes'ud'un âyeti okuyup[474] "cehenneme gelecekler ve sonra da amelleriyle çıkacaklar"[475] haberi yanında, aynı sahabinin Resulullah'tan duyduğunu ifâde ettiği rivâyette Resulullah (sav) âyet hakkında şöyle buyurmuştur:

"İnsanlar ateşe gelecekler, sonra oradan amelleriyle dönecekler. Dönenlerin ilki şimşeğin çakması süresi kadar hızla dönecek, sonraki rüzgâr, sonraki atın seğirtmesi, sonraki hızla koşan yaya, sonraki hızlı yürüyen (ve en) sonraki (normal) yürüyen gibi (oradan uzaklaşacaklar)".[476]

Bu rivâyetteki cümleler de; vürud'un cehenneme girmek olmadığını, cehennemin başına gelip oradan dönmek anlamının da olduğunu güçlendirmiş oluyor.

Câbir bin Abdillah'ın kendisine vürud hakkında soru sorulması üzerine verdiği cevabı aktaran başkaca rivâyetler de mevcuttur. Bunlardan birinde müslümanlar Peygamberimizin vefatından sonra; 'mü'minlerin cehenneme girip girmeyeceği tarzındaki açık çelişkiye düşerler. Câbir (ra)'a gider ve konuyu danışırlar. Cabir şöyle der:

"Resulullah (sav)'i şöyle buyururken işittim: Âyette geçen vürûd 'giriş' demektir. İyi ve kötü hiç kimse hariç tutulmadan herkes oraya girecektir. Ateş, mü'minler için İbrahim'e olduğu gibi soğuk ve selâmet olur. Hatta ateşin (veya cehennem dedi) mü'minlerin serinliğinden ötürü bir sesi olacaktır. Cehennem şöyle diyecek: Ey mü'min! Üzerimden çabuk geç. Nurun ve serinliğin beni söndürüyor. (Resulullah daha sonra âyetin devamını okudu)[477] Sonra takva sahiplerini kurtarır ve zâlimleri orada diz üstü çökmüş halde bırakırız."[478]

Netice itibariyle âyette geçen vürud'un, Kur'ân'ın genelindeki mü'minin cennete girmesi prensibine çelişik olmadığı her mü'minin vürudundan maksadın cehennemde yanmak anlamında anlaşılmaması gerektiği, sırattan geçmek veya orada selamette olmak kaydıyla cehenneme uğramanın vürud için yeterli olduğu hadislerin izahından anlaşılmaktadır.

4- KUR'ÂN'IN (SINIRSIZ KAVRAMLARINI) MUTLAKINI SINIRLANMASINDA, HADİSLERİN ROLÜ

Mutlak; teklik veya çokluk gibi sayısal bir sınır koymadan, özelliğini de belirtmeden; ancak, belli bir konuya ve oluşuna işaret eden sözdür.[479] "Fekku Rakabe" 'köle azad',[480] âyetindeki "rakabe=köle" genel, yani sınırsız bir kavramdır. Buradaki ifâdede kölenin sayısına, mü'min veya gayrimüslim olmasına bir sınır konmamıştır. Sınırlayan ifadeler bazen 'sınırlanan şeyin' özelliklerinde, bazen de şart veya sınırlarında sınır koyabilir.[481] "Fe tahriru Rakabetin mü'minetin" 'Mü'min bir köle azadı'[482] âyetinde de görülebileceği gibi kölenin mü'min olma özelliği getirilmiştir. Bu, özelliklerindeki sınırlamaya örnektir. Şartlarında sınırlamaya örnek olarak "Onu bulamayan üç gün oruç tutar"[483] âyeti gösterilebilir. Bu âyet, yemin keffâreti hakkındadır ve; köle azad edemeyen veya altmış fakire yiyecek ve giyecek imkanı olmayan üç gün oruç tutar hükmünü getirmiştir. Ancak âyet daha önce sayılanların bulunamaması durumlarında, "üç gün oruç" imkanını sistemleştirmiştir.

Hadisin, Kur'ân'ın genel sözcüklerini sınırlaması derken birinci kısımdaki konuları kastediyoruz. Bazen Kur'ân genel olarak hükmünü koyar; ama, ilahi irade, bu genel ifadenin âyetle değil de Peygamber (sav)in sünnetiyle sınırlanmasını ister. Resulullah (sav) de Kur'ân'daki bu genel hükmü sınırlar ve bir anlamda Kur'ân'daki sınırlanmış hükümler durumuna gelinir.

I. Örnek:

Yüce Allah Kur'ân-ı Kerim'de; *"Artık (Namazda) Kur'ân'dan kolay geleni okuyun"*[484] buyurmaktadır. Âyet-i Kerime'de namazda kişinin Kur'ân'dan kolayına gelen herhangi bir miktar okumasının yeterli olacağı belirtilmiştir. *"Kur'ân'dan"* cümlesinde kullanılan "Min" harfinin yapısından dolayı, Kur'ân'ın herhangi bir yerinden az bir miktar okununca istenilen gerçekleşmiş olacaktı.

Ancak Peygamber (sav)in ***"Namazda Fatiha'yı okumayanın namazı yoktur"***[485] hadisi âyetteki genel hükmü sınırlamış ve Kur'ân'dan bir şey okumanın namaz için yeterli olacağını, ancak Fatiha'nın ise mutlaka okunması gerektiğini belirtmiş oluyor. Hadis; Fatiha'nın okunmadığı namazın geçersiz olduğunu gösteriyor.

II. Örnek:

Tekâsür sûresinde ***"Sonra o gün nimetten sorulacaksınız"***[486] buyurulmuş; buradaki *"en-Naim"* kelimesi, sahabenin sorusuna sebeb olmuştur.

Tekâsür Sûresi Mekki'dir.[487] Mekke'de ise Müslümanlar ciddi sıkıntılar, açlık ve yoksulluk çekmişlerdir. Tekâsür sûresinin sonundaki bu âyet inince oradaki nimet kelimesi sahabenin şaşırmasına sebeb olmuştur.

'(And olsun ki) sonra o gün (kıyâmette) nimet(in şükrün)den muhakkak sorulacaksınız" âyeti inince Zübeyr bin el-Avvâm (ra); Ya Resulullah! Biz hangi nimet(in şükrün)den sorulacağız. (Bizdeki) nimet ancak (şu) siyah iki şeydir: Kuru hurma ve su, dedi. Resul-i Ekrem (sav) Bilmiş olunuz ki; muhakkak o (sorulacağınız nimet) olacaktır. (Yani bolluğa kavuşacaksınız veya diğer bir anlamla, o iki siyah gıdadan da sorulacaksınız) buyurdu.[488]

Her türlü nimet olarak ifade edilebilecek *'naim'* kavramı hadiste daha da sınırlı hâle getiriliyor. Sahabenin, "Ya Resulullah! Bu nasıl nimettir? Su ve hurmadan başka azığımız yoktur. Kılıçlarımız boynumuzda, düşman ise (karşımızda) hazır. Daha hangi nimetten sorulacağız"[489] tarzındaki sözleri üzerine Resulullah'ın cevabı, henüz nimetin gelmediği şeklinde anlaşılır. Âyetin, her türlü şey nimettir tarzındaki anlaşılabilecek yorumunu hadisler sınırlıyor.

Başka bir hadis bu takyide (sınırlamaya) örnek de getiriyor. İbn Mesud'un Peygamberimizden aktardığı bir rivayette; "güven ve sıhhat" deniyor.[490] Hadisten hareket eden İslâm âlimleri bundan anlaşılıyor ki, insanın yaşayabilmesi için zaruri olan helâl nafaka şükrünün hesabı sorulmayacaktır[491] şeklinde, hükümler çıkarmışlardır.

Hadisler âyette geçen nâim'in her türlü nimeti içine almadığını açıklayan buradaki genel ifadeyi belli nimetlerle sınırlamışlardır.[492]

III. Örnek:

Hadislerin; Kur'ân'ın genel hükümleri sınırlamasına örneklerden birisi teyemmümle ilgili, "yüzlerinizi, ellerinizi onunla meshedin"[493] âyetidir.

Aynı âyetin başında suyla abdest alma anlatılırken, "dirseklere kadar ellerinizi... yıkayın" buyurulmuştur. Suyun bulunmaması veya bulunsa da kullanılmasına engel bir durumun olması hallerinde ise yüz ve ellerin toprakla teyemmümü emredilir.

Hem abdest ve hem de teyemmümde "el yıkanması" emredilmişken, birinde (suyla abdestte) dirseklere kadar ölçüsü getirilmiş, ancak toprakla teyemmüm konusunda ise 'dirsekler' kaydı getirilmemiştir.

Bu durumda teyemmümde elin yıkanacak miktarı abdest âyetine kıyaslanarak *"dirseklere kadar"* denebileceği gibi, bileklere veya dirseklere gibi sınırsız olarak da kalabilirdi. Nitekim bazı hadislerde, "yüzüne ve bileklere (keffe) meshetti"[494] ifâdesi geçerken; bazılarında ise, "dirseklere kadar meshetti"[495] şeklinde geçer. Her iki halde de Kur'ân'daki 'yed' kelimesi, mutlak halde bırakılmamış, dirsek veya bilekle sınırlandırılmış ve Kur'ân'daki mutlak ifâde sünnetle sınırlandırılmıştır. Dirsek veya bileğe kadar teyemmüm konusu ise mezhebler arasında ihtilaf mevzuudur.[496]

IV. Örnek:

Kur'ân-ı Kerim'de zıharla ilgili âyetlerde, zıhar yapanın hanımına yaklaşmadan evvel sırasıyla bir köle azad etmeleri, bulamazlarsa iki ay aralıksız oruç tutmaları gerektiği anlatılır. Bunu da yapamayan altmış fakiri doyurur. Bu hususu açıklayan âyet şöyledir:

"Karılarını, zıhar yoluyla boşamak isteyip, sonra sözlerinden dönenlerin, ailesiyle temas etmeden bir köle azad etmeleri gerekir..."

"Azad edecek köle bulamayanın, ailesiyle temastan önce iki ay birbiri peşinden oruç tutması gerekir. Buna gücü yetmeyen, altmış düşkünü doyurur."[497]

Âyet-i Kerime'ye dikkat edildiğinde köle azadı ve iki ay peşi peşine orucun temastan önce olması şart koşulmuş ama, altmış fakirin doyurulması hususunda böyle bir sınırlama getirilmemiştir. Bu durumda altmış fakirin doyurulması genel olmuş olur. Cinsel temastan önce de sonra da olabilir. Çünkü Kur'ân'da altmış yoksulun doyurulması önceki iki hususa bağlantılı kılınmıştır.

Hadisler buradaki kayıtsız hükmü, kayıtlı hale getirir ve âyetin başındaki *"köle âzâdı"* ve "iki ay oruç tutma" hükmünü aynı tarzıyla "altmış fakiri doyurmaya" uygular.

İkrime'den rivâyet edildiğine göre adamın biri karısına zihar yaptı ve herhangi bir keffaret ödemeden kendisiyle cinsi münâsebetti bulundu. Resulullah'a durumu anlatınca Peygamber (sav): "(Zihardan dolayı gereken altmış fakiri doyurma) keffâretini verinceye kadar ondan (karından uzak dur)"[498] buyurdu.

Peygamberimiz bu emriyle âyette geçen "altmış fakiri doyur" hükmünü önceki iki hususa bağlayarak, "karına yaklaşmadan evvel altmış fakiri doyur" tarzında döndürmüş, kayıtsız sözü sınırlı hale çevirmiş oluyor.

V. Örnek:

Faizle ilgili âyette, faizin haram kılındığı ama alışverişin ise helâl olduğu belirtilir. Bu âyetin meali şöyledir:

"Faiz yiyenler mahşerde ancak şeytanın çarptığı kimsenin kalktığı gibi kalkarlar. Bu, onların; "zaten alışveriş de faiz gibidir" demelerindendir. Oysa Allah alışverişi helâl, faizi haram kıldı..."[499]

Âyet-i Kerime, *"alışveriş helâl kılındı"* derken genel bir ifade kullanmış, şu özelllikteki alışveriş helâl, şu tarzdaki alışveriş haramdır tarzında bir sınırlama getirmemiştir. Âyetin bu sınırsız ifâdesine göre faiz olmayan her türlü alışveriş Allah'ın razı olduğu alışverişlerindendir. Alınan, satılan malın özelliği, alışverişin şartları hiç önemli değildir. Ancak böyle bir hükme varmanın hatalı olduğu hadislerde sabittir. Peygamberimizden alışverişlerle ilgili olarak rivâyet edilen hadisler hangi alışverişin helâl, hangisinin haram olduğunu belirlemiş, âyetteki genel ifâdeyi sınırlamıştır.

Hadis kitaplarında haram olan alışverişler haylice fazladır. Bunlara örnek verecek olursak;

I. Örnek:

Hz. Peygamber, köpeğin, fahişenin, kahinin ve erkek hayvanı dişiye çektirme bedelinden nehyetmiştir.

İbn Mes'ud'dan rivâyet edildiğine göre Peygamber (sav) köpek bedelinden, fahişenin fuhuş kazancından ve kahin'in kehânet ücretinden nehiy etti."[500]

Yine diğer bir hadiste:

"Resulullah, erkek hayvanı dişiye çektirme ücretinden nehiy etti."[501]

Resulullah'ın bu hadisleri; köpeğin, fahişenin ve hayvanı hayvana çektirmenin bedellerinin ve bu türden olan alışverişlerin haram kapsamında olduğunu belirliyor.

II. Örnek:

İçki, murdar hayvan, domuz ve putların bedellerinin yasaklanması da hadisle sabittir. Konuyla ilgili olarak rivâyet edilen hadislerin birinde Resulullah'ın şöyle buyurduğu belirtilmiştir:

"Şüphesiz Allah ve Resulü, içkinin, murdar hayvanın, domuzun ve putların satılmasını haram kıldı..."[502] Resulullah bu hadisiyle haber verdiği maddelerin alışverişini de âyetin mutlak hükmünün dışına çıkarmış oluyor.

Resulullah (sav)in; meyveleri henüz olgunlaşmadan satmayı yasaklaması[503], birinin diğer birinin satışı üzerine satışı yasaklaması,[504] müşteriyi kandırıp pazarlığı kızıştırmayı yasaklaması[505] ve benzeri hususlar, hadislerin, Bakara sûresindeki *"faiz dışındaki alışverişlerin helal kılındığı"* genel hükmüne getirdiği sınırlamaya örnek olarak verilebilir.

5- KUR'ÂN'IN MÜCMELİNİ (ÖZLÜ İFADELERİNİ) AÇIKLAMADA HADİSLERİN ROLÜ

İslam Metodologları özlü ifadeleri (mücmeli); değişik hüküm ve halleri içinde toplamış olmasına rağmen dışarıdan ek bir açıklama olmadan, pürüzsüz anlaşılamayacak şeylerdir[506] şeklinde tanımlamışlardır. **Pezdevi** (438/1046)nin tanımı da buna yakındır:

"Kendisinde birçok anlamın toplandığı, ancak neyin kasdedildiğinin aynı ifadeyle anlaşılamadığı, özellikle açıklamayı yapacak bir dış unsurun arandığı, düşünüldüğü şeylere denir.[507]

Teklifi hükümlerle (bir şey emreden, ibadetlerle) ilgili bütün Kur'ân âyetleri mücmel (özlü) âyetlerdendir. Sünnet, Kur'ân'ın mücmel olarak ifâde ettiği bu hükümleri beyân etmiştir. Namaz hakkındaki emir özlüdür. Hadisler Resulullah'ın sözlü ve fiili emirleriyle namaz konusundaki mücmeli açıklamıştır.

Resulullah'ın, "Beni namaz kılıyorken gördüğünüz gibi namaz kılınız"[508] emri, namaz konusundaki bütün Kur'âni özlü ifadelerin açıklamalarının sünnet yoluyla olduğunu gösterir.

Hacc konusundaki mücmelleri de yine Resulullah'ın hadisleri açıklamıştır.

Resulullah (sav)in, (Haccla ilgili) menâsikinizi benden (öğrenip) alınız"[509] emrinde olduğu gibi.

Ceza hukuku konusunda da Kur'ân'ın mücmel hükümlerini Peygamberimizin hadisleri açıklamıştır.

Özlü olarak şöyle denebilir; aslı Kur'ân'da olmakla beraber uygulaması, tefsiri, beyânı, izahı ile ilgili bütün teferruatı sünnete bırakılmış, bütün îslâmi hükümler sünnetin, Kur'ân'ın özlü ifadelerine getirdiği birer Peygamberî yorumdur

Bu bilgiler: gaybe ait bilgiler, kıyamete ait bilgiler, Peygamberlere ait bilgiler, ahlaka ait bilgiler, ibâdetlere ait bilgiler, muamelâta ait bilgiler gibi bütün konuları ihtiva eder.

a- Hadislerin Geleceğe Ait Özlü Sözcüklerin Kavramları Açıklaması

Kur'ân-ı Kerim'de gaybın anahtarının tamamıyla Allah'ın elinde olduğu,[510] başkasının bunu bilemeyeceği açıka bildirilmiştir. Âyetlere göre hiç kimse -Allah'ın izni olmadan- gaybe ait hiçbir bilgi sahibi olamaz.

Cinn sûresindeki bir âyet ise; "Gaybı bilen Allah, gaybe kimseyi muttali kılmaz. Ancak Peygamberlerden bildirmek istediği bunun dışındadır"[511] şeklindedir. Bu âyete göre Cenâb-ı Allah Peygamberlerden dilediklerine gaybe ait bilgiler verebilir ve Peygamberler de Yüce Allah'ın vermiş olduğu bu bilgilerle bilgi sahibi olabilirler.

Kur'ân'daki bu özlü âyeti Peygamberimizin hadisleri beyân etmiş ve Peygamberimiz, Cenab-ı Allah'ın lûtfettiği gaybe ait bilgileri bildirmiştir. Buna dair bazı örnekler şunlardır:

I. Örnek:

Resulullah Bedr harbinden önce Kureyş müşriklerinin ölecekleri yerleri tek tek işaret etmiştir.

Enes bin Mâlik (ra) diyor ki; "Resulullah (sav) Bedre varınca bazı yerleri işaret ederek *müşriklerden filan kişi şurada, falan ki-*

şi şurada ölecek dedi. Vallahi (savaştan sonra baktım, saydıklarından) hiç kimse Resulullah'ın gösterdiği yerden şaşmamıştı. Orada düşüp ölmüştür."[512]

Resulullah'ın Bedr harbinden önce işaret ettiği gaybe ait iki haber de gerçekleşmiştir. Bunlardan birincisi müşrik aristokratların öleceği haberi, ikincisi de ölecekleri yerler. Hadis râvilerinin ifâdesine göre Resulullah'ın gösterdiği yer bir parmak kadar dahi şaşmamıştır.

II. Örnek:

Ebu Hureyre, Amr bin el- As, Huzeyfe bin el-Yemân, Ebu Said'i Huduri, Ebu Katade ve daha birçok sahabenin Resulullah'tan duyarak rivâyet ettikleri hadiste Peygamberimiz (sav) Ammar bin Yâsir'i işaret ederek şöyle buyurmuştur:

"Seni müjdelerim ey Ammar! Seni azgın bir grup öldürecektir.[513] Olay Hz. Peygamber (sav)in haber verdiği gibi gerçekleşti. Ammar Hicretin, 37. yılında Sıffın Vak'asında Hz. Ali'nin yanındayken şehid düşmüştür.[514] (Yeri gelmişken şunu belirtelim: Bizler Sahabe arasında gelişmiş siyasi olaylarda taraf olamayız. Ashab-ı Kiram arasındaki olayları yorumlamak ise tamamen ayrı bir konudur. Hepsi hakkında iyi niyet esas olmalıdır.)

Bu olay, Cinn sûresindeki "Allah'ın, Peygamberlerinden seçtiklerini gaybe muttali kıldığına" dâir âyetteki özlü ifadelerine açıklama türünden örneklerden biridir. Resulullah'ın bu tür olayları önceden bilmesi tamamen Cenâb-ı Allah'ın izin ve rızası dahilinde meydana gelmiştir. Böylece sünnet Kur'ân'ın gaybe (geleceğe) ait özet geçirilen âyetlerini açıklamıştır.

b-Hadislerin Cehennem ve Cennetle İlgili Özlü Sözleri Açıklaması

Kur'ân-ı Kerim'de cennet ve nimetleri cennet ehlinin durumu; cehennem ve cehennem ahâlisinin durumu hakkında haylice âyet vardır. Hadisler Kur'ân'ın zaman zaman mücmel olarak ele aldığı hususları açıklamıştır.

I. Örnek:

Kur'ân cehennem ateşinden bahsederken; "O takdirde inkar edenler için hazırlanan ve yakıtı insanlarla taş olan ateşten sakının[515] buyuruyor.

Âyette geçen ta'ın niteliğini anlatan bir rivâyette onun, "kibrit taşı olduğu"[516] söylenir. Böylece taşın yanıcılık özelliği vurgulanır.

Ateşin vasfını anlatan bir hadis şöyledir:

Ebu Hureyre'den rivâyet edildiğine göre Peygamberimiz şöyle buyurmuştur:

"(Cehennem) ateş(i) kıpkırmızı hale gelinceye kadar bin yıl tutuşturuldu, sonra bembeyaz hale gelinceye kadar bin yıl tutuşturuldu. Sonra bin yıl daha tutuşturuldu. Nihayet simsiyah hale geldi. (O şimdi) kapkaranlıktır."[517]

Resulullah cehennem ateşiyle dünya ateşi arasında da bir kıyaslama yaparak cehennem ateşi etrafındaki sınırları daha da kaldırıyor:

"İnsanların yakmış oldukları ateş, cehennem ateşinin yetmiş parçasından sadece bir parçadır".[518]

II. Örnek:

Kıyamet gününde cehennemin durumundan, doluluğundan bahseden âyet-i kerime'de "O gün cehenneme, 'doldun mu' diyeceğiz. Cehennem de 'daha var mı?' diyecek"[519] şeklinde bilgi verilir.

Peygamberimizden nakledilen hadisler olayı bir diyalog halinde açıklar: Ebu Hureyre'nin rivâyet ettiği hadise göre Peygamberimiz (sav) şöyle buyurmuştur:

"Cennet ve cehennem birbirlerine karşı delil getirdiler? Cennet şöyle dedi: Neden bana sadece insanların fakirleri girer? Cehennem de şöyle dedi: Neden bana (da) sadece zorbalar ve büyüklenenler girer? Cenâb-ı Allah ateşe "Sen benim azabımsın, senin vasıtanla dilediğime azab ederim" buyurdu. Cennete ise şöyle buyurdu: "Sen ise benim rahmetimsin. Seninle dilediğime rahmet ederim. Sizin herbiriniz dolacaksınız. Cennete gelince; Cenâb-ı Allah ona girecek olanları yarattı. Ateşe gelince; İnsanlar oraya atılmaya başlanır. Cehennem ise "daha var mı" der. (Cehennemin bu ifâdeleri) Cenâb-ı Allah kademini oraya koyuncaya kadar devam eder. Cehennem (bunun üzerine) dolar. Cehennemin bazısı diğerinin üzerine büzülüp kalır. Cehennem; artık yeter, yeter der."[520]

Hadis, Kur'ân'ın cehennem hakkındaki soruları cevaplandırmıştır.

III. Örnek:

Cennet ehlinin cennete girdikten sonra kendilerine: "İşlediğinize karşılık işte mirasçısı olduğunuz cennet' diye seslenileceği"[521] âyette bildirilmiştir.

Mirasçısı olunan cennetin ve cennettekilerin bulundukları durum hakkında Resulullah açıklamalarda bulunmuştur.

Ebu Said-i Huduri ve Ebu Hureyre'den rivâyet edildiğine göre Peygamber (sav) şöyle buyurmuştur: "Bir seslenici (cennet ehline şöyle seslenir): Siz (sürekli) sıhhatli olacaksınız, ebediyen hastalanmayacaksınız. Ebedi olarak yaşamanız ve hiç ölmemeniz sizin hakkınızdır. Ebediyen genç kalmanız ve hiç yaşlanmamanız sizin hakkınızdır. Hep nimetler içinde olmanız hiç üzüntü ve ümitsizlikle olmamanız sizin hakkınızdır.

İşte bu, Cenâb-ı Allah'ın şu sözüdür: "Onlara işte yapmakla devam ettiğiniz (iyi ameller) sayesinde mirasçı edildiğiniz cennet budur, diye seslenilecektir."[522]

Anlaşılan o ki; sünnet, cennet hakkında bir nevi âyetin sunumu sayılan açıklamalarda bulunmuştur.

c- Hadislerin İnançla İlgili Özlü Âyetlerin Açıklaması

İman esaslarıyla ilgili temel prensipler Kur'ân-ı Kerim'de bildirilmiştir. Ancak bu temel prensiplere ait geniş bilgi Peygamberimizin hadisleriyle ortaya konmuştur. Kur'ân'daki mücmel olan hükümleri tavzih, beyân ve ilâve açıklamalar getirmek şeklinde belirmiştir.

I. Örnek:

İnançla ilgili konulardan biri de; **"Öldükten sonra dirilmeye"**[523] iman etmektir. İnsanların dirilişini anlatan âyetlerden, Zümer sûresindeki âyette; "... sonra sura bir daha üflenir, bu defa onlar (kabirlerinden) hemen kalkarak bakınıp dururlar"[524] buyurulur.

Kur'ân'ın, bu müthiş ama özlü ifadesini Resulullah (sav)in hadisleri açıklar. Ebu Hureyre (ra)den rivâyet edildiğine göre Peygamberimiz şöyle buyurmuştur: "Toprak insanın bütün vücûdunu bitirecektir. **Acbû'z-Zeneb** (denilen yer) hariç. Kişi ondan yaratıldı ve yeniden yaratılma ondan olacaktır."[525]

Hadise göre kalkış **Acbû'z-Zeneb**'den yeniden yaratılma şeklinde olacaktır.

Kalktıkları andaki durumlarını İbn Abbas'tan gelen bir rivâyet açıklıyor:

Resulullah (sav) şöyle buyuruyor: "İnsanlar kıyamet gününde yaratıldıkları gibi çıplak ve sünnetsiz olarak haşredileceklerdir. Sonra Resulullah şu âyeti okudu: "...Yaratmaya ilk başladığımız gibi katımızdan verilmiş bir söz olarak onu tekra var edeceğiz", (Enbiya, 104)"[526]

Bütün bu rivâyetler "Onlar (kabirlerinden) hemen kalkarak bakınıp dururlar"[527] âyetindeki sözcükleri tefsir etmek akla gelebilecek soruları gidermiştir.

Sur'un nasıl olacağı ve dirilmenin şekli, ahirette olacak şeyler hakkında rivâyetler haylice fazladır.[528]

II. Örnek

Ahiret gününde Peygamberimize sözü verilen nimetlerden birisi de **"Kevser"**dir. "Kevser" gelecekle ilgili bir olaydır ve imân edilmesi gerekir. Kur'ân-ı Kerim'de "Şüphesiz biz sana Kevser'i verdik"[529] denmiş, ancak Kevserin ne olduğu hususunda herhangi bir açıklamada bulunulmamıştır. Bundan ötürü de müfessirler Kevser hakkında farklı yorumlarda bulunmuşlardır.[530]

Resulullah'a verilen Kevser'in ne olduğu hadislerde açıklığa kavuşmuştur. Kevser'in cennette bir nehir olduğunu şu rivâyetlerden anlıyoruz:

Enes b. Mâlik'ten rivâyet edildiğine göre Resulullah (sav) hafif bir uykuya daldı. Sonra tebessüm ederek başını kaldırdı. Resulullah'a; "Ya Resulullah! Neden güldün" dediler. Resulullah (sav) şöyle buyurdu: "Demin bana bir sûre indi." Daha sonra şu sûreyi okudu: "Bismillahirrahmanirrahim. Înna a'teynake'l Kevser..." (sûreyi bitirinceye kadar okudu.) Okuduktan sonra "Kevser'in ne olduğunu biliyor musunuz?" dedi. Ashab: "Allah ve Resulü daha iyi bilirler" cevabını verdiler. Resulullah; "O, Rabbımın cennette va'dettiği bir nehirdir. Onun üzerinde birçok hayır vardır. Yine onun üzerinde ümmetimin kıyamet gününde varacağı havuz vardır"[531] buyurdu.

Hadisler; Kevserin, cennette bir nehir olduğuna dair Kur'ân'ın mücmelini beyân ettikten sonra Kevser hakkında geniş izahatta da bulunmuştur.

Değişik mesafeler örnek gösterilerek Kevser'in uzunluğu anlatılmıştır. Bunlardan Şam'daki iki kasaba olan Cerbe ve Ezruh[532], Aden ve Amman[533] Kâbe ve Beytül Makdis,[534] arasındaki mesafeler ilk göze çarpan örneklerdendir. Bunlardan Kevser'in uzunluğu anlaşılır.

Kevser'in suyunun nitelikleri de hadislerin, Kur'ân'daki Kevser mücmeline getirdiği açıklamalardandır: "Sütten daha beyaz, baldan daha tatlı"[535] olduğu hadislerde izah edilir.

d- Hadislerin Yaradılışla İlgili Mücmelleri Beyanı

I. Örnek:

İnsan yaradılışının topraktan olduğu, dillerin ve renklerin değişik olmasının Allah'ın varlığının belgesi olduğu Kur'ân'da açıklanmıştır. Er-Rum sûresinde "Gökleri ve yeri yaratması, dillerinizin ve renklerinizin değişik olması O'nun varlığının belgelerindendir"[536] buyurulmuştur.

Ebu Musa el-Eş'ari'nin rivâyet ettiği bir hadiste, yaradılış hammaddesi olan toprağın farklı karakterinin insan kişilik ve karakterine etkisi olduğu açıklıyor. Hadisler Resulullah (sav)ın şöyle buyurduğunu rivâyet ediyor: 'Allahu Teâla, Adem'i yeryüzünün her tarafından avuçladığı bir avuç topraktan yaratmıştır. Bundan ötürüdür ki insanoğulları, yerin durumuna göre (yerin tabii karakteri ile insanın fiziki, ruhi ve psikolojik karakteri arasında uygunlukla) olmuşlardır. Onlardan kimisi kızıl, kimisi siyah, kimisi beyaz ve kimisi de bunların arasında ten rengindedir. Ademoğullarının da (toprak gibi) sarp ve sert olanı, düz olanı, iyi olanı ve kötü olanı vardır.[537]

Hadisleri insanların yaratılış karakteri ve kişiliklerindeki farklılıklarla toprağın cinsleri arasındaki farklılığa işaret etmenin yanında, topraktan yaradılışın nasıl olduğunu, hangi malzemenin kullanıldığını da açıklamış oluyor.

II. Örnek:

İnsanın yaradılış evrelerinden bahseden âyet-i kerime'de: "Biz sizi topraktan, sonra nutfeden, sonra pıhtılaşmış kandan, sonra da yapısı belli belirsiz bir çiğdem etten yaratmışızdır..."[538] buyurulmuştur.

İlk yaradılış ve akabinde her insanın geçirdiği oluşum devrelerini anlatan bu âyetteki özlü esasları, hadisler açıklıyor.

Abdullah bin Mes'ud (ra)den, şöyle demiştir: Resulullah (sav) bize (İnsanın yaradılışından) haber verdi. O daima doğru söyleyen ve (Rabbı tarafından) kendisine doğru bilgiler vahiy edilen zattır. Buyurdu ki;

"Şüphesiz biriniz (yaratılırken) asıl maddesi kırk gün anasının karnında toplanır (yaratılmaya elverişli bir hale gelir). Sonra bir o kadar (40 gün de) süre içinde bu madde kan pıhtısı haline dönüşür. Bundan sonra da o kadar zaman zarfında mudğa (=bir çiğnem et) olur. Daha sonra Allah ona bir melek gönderir de şu dört kelimeyi yazması emrolunur. Allah, meleğe: "Onun amelini, ecelini, rızkını, şaki veya said olduğunu yaz" der. (=Meleğe bu bilgiyi verip yazdırır)[539]

Hadisi şerif âyetteki lafızları açıklamayı hedef almıştır.

III. Örnek:

Resulullah (sav) yaradılışla ilgili bilgiler vermiştir. "Önce yaratan, ölümünden sonra tekrar dirilten odur"[540] âyeti, yaradılış hakkında özlü bilgi vermiştir. Resulullah (sav) Beni Temim ve Yemen'den gelen Eş'ârilerle olan hadisinde "halk ve arş" hakkında uzun bilgiler vermiştir.[541] Bu bilgilerin bir kısmı bize ulaşmış, bir kısmı ise ulaşmamıştır.

İmrân bin Husayn bir rivâyetinde; Resulullah (sav)in Yemen heyetiyle olan konuşmasında şöyle buyurduğunu ifade ediyor: "Cenâb-ı Allah vardı. Ondan gayri kimse yoktu. Allah'ın arşı su üzerindeydi. Allah zikr (levhi mahfuz)da her şeyi yazdı. (Sonra) Allah gökleri ve yeri yarattı."[542]

Resulullah'ın bu şekildeki izahının ötesinde açıklamalarda bulunduğu sahabeden naklediliyor. Târik bin Şihab, Hz. Ömer'in; "Resulullah aramızda ayağa kalktı. İlk yaradılıştan başlayarak cennet ehlinin cennete, cehennem ehlinin ise cehenneme girmesine kadar olan her şeyden bahsetti. Bunu ezberleyen ezberledi, unutan ise unuttu."[543]

Yaradılış esnasında Yüce Allah'ın indinde bulunan kitabı (levhi mahfuzu)na şöyle yaptığı yine Resulullah (sav) tarafından haber veriliyor: **"Şüphesiz benim rahmetim gazabımı aşmıştır."**[544]

Bu konularda gelen hadislerde Resulullah (sav) "Yaradılışın başlangıcı" ile ilgili olarak Kur'ân'ın mücmel bıraktığı bütün noktaları tefsir etmiştir.

e- Hadislerin Kâinata Hakim Sünnetullah'la İlgili Sorulara Yanıtı

Yaradılışla sıkı irtibatı olan bu türden bilgiler, genellikle yaradılıştan sonraki olayalar ait konuları içine alır. Rızık, ecel, ay ve güneşin ekseni etrafındaki dönüşü ve benzeri konular da bu bölümde ele alınabilir.

I. Örnek:

Gök gürlemesini anlatan âyet-i kerime'de, "Onu, gök gürlemesi hamd ile, meleklerde korkularından teşbih ederler."[545]

Yahudiler, muhtemelen Peygamberlerinin kendilerine haber verdikleri, Peygamberimizin de bilemeyeceğini sandıkları sünnetullahla ilgili sorular soruyorlar. İbn Abbas'tan rivâyet edildiğine göre Yahudiler; "Ya Ebe'l Kasım, gök gürlemesi nedir, bize bilgi ver." dediler. Resulullah (sav); "Bulutlarla görevli bir melek yanında ateşten bir aletle bulutları önüne sürer. Bulutları,

Allah'ın dilediği yere götürür." Bunun üzerine Yahudiler; "Bu duyduğumuz ses nedir?" diye sorarlar. Peygamberimiz (sav) şöyle cevap verir. "O, bulutları Allah'ın dilediği yere çekerken bulutların çıkardığı sestir." Bunun üzerine Yahudiler "Doğru diyorsun." dediler.[546]

Hadis, âyette geçen "gök gürlemesi" olayının metafizik alemiyle ilgili yönünü açıklıyor.

II. Örnek:

Cenâb-ı Allah'ın olmasını dilediği bir emri meleklere iletmesi, meleklerin bu emirlere boyun eğmeleri, meleklerin o andaki durumu ve şeytanların o sözleri çalmak için çabalarını anlatan âyetlerdeki özet ifadeleri de hadisler açıklamıştır:

"Sonunda, gönüllerindeki korku giderilince, birbirlerine 'Rabbimiz ne söyledi' diye sorarlar. 'Hak söyledi', derler. O; yücedir, büyüktür."[547]

Âyetin tefsirinin içinde geçtiği bir hadiste Ebu Hureyre (ra) Resulullah'ın şöyle buyurduğunu söyler:

"Allah, gökteki meleklerine bir şeyin infaz edilmesini emrettiği zaman, düz bir taş üstünde hareket ettirilen zincir sesi gibi ses çıkaran ve heybetli olan bu ilâhi buyruğa (korku içinde) tam manasıyla boyun eğmek üzere melekler,- kanatlarını birbirlerine vururlar. Kalblerinden bu korku gidince de bunlar, Cebrail, Mikâil gibi yakın meleklere: 'Rabbınız ne dedi', diye sordular. Onlar da; 'Allah, hak söz söyledi' diye Allah'ın emir ve hükmünü bildirirler ve 'Allah yüce ve büyüktür' derler. Resulullah (sav) buyurdu ki, "İşte bu suretle kulak hırsızı o şeytanlar, Allah'ın verdiği emir ve hükümleri işitirler. Bu esnada kulak hırsızı o şeytanlar (yerden göğe kadar) birbirlerinin üstünde (zincirleme) sıralanmış (kulak hırsızlığına hazırlanmışlardır. Bu durumda iken en üstteki şeytan, melekler arasında cereyan eden konuşmayı işitir ve bu sözleri, altındaki şeytana hemen aktarır. Bazen üstteki şeytan, işittiği haberi altındakine ve o da kâhin (gelecek hakkında söz uyduran) veya sihirbazın diline atmadan önce bir ateş parçası üstteki şeytana erişir (ve onu yakar). Bazen de haberi alttakine ulaştırıncaya kadar ateş ona ulaşmaz. Nihayet kendisine haber ulaşan kâhin veya sihirbazın o haberle beraber yüz yalan uydurup (sağa-sola söyler). Neticede gökten işitilmiş olan söz gerçekleşir. (Kahin ve sihirbaz bunu istismar eder ve ettirir.)"[548]

Yukarıdaki hadis aynı zamanda Sâffat sûresindeki şu âyetlere tefsir ve açıklama türündedir:

'Biz şu yakın göğü yıldızlarla süsleyip donattık. Ve inatçı her şeytandan koruduk. Onlar en yüksek melekler cemâatini dinleyemezler (sözlerine kulak veremezler) ve kovulmak için her taraftan (Şihab yaylımına) tutuldular. Onlar için (âhiret günü) sürekli azab vardır. Ancak o şeytanlardan, (haber) çalıp çırpan bulunur. Onu da (gökten yere doğru) delip geçen bir alev takip eder."[549]

f- Hadislerin Kıssalarla İlgili Özlü İfadeleri Açıklaması

Kur'ân-ı Kerim eski ümmetler, medeniyetler ve Peygamberlerine ait bilgiler vermiştir. Peygamberlerin milletlerine yönelik tevhidi mücâdelesi, ümmetlerin Peygamberlerine uymaları veya helak olmaları ve benzeri konular Kur'ân-ı Kerim'de geniş yer tutmuştur.

Kur'ân-ı Kerim kıssalarda hedeflenen mesajı esas aldığı için çoğu kez isimleri zikretmez. Mesela; Firavun'un karısı için "Firavun'un karısı",[550] İmrân'ın karısı için "İmrân'ın karısı"[551] Hz. Yusuf olayındaki kadınlar için, "Şehirdeki kadınlar"[552]; Yusuf'u nefsine davet eden kadın için "Aziz'in karısı"[553] tanımını kullanır. Bunun dışında; "Nuh'un karısı",[554] "Lut'un karısı",[555] gibi âyetler örnek gösterilebilir.

Peygamberimizin kıssalara dâir açıklamaları, Kur'ân'ın belirsiz bıraktığı isimleri, mekanları (vs) açıklığa kavuşturacağından; daha çok, Kur'ân'ın ortaya koyduğu kıssaların öncesini-sonrasını ve izahını hadislere bıraktığı açılara yönelik olmuştur. Hadislerde buna dair örnekler çok fazladır. Bir kısmını şöylece serdedebiliriz.

I. Örnek:

Kur'ân; Hz. Yunus kıssasında Yunus'un "Yüzbin veya daha çok kişiye Peygamber olarak"[556] gönderildiğini buyurur.

Ubeyy bin Ka'b'den rivâyet edildiğine göre Resulullah (sav) bu âyetin tefsirinde *"daha çok kişiyi"* tefsir ederken, *"yirmibin kişi"* diyor.[557] Yani; yüzyirmibin kişi olmuş oluyor.

II. Örnek:

Hz. Musa ile ilgili kıssayı anlatan âyetlerden birinde ***"Andolsun ki, Musa'ya dokuz tane apaçık mucize verdik"***[558] buyuruluyor.

Bu âyette geçen *"beyyinât-yani, mucizeler"in* diğer bazı âyetlerde geçen beyyinât olmadığı, Peygamberimizin hadislerinden anlaşılıyor.

Abdullah bin Seleme, Safvan bin Seleme, Safvan bin Assal'ın şöyle dediğini nakleder:

"İki Yahudiden biri arkadaşına; 'Şu peygambere gidip soru soralım' dedi. Yahudi; 'O'na Peygamber deme, kendisine Peygamber dediğini duyar, kendisinin dört gözü vardır'[559] dedi. İkisi Resulullah'a gelip, Yüce Allah'ın; "Andolsun ki, Musa'ya dokuz tane apaçık mucize verdik" âyetini sordular. Resulullah (sav): 'Allah'a hiçbir şeyi ortak koşmayın, zina etmeyin, Allah'ın haram ettiği nefsi hakk olmadan öldürmeyin, hırsızlık yapmayın, sihir yapmayın, günahsız bir insanı sultana suçlu olarak götürüp de öldürtmeyin. Faiz yemeyin, evli hür ve iffetli kadına zina iftirası atmayın, savaştan kaçmayın (işte dokuz mucize bunlardır)' buyurdu. Yahudiler Resulullah'ın el ve ayaklarını öperek şöyle dediler: 'Şehâdet ederiz ki sen Peygambersin!' Resulullah (sav) bunun üzerine Yahudilere; 'Sizin müslüman olmanızı engelleyen nedir?' diye sordu. Yahudiler şöyle cevap verdiler: 'Dâvud (as), Allah'a zürriyetinden bir Peygamberin çıkması için sürekli olarak dua etmişti. Biz İslam'a girersek Yahudilerin bizleri öldüreceklerinden korkuyoruz.'[560]

Hadis, Hz. Musa'ya verilen dokuz mucizenin niteliğini açıklığa kavuşturuyor. Resulullah'ın bu konudaki açıklamaları bulunmasaydı, dokuz mucizenin, Hz. Musa'ya ait olan diğer mucizelerle bir sayılması söz konusu olabilecekti.

III. Örnek:

Hz. Musa'nın Salih Kul (yol arkadaşı) ile olan hikâyesini Kur'ân-ı Kerim uzunca anlatır. Kehf sûresinin 60-82. âyetleri bu kıssaya ayrılmıştır.

Ancak Hz. Musa ile yol arkadaşının neden yola çıktıkları, karşılaştıkları kişinin niteliği ve olayın bağlantılı olarak durumu çok da detaylandırılmamıştır.

Peygamberimizin kıssaya ait açıklamaları; Kur'ân'ın özlü bıraktığı noktaları tefsir etmiştir.

İbn Abbas, Ubeyy bin Ka'b'ın kendisine Resulullah'ın şöyle buyurduğunu anlattığını naklediyor:

"Hz. Musa Beni İsrail içinde kalkıp konuşmaya başladı. Hz. Musa'ya 'En bilgili insan kimdir?' diye soruldu. Hz. Musa; 'Benim,' cevabını verdi. İlmi Yüce Allah'a nisbet etmediği için Cenâb-ı Allah Musa'ya, "İki denizin buluştuğu yerde bulunan bir kulum senden daha bilgilidir." diye vahyetti.

Hz. Musa, 'Ya Rabbi onu nasıl bulabilirim?' dedi. Cenâb-ı Allah; 'Yanına bir zenbil alır içine balık koyarsın. Nerede balığı kaybedersen işte o kul oradadır. Hz. Musa bir balığı zenbile koydu, yanına Yuşa bin Nun adlı genci de alıp yola çıktı. Nihayet (iki denizin birleştiği yerdeki) kayanın yanına gelince başlarını koyup uyudular. Balık zenbilin içinde debelendi ve yere düşüp denize daldı. Allah balığın ardından suyun akışını tuttu da nihayet denizin içindeki su künkü gibi bir boşluk oldu. Böylece balık için bir yol meydana geldi. Hz. Musa uyandığında yol arkadaşı kendisine balıktan bahsetmeyi unuttu. Günün geri kalanı ve gece yola devam ettiler. Ertesi gün olunca Musa, genç arkadaşına 'Öğle yemeğimizi getir bu yolculuğumuzda haylice yorulduk,' dedi. (Râvi şöyle dedi: Halbuki Musa, Allah'ın emrettiği mekanı geçinceye kadar hiç yorulmamıştı.)

Genç, Musa'ya şöyle dedi: 'Gördün mü, biz kayaya sığınıp da uyuduğumuzda balığı orada unutmuşum. Bana, onu unutturup hatırlamamı engelleyen şeytandır. Balık suda şaşkınlık verecek tarzda yol açıp gitti.' (Râvi şöyle dedi:) Balığın denizde gidişinden dolayı (harikulade) bir yol oluşmuştu. Musa ve genç arkadaşı bunu görünce şaşırdılar. Musa 'İşte aradığımız budur,' dedi. Ve izleri üzerinde, kendi izlerine baka baka geri döndüler. (Râvi diyor ki; Onlar izi takip ederek kayalığa vardılar. Taşın yanına vardıklarında elbisesine bürünmüş (örtünmüş) bir adam gördüler. Musa ona selam verdi. Hızır kendisine; 'Selâm nereden (geliyor)' diye sordu. Hz. Musa; 'Ben Musa'yım' dedi. Hızır: 'Beni İsrâil'in Musa'sı mı?' diye sordu. Hz. Musa, 'evet; dinimde beni bilgi sahibi kılacak ve sana öğretilmiş olan şeyleri bana öğretmen için geldim,' dedi.

Hızır; 'Benimle (beraber olmaya) sabredemezsin. Ey Musa; ben Allah'ın bana öğrettiği bir ilim üzereyim ki o ilmi sen bilmiyorsun. Sen de ey Musa, Allah'ın sana öğrettiği Allah'ın ilimlerinden bir ilmin üzerinesin ki onu da ben bilmiyorum,' dedi.

Musa (as) Hızır'a: 'Beni (yolculuk boyunca) sabreden, senin hiçbir tasarrufuna isyan etmeyen biri olarak göreceksin.'

Hızır, Musa'ya; 'Beni takip ederken, ben sana yaptığım şeylerin sebebini anlatmadıkça hiçbir şeyden sormayacaksın,' dedi. Deniz kıyısından yürümeye başladılar. Derken yanlarından bir gemi geçti. Onlar gemidekilerle görüşüp kendilerini gemiye almalarını istediler. Gemidekiler Hızır'ı tanıdıkları için bir ücret istemeden kendilerini gemiye bindirdiler. Gemiye bindikten hemen sonra Hızır geminin tahtalarından birini keserle söktü. Musa (bu işe şaşırarak): 'Bunlar bizi ücret istemeden gemilerine aldılar sen ise tahtalarını söküp onları boğmaya çalışıyorsun. Bu senin yaptığın anlaşılmaz (çirkin) bir iştir.' dedi. Hızır: 'Ben sana benimle (yolculuğa) sabredemezsin demedim mi?' dedi. Musa; 'Unuttuğum şeyden dolayı beni kınama ve beni bu işte zora sürme,' dedi. Râvi diyor ki Resulullah şöyle buyurdu. *Bu ilki Musa'nın unutkanlığıdır.* Râvi diyor ki; gemiye konan bir kuş, gagasıyla denizden bir damla aldı. Hızır, Musa'ya şöyle dedi: 'İşte senin ve benim ilmim Allah'ın ilmi yanında şu kuşun şu denizden alıp eksilttiği damla gibidir.'

Sonra gemiden çıktılar. Kıyıya yürürlerken, Hızır oğlan çocuklarıyla oynayan bir oğlan çocuğu gördü. Hızır, çocuğun başını elleri arasına alıp başını kopardı ve böylece çocuğu öldürdü. Musa, 'Hiç günah işlememiş (temiz) bir nefsi üstelik bir can karşılığı da olmadan öldürdün. Sen (birinciden daha) çirkin bir iş işledin' dedi:

Hızır: 'Ben, sen benimle sabredemezsin demedim mi?' dedi. Dedi ki; 'Bu birinciden daha şiddetliydi.' Musa, Hızır'a; 'Eğer bundan sonra bir şey sorarsam benimle dostluğa son ver, bu durumda seni mazur görürüm' dedi.

Nihayet yürüyüp bir kasabaya vardılar. Kasaba halkı onların yemek isteklerini geri çevirip onları misafir etmediler. Kasabada iken yıkılacak bir duvarı, Hızır eliyle düzeltti.

Hızır, 'Bu seninle benim ayrılmamdır, dayanamadığın işlerin yorumunu sana anlatacağım[561] ... İşte dayanamadığın işlerin içyüzleri budur"[562] (Kehf sûresi, 82. âyeti sonuna kadar okudu) Resulullah (sav) şöyle buyurdu: 'Musa'nın sabredip Allah'ın onların (daha fazla) haberlerini bize iletmesini arzu ederdik."[563]

Kıssayı anlatan âyetler ile hadis metinleri karşılaştırıldığında âyetlerin özlü olarak ifade ettikleri yönleri hadislerin açıklığa kuvuşturduğu görülür.

IV. Örnek:

Resulullah'ın Mekke'den Kudüs'e olan İsrâ; Kudüs'ten de semaya olan Mirac yolculuğu Kur'ân ve sünnetle sabittir. İsrâ âyet, Mirac da âyetlerin işareti ve sarih hadislerle sabittir. Resulullah (sav)in Kudüs'ten sonraki yolculuğu hadisle sabit olmakla beraber **Sidretül Münteha** ve ötesindeki olaylara Kur'ân'da işaret vardır. Âyetler buna bakışları çeviriyor: "Ey İnkarcılar! O'nun gördüğü şey hakkında kendisi ile tartışır mısınız? Andolsun ki Muhammed, Cebrâil'i sınırın sonunda (Sidretül Münteha'da) başka bir inişinde de görmüştür. Orada me'va cenneti vardır..."[564]

İsrâ sûresinin başındaki âyetler de bu olayı anlatıyor. Âyet; "Kulu Muhammed'i bir gece Mescid-i Haram'dan kendisine bir kısım âyetlerini göstermek için, çevresini mübarek kıldığımız Mescid-i Aksa'ya götüren Allah'ın şanı yücedir. Doğrusu O, işitir ve görür."[565] şeklindedir.

Ancak âyet-i kerime gerek İsrâ ve gerekse de Miracın bütün detayların, bağlantılı halde anlatmaz. Peygamberimizden nakledilen hadisler âyetlerde özlü olarak belirtilen bu olağanüstü olayı bazen açıklar bazen de ek bilgiler vererek olayın boyutunu genişletir.

Hz. Enes, Ebu Zerr'den Resulullah (sav)in şöyle buyurduğunu naklediyor;

"Ben Mekke'deyken evimin tavanı yarıldı. Cibril indi ve göğsümü açtı. Sonra onu Zemzem suyuyla yıkadı. İçi hikmet ve iman dolu altın bir tas getirdi. Onu göğsüme boşalttı. Sonra göğsümü kapattı. Sonra elimden tutup beni semaya yükseltti. Dünya semasına gelince, Cebrail semanın bekçisine *aç,* dedi. Semanın bekçisi *O kimdir* diye sordu. Cebrail, *O cibrildir,* dedi. Bekçi: *yanındaki kimdir,* dedi. Cebrail *Muhammed'dir* dedi. Bekçi: *O'na haber gönderildi mi?* diye sordu. Cebrail: *Evet aç,* dedi. Semada yükseldiğimizde sağında ve solunda insanların olduğu bir adam gördüm, O kişi sağına baktığında gülüyor, soluna baktığında da ağlıyordu. O kişi şöyle dedi. *Salih nebiye, sâlih evlada merhaba!* Ben: *Ey Cibril bu kimdir,* dedim. Cebrail: *O, Adem'dir* dedi. *Şu sağındaki ve solundaki nüfus ondan üreyen (insanlar)dir. Sağda duranlar cennetlik olanlar, solda olanlar ise cehennemlik olanlardır. Bu nedenle de sağma baktıkça güler, soluna baktıkça ağlar.*

Sonra Cebrail beni ikinci semaya yükseltti. Oradaki nöbetçiye *aç* dedi. Nöbetçi birinci semâdaki gibi sordu, Cebrail de öyle cevap verdi. Ve kapıyı açtı."

Enes diyor ki; Resulullah (sav) göğün tabakalarında İdris, Musa, İsa ve İbrahim'i bulduğunu zikretti. Fakat bana menzillerini (tek tek) söylemedi. Ancak; Adem'i dünya semâsında, İbrahim'i altıncı semâda bulduğunu söyledi.

Enes diyor ki; Cebrail, İdris'in yanından geçince, İdris, Peygamberimize;

Salih nebi ve sâlih kardeşe merhaba dedi.

(Resulullah diyor ki) Ben, *bu kimdir* dedim (Cebrail), *bu İdris'tir,* dedi.

Sonra Musa'nın yanından geçtim. Musa (sav); *salih Peygamber ve sâlih kardeşe merhaba* dedi. Ben; *bu kimdir,* dedim. O, *bu Musa'dır* dedi. Sonra İsa'nın yanından geçtim. İsa bana, *sâlih Peygamber ve sâlih kardeşe merhaba* dedi. Ben, *bu kimdir* dedim. Cebrail: *O, İsa'dır* dedi. Sonra İbrahim'in yanından geçtim. İbrahim bana; *sâlih Peygamber ve sâlih oğula merhaba* dedi. Ben, *bu kimdir,* dedim. Cebrail, *İbrahim'dir*, dedi...

"...Allah Elli Vakit namazı emretti. Ben bu şekilde dönerken Musa ile karşılaştım. Musa bana, 'Ümmetine farz edilen nedir?' diye sordu. Ben; onlara 'elli (vakit) namaz farz kılındı,' dedim. Musa bana; 'Rabbine müracaat et, ümmetin buna güç yetiremez' dedi..."[566]

Kur'ân'ın son derece özlü olarak geçtiği İsrâ (ve Mirâc) olayı bir örneğini verdiğimiz rivâyetlerle ve tam bir detay içinde verilir. Hadisler; Mirâc sonrasındaki olayları, müşriklerin itirazlarını, Resulullah'ın onlara cevabını anlatır ki bu, olayın bütün boyutlarıyla başlangıç, gelişme ve sonuç noktalarının hadiste ifâde edilerek Kur'ân'la bir bütünlük oluşturma sonucuna getirir bizleri.

V. Örnek:

Hz. Nuh'un kavmini uyarmasından bahseden âyette: "Biz Nuh'u kavmine, onlara elim bir azab gelmeden önce kavmini uyar diye gönderdik"[567] buyuruluyor. Hz. Nuh'un kavmiyle olan kıssasında, Hz. Nuh'a emredilen **"kavmini uyar"** emrinin; azab, âhiret veya benzeri bir konuda olması muhtemeldi. Ancak Resulullah'ın açıklamaları, zikredilen uyarının alışık olunmayan bir konuda olduğunu gösteriyor. "Uyar" emri özlüdür. Resulullah'ın izahları bu özlülüğü izah ediyor.

Sâlim'in bildirdiğine göre İbn Ömer şöyle diyor: Resulullah (sav) insanlar içinde ayağa kalkarak Allah'a layık olduğu gibi övgüde bulundu. Sonra Deccal'den bahsetti. Ve şöyle buyurdu: Ben sizi ona karşı uyardım. Hiçbir Peygamber yoktur ki kavmini bu hususta uyarmış olmasın. Şüphesiz Nuh (ona karşı) kavmini uyardı.

Ama ben size (onun hakkında) hiçbir Peygamberin kavmine demediği bir şeyi diyeceğim: Onun bir gözünün (sönük) kör olduğunu bileceksiniz. Bilin ki Allah kör değildir."[568]

Hadis, âyette geçen inzar'ın Deccal'le ve fitneleriyle ilgili uyarı olduğunu açıklığa kavuşturmuş oluyor.

VI. Örnek:

Eski ümmetlerle İslâm ümmetinin durumunun karşılaştırıldığı bir âyette şöyle buyuruluyor. "Sizler, sizden önce geçenlerin durumu başınıza gelmeden cennete girivereceğinizi mi zannettiniz. Peygamber ve onunla beraber mü'minler Allah'ın yardımı ne zaman diyecek kadar darlığa ve zorluğa uğramışlar ve sarsılmışlardı. İyi bilin ki Allah'ın yardımı şüphesiz yakındır..."[569]

Âyet-i Kerime'de eski ümmetlerin karşılaştıkları zorluklardan, darlıklardan kelime olarak bahsedilmiş ancak örnek verilmemiştir. Ashab, Mekke müşriklerinden gördükleri sıkıntıları, sabredilemez boyutunu Resulullah (sav)e şikâyet edince; Resul-i Ekrem (sav) onlarla eski ümmetlerin halini, ashabın karşılaştıklarının henüz az olduğunu ifade -sadedinde eskilerin çektiklerine bir örnek vermiştir.

Kays'ın, Habbab bin Eret'ten naklettiğine göre kendisi şöyle diyor: "Peygamberimiz (sav) Kabe'nin gölgesinde cübbeyi başının altına yastık edinmişken yanına gidip (karşılaştıklarımızdan) şikâyette bulunduk. Bize dua etmez, Allah'tan (gaybi) yardım dilemez misin? dedik. Resulullah (sav) şöyle buyurdu: "Sizden önceki(lerden) bir adam alınır yere kazılan bir çukura konur, sonra bir testere getirilerek başının üzerine konur ve ikiye biçilirdi. Ve demirden taraklarla eti kemiğinden ayrıştırılırdı. Bütün bunlar onu dininden vazgeçirmezdi. Vallahi, bu davamız istenilen noktaya gelecektir. Öyle ki; San'a'dan Hadramevt'e kadar yolculuk eden bir süvari, Allah'tan ve koyunlarına saldıracak kurttan başka hiçbir şeyden korkmayacaktır. Ama siz acele ediyorsunuz."[570]

Böylece âyette, *"be'sa ve derra"* olarak ifâde edilen ve geçmiş ümmetlerin başına gelen felaketler olarak nitelendirilen fitnelere dair örnekler verilmiş, hadislerce açıklamada bulunulmuştur.

VII. Örnek:

"Ashab-ı Uhdud", Kur'ân-ı Kerim'in Bürûc sûresinde özlü olarak izah edilen bir kıssadır. İlgili âyetlerde şöyle haber veriliyor:

"Hazırladıkları hendekleri tutuşturulmuş ateşle doldurarak onun çevresinde oturup, inanmış kimselere dinlerinden dönmeleri için yaptıkları işkenceleri seyredenlerin canı çıksın."[571]

Peygamberimiz, Kur'ân'ın özlü olarak haber verdiği bu kıssayı bütün hatlarıyla açarak sahabeye anlatıyor. Hadisin haber verdiği noktalar, kıssanın öncesi, kıssada adı geçen ashab-ı uhdudun durumu, o gün yaşayan mü'minlerin hali, bu cinayete sebep olan toptan imanın nasıl meydana geldiği ve kıssanın sonu geniş bir tarzda bildirilmiştir. Kur'ân'ın detaylandırmadan verdiği bir olayı, hadisin nasıl açıkladığına, bu açıklamanın hangi mesajlar taşıdığına, diğer bir ifâdeyle hadisin Kur'âni kıssaların anlaşılmasında ne kadar önemli olduğuna açıklama anlamında bu uzunca kıssayı tamamen sunmak faydalı olacaktır.

Süheyb'den rivâyet edildiğine göre Peygamber (sav) şöyle buyurmuştur:

"Sizden önceki ümmetlerden birinde bir melik vardı. Onun da bir sihirbazı vardı. Sihirbazın yaşı ilerleyince Melik'e *ben yaşlandım, bana genç bir çocuk gönder ki ona sihrimi öğreteyim* dedi. Hükümdar da ona sihir öğreteceği genç bir (erkek) çocuğu gönderdi. Erkek çocuğun sihirbaza gidişinde yolu üzerinde bir rahip vardı. Çocuk rahibin yanında oturur, onu dinler ve rahibin anlattıklarından yararlanırdı. Genç çocuk sihirbaza her gelişinde rahibe uğrar ve onun yanında otururdu. Çocuk geldiğinde, sihirbaz, onu geç geldiği için dövüp hırpaladı. Çocuk da bu durumu rahibe şikayet etti. Rahip çocuğa; sihirbazdan korktuğunda sihirbaza *ailem beni bırakmadı*; aileden korktuğunda ise *sihirbaz beni bırakmadı* dersin, dedi. Çocuk bu halde devam ederken bir gün insanların geçişini engelleyen büyük bir canavarla karşılaştı. Çocuk kendi kendine; *sihirbazın mı, rahibin mi daha faziletli olacağını bugün bileceğim* dedi. Sonrasında eline bir taş aldı ve; "Allahım! Eğer rahibin yaptıkları sana sihirbazın yaptıklarından daha sevgilisiyle (bu taşla) bu canavarı öldür, ta ki insanlar geçebilsin," dedi. Taşı fırlattı, canavarı öldürdü. İnsanlar da geçiverdiler. Genç, rahibe gelerek olayı anlattı. Râhib ona şöyle dedi: *Oğulcuğum, bugün sen artık benden daha faziletlisin... Senin durumun gördüğüm gibi üst noktaya gelmiştir. Sen yakında bela (fitne ve denenmeye), musibete uğrayacaksın. Belaya uğradığında beni ele verme.* Artık genç çocuk; körü, alaca hastalığına tutulanı, kurtarıp iyi hale getirir ve diğer hastalık ve dertlerden de insanları iyileştirir oldu. Bunu Melik'in aslında kör olan bir arkadaşı işitti ve birçok hediyeyle çocuğa geldi.

Çocuğa; *Eğer beni iyileştirirsen, burada bulunan şu şeylerin hepsini senin için topladım!* dedi. Çocuk; *Hiç kimseye şifa verecek durumda değilim. Şifayı veren Allah'tır. Eğer sen Allah'a iman edersen, ben Allah'a dua ederim, Allah da sana şifa verir*, dedi. Bunun üzerine kör adam Allah'a iman etti. Allah da ona şifa nasip etti. Akabinde bu adam hükümdara geldi ve daha önce oturmakta olduğu gibi onun yanına oturdu. Hükümdar ona: *Gözlerini kim sana tekrar iade etti?* diye sordu. O adam boş bulunup *Rabbim gözümü açtı*, cevabını verdi. Hükümdar; *Senin benden başka Rabbin var mı ki?* dedi. O adam *Benim Rabbim de, senin Rabbin de Allah'tır* dedi. Bu cevap üzerine hükümdar onu yakaladı ve ona, genç çocuğu ele verinceye kadar işkence etmeye devam etti. Nihayet, genç çocuk getirildi. Melik kendisine hitab ederek, *ey oğulcuğum: Senin sihirbazlığın körü, deri hastalığı olanı iyileştirecek ve şunu şunu yapacak noktaya kadar ilerlemiştir,* dedi. Genç çocuk; *Ben hiç kimseye şifa vermiyorum. Şifa verip iyileştiren Allah'tır* dedi. Bu cümleler üzerine Melik onu da yakaladı ve sürekli ona azab ve işkencede bulundu. Genç işkencelere dayanamayıp rahibin yerini söyledi. Bunun üzerine râhib de getirildi. Ona da; *dininden geri dön* denildi. Rahip dininden dönmeyi reddedip dayattı. Melik, büyük bir ağaç testeresi getirilmesini istedi. Testereyi rahibin başının saç ayırımı yerine koydu ve başını ikiye ayırdı. Rahibin başı iki yana ayrılıp düştü. Daha sonra Melikin arkadaşı olan o kimse getirilip ona *dininden dön* denildi. O da bu teklifi kabul etmeyip dayattı. Melik onu da rahip gibi öldürttü. Sonra genç getirildi ve ona da dinden dönmesi ve Melik'e yardımcı olması istendi. Yine reddetti. Melik onu da adamlarından bir topluluğa teslim edip; *Şunu, şu dağlara kadar götürün. Dağın en büyük yerine ulaştığınız zaman, dininden dönerse ne ala, yoksa onu dağdan aşağı atın,* emrini verdi. Adamları bu emir üzerine onu götürdüler ve dağa çıkardılar. O zat son noktaya varınca; *Ey Allahım! Beni bunlardan dilediğin bir şeyle ve dilediğin şekilde kurtar* diye seslendi. Dağ onlarla beraber titredi, böylece onların hepsi aşağıya düştüler.

Sonra kendisi yürüyerek Melik'in yanına geldi. Melik ona; *Arkadaşların ne yaptılar,* diye sordu. Genç de; *Allah beni onlardan kurtardı,* dedi. Bu sefer Melik onu yine adamlarından bir gruba teslim edip; *bunu götürün bir gemiye bindirin. Sonra bunun denizin ortasına kadar götürün. Orada dininden dönerse iyi (onu bırakın) ama dönmezse onu denize atın* emrini verdi. Adamlar Melik'in dediği gibi yapıp denizin ortasına götürdüler. Genç orada; *Ey Allahım! Dilediğin şeyle beni bunlardan kurtar,* dedi. Gemi hemen üstündekilerle ters dönüp devrildi. Böylece adamlarının hepsi denizde boğuldu. Genç yürüyerek Melik'in yanına vardı. Melik ona; *Yanındakiler ne yaptılar?* diye sordu. Genç: *Allah beni onlardan kurtardı,* diye cevap verdi. Sonra Melik'e hitap ederek, *sana söyleyeceğim şeyi yapmadıkça sen beni asla öldüremeyeceksin* dedi. Melik, dediğin şey nedir? diye sordu. Genç; *İnsanları açık bir arazide toplayacaksın. Sonra beni bir hurma gövdesine bağlarsın. Daha sonra ok yeleğimden bir ok çıkarırsın, yaya yerleştirirsin ve; Bismillahi Rabbi'l Gülam (oğlanın Rabbı olan Allah'ın ismiyle) sözünü söylersin. Sonra oku bana atarsın. İşte böyle yaparsan beni öldürürsün,* dedi. Bunun üzerine Melik insanları bir alanda topladı. Onu bir hurma kütüğüne bağladı. Sonra onun yeleğinden bir ok çıkardı ve oku yaya koydu ve sonra *'Bismillahi Rabbi'l Gülam=Gencin Rabbının adıyla'* dedi ve oku fırlattı. Ok gencin gözü ile kulağının arasına (yanağına) saplandı. Genç, elini okun saplandığı yere koydu ve öldü. Bu olayı gören insanlar hep bir ağızdan; *Biz gencin Rabbına imân ettik, biz gencin Rabbına iman ettik* diye bağrıştılar. (Adamlarınca) Melike gelinip kendisine; *Gördün mü sakındığın şeyi (nasıl gerçekleşti) Allah'a imân ettiler,* denildi. Bunun üzerine Melik, yolların ağzında uzun çukur açılmasını emretti. Uzun çukurlar, hendekler açıldı ve orada büyük ateşler yakıldı. Sonra da; *Kim dininden vazgeçmezse bu ateş çukurunun içine atıp yakın!* emrini verdi. Verilen bu emir üzerine Melik'in askerleri faaliyete girişip (inanan) insanları o ateş çukuruna atıp yaktılar. Nihayet yanında süt çocuğu olan bir kadına sıra geldi. Kadın ateş çukuruna düşmemek için direndi. (Annesinin bu halini gören) çocuk dile gelip! *Anneciğim, sabret doğru yol üzerindesin!* dedi.[572]

Bu uzun hadis Ashabu Uhdud olayını bütün noktalarıyla ortaya koyuyor. Âyet-i Kerimeler kıssayı son derece özet olarak sunmuş, Peygamber (sav) ise olayın sebebini, o günkü mü'minlerin dirençlerini çok detaylı tarzda bizlere duyurmuştur.

VIII. Örnek:

Tebük seferine özürsüz olarak katılmayıp Resulullah'ın durumlarını Allah'a bıraktığı üç kişi hakkında gelen âyetler onların sıkıntılarını ve sonrasında tevbelerinin kabul edildiğini haber vermektedir, bu konuyla ilgili âyet şöyledir:

"Bütün genişliğine rağmen yer onlara dar gelerek nefisleri kendilerini sıkıştırıp, Allah'tan başka sığınacak kimse olmadığın anlayan, savaştan geri kalmış üç kişinin tevbesini de kabul etti. Allah, tevbe ettikleri için onların tevbesini kabul etmiştir."[573]

Âyet-i Kerime'nin işaret ettiği üç kişinin kimler olduğu, neden mazeret ileri sürmedikleri, mazeretsiz savaşa katılmaktan vazgeçmediklerinden sonra ne tür cezânın uygulandığı gibi bütün detaylar Kur'ân'da yer almamış, hadisle sabit olmuştur. Bu konuda rivâyet edilen hadisler de Kur'ân'ın özlü âyetlerini tefsir etmiştir.

Abdullah bin Ka'b; Ka'b bin Mâlik'in Tebük seferine Resulullah'la beraber katılamaması ile ilgili olayını anlatırken, şöyle konuştuğunu duydum, diyor:

"Resul-i Ekrem (sav) (Tebük) sefer(in)den dönüp sabahleyin Medine'ye girdi.[574] Zaten kendisi sefere çıktığında dönüşünü duha vaktine (güneşin doğumundan sonra) denk getirirdi.[575] Resulullah (sav) seferden döndüğünde mescide iner ve iki rekâat namaz kılardı. Sonra oturur ve insanları dinlerdi. (Bu sefer de öyle yaptı) İnsanlar kendisine gelip Tebük seferine neden katılmadıklarını mazeret olarak söylemeye başladılar. Yemin ediyorlardı. Sayıları ise seksen küsur insandı. Resulullah (sav) onların zahiri mazeretlerini kabul etti, iç yüzünü ise Allah'a bıraktı. Onlara biat verdi ve günahlarının bağışlanması için Allah'a dua etti. Ben, Resulullah'ın yanına girdim ve selam verdim. Resul-i Ekrem (sav) sitemli bir insanın tebessümüyle tebessüm etti. Sonra bana 'gel' dedi. Gittim ve önünde oturdum. Bana şöyle dedi: 'Seni (bizimle beraber savaşa çıkmadan) alıkoyan nedir? Binit almış değil miydin?'

Ben kendisine şöyle dedim. 'Ey Allah'ın Resulü! Vallahi ben dünya ehlinden senden başkasının yanında otursaydım, onun kızgınlığından kolayca sıyrılacak (bir yol ve yöntem bulacak)tım. Zira bana ikna etme gücü verilmiştir. Ama vallahi biliyorum ki, bugün ben, sen benden razı olasın diye yalan söz (mazeret) söyleyecek olursam, Allah'ın bana gazab edeceğinden korkarım. Eğer gerçeği (sefere mazeretsiz katılmadığımı) söylersem bana gazab edeceksin. Ben Allah'ın affını ümid ediyorum. Vallahi ey Allah'ın Resulü, seferden geri kaldığımda (mal ve imkan itibariyle) kuvvet ve kolaylık içindeydim. Bunun üzerine Resulullah (sav): 'Amma şu (adam) doğru söyledi. Kalk ve Allah'ın hakkında hüküm vereceği ana kadar bekle', diye buyurdu. Ben de kalktım.[576]

'Resulullah ben ve arkadaşlarımla konuşulmasını yasakladı. Bizim dışımızda (sefere katılmayanlardan) kimseyle konuşulmasını yasaklamadı. İnsanlar bizimle konuşmayı terk ettiler. Ben bu halde uzun zaman bekledim. Benim için en önemli (ve ıstırab veren) şey, benim ölmem ve Resulullah'ın benim namazımı kılmaması (salat etmemesi) veya Resulullah'ın vefat edip insanlar arasında bu halde kalmaya (ölünceye kadar) devam etmemdi. Nihayet gecenin son üçte biri kaldığında Yüce Allah tevbemizin kabul edildiğini bildiren âyeti Peygamberine indirdi. Resulullah o esnada Ümmü Seleme'nin yanındaydı. Ümmü Seleme benim hakkımda iyi kanaat sahibiydi. Durumumla ilgilenirdi. Resulullah kendisine; 'Ey Ümmü Seleme, Allah Ka'bın tevbesini kabul etti,' dedi. Ümmü Seleme, 'Ona haber gönderip müjdeleyeyim mi' dedi. Peygamberimiz (sav) 'O halde insanlar burada toplanır ve siz de gecenin geri kalanında uyuyamazsınız,' cevabını verdi. Nihayet Resulullah sabah namazını kılınca Allah'ın tevbelerimizi kabul ettiğini bildiren duyuruda bulundu. Resulullah bir müjde verceği zaman yüzü (daha da) aydınlanırdı. Sanki güneşten bir parça sanırdınız..."[577]

Örnek olarak verdiğimiz hadisler gösteriyor ki, Kur'ân'ın son derece özet olarak haber verdiği bir olayı hadisler çok geniş bir boyutta ele almış; olayın sebebini, meydana geliş tarzını, kendilerine konuşma boykotu uygulandığını, sonra günahların bağışlanması aşamasına gelindiğini detaylı olarak anlatmıştır. Eğer hadisler olmasaydı Kur'ân'ın bu âyetten neyi hedeflediği tam anlaşılamayacaktı.

IX. Örnek:

Peygamberimiz (sav) döneminde yaşanmış olaylar, savaşlarla ilgili Kur'ân'ın sunduğu özlü bilgiyi bilgin hadisler yoluyla detaylanmıştır. Bedir, Uhud savaşları bunların en belirgin olanlarıdır.

Uhud harbinde bazı mü'minlerin savaşın hengamesinde savaşı bırakıp geri dönmelerini anlatan âyette, şöyle buyuruluyor: "İki topluluğun karşılaştığı gün, içinizden yüz çevirenlerin, yaptıklarının bir kısmından ötürü şeytan ayaklarını kaydırıp yoldan çıkarmak istemiştir. Allah, andolsun ki onları affetti. Allah bağışlayandır, halimdir."[578]

Yüz çevirenlerin kimler olduğu, kastedilen günün hangi gün olduğu sahabe tarafından bildiriliyor. 'Bir adam İbn Ömer'e gelip sana bazı şeyler soracağım bana bilgi ver' diyor. Ve şöyle konuşuyor. 'Bu beyt (Kabe) nin hürmeti adına seni yemine veriyorum. Sen Osman b. Affan'ın Uhud günü yüz çevirdiğini, (savaşı bıraktığını) biliyor musun?' İbn Ömer 'evet', dedi. 'Bedir günü savaşa katılmadığını biliyor musun?' İbn Ömer 'evet' dedi. 'Onun Rıdvan bey'âtına da katılmadığını biliyor musun?'

İbn Ömer, 'evet biliyorum' dedi. Bunun üzerine adam tekbir getirdi. İbn Ömer adama, 'gel sana sordukların hakkında bilgi vereyim' dedi: (Ve İbn Ömer anlatmaya başladı.)

"Osman'ın Uhud günü geri çekilmesi olayına gelince,(savaşın o süreci içinde) şehâdet ederim ki Allah onu affetmiştir. Bedir harbine katılmaması olayına gelince; Zira o anda Resulullah'ın kızıyla evliydi ve hanımı hastaydı. Resulullah (sav) kendisine; 'Sana Bedr'e katılan herhangi bir adamın sevabı ve ganimet miktarı vardır' buyurdu. Rıdvan Bey'âtına katılmamasına gelince; Şayet Mekke'nin içinde Osman'dan daha şerefli bir insan olmuş olsaydı, Resulullah Osman'ın yerine onu gönderirdi. Resulullah (sav) onu (Mekke'ye) gönderdi. Nitekim Rıdvan bey'âtı Osman Mekke'ye gittikten sonra oldu. (Bey'ât sırasında) Resulullah sağ elini kaldırıp, 'Bu Osman'ın elidir' dedikten sonra sol eline vurdu ve 'Bu, Osman için (beyat mesabesinde)dir,' buyurdu. İşte sen bunu öğrendikten sonra git!"[579]

Bu mevkuf haber, âyette özlü olarak ifâde edilen konuyu açıklayan eden önemli bir bilgi kaynağıdır. Savaştan kaçan zatın kimliği söylendikten sonra, olayı Hz. Osman'ı istismar etmek için kullanmak isteyen, esasen yoldan çıkmış bir grubun temsilcisi olan bu ideolojik tavrın sahibine âyetin sonu hatırlatılarak, Allah'ın onları affettiği söyleniyor.

Peygamberimiz döneminde vuku bulmuş bu türden bütün olaylardan Kur'ân'da kısaca anlatılmış olan bütün âyetlerden neyin murad edildiğinin ilanı, hadislerle sağlanmıştır.[580]

g- Hadislerin Zühd ile İlgili Özlü Bilgileri Açıklaması

Takva, vera, zühd ile ilgili hususlardaki âyetleri hadisler açıklayarak akıllarda belirecek cevapsız soruları gidermişlerdir. Buna dair örnekler haylice fazladır. Bunların bir kısmı şöyledir:

I. Örnek:

Zamanın değişken (relative) olduğunu belirten bir âyette "... ve şüphesiz, senin Rabbin katındaki bir gün, sizin saymakta olduğunuz bin yıl gibidir."[581] buyurulmuştur. Âyet ilk görünüşte Allah katındaki bir günün dünyadaki bin yıla denk geldiği hususunu içermektedir.

Peygamberimiz bu âyetin cennet ve ehli ile ilgili yönünü açıklamış ve âyetin hedefini belirlemiştir.

"Abdullah bin Ömer, şöyle demiştir. Muhacirlerin fakirleri, Allah'ın zengin muhacirlere kendilerinden daha fazla imkan sahibi kılmasından ötürü Resulullah (sav)e şikâyette bulundular (yani zenginler gibi mâli ibâdetler yapamamanın üzüntüsünü iletip) şikâyette bulundular. Bunun üzerine O; 'Ey fakirler grubu, dikkat ediniz! Ben mü'minlerin fakirlerinin cennete zenginlerinden yarım gün (yani) beşyüz yıl önce gireceklerini size müjdeliyorum', buyurdu.

(Râvilerden) Musa (bu hadisi rivâyet ettikten) sonra şu âyeti okudu "ve şüphesiz senin Rabbin katındaki bir gün, sizin saymakta olduğunuz bin yıl gibidir." (Hacc, 47)[582]

Hadis, mü'minlerin fakirlerinin zenginlerden cennete beşyüz sene önce gireceklerini ifâde ederken, âyette geçen zaman kavramının cennette de geçerli olduğunu açıklamış oluyor. Bu hususlar âyetin özlü bıraktığı hususlardır.

II. Örnek:

Asr-ı Saâdetteki mazlum müslümanlardan bahseden âyette: "Rablerinin rızasını dileyerek sabah-akşam O'na dua edenleri (yanından) kovma"[583] buyurulmuştur. Dua edenlerle kimlerin kastedildiği âyette belirtilmemiş ve söz konusu olan olayın nasıl geliştiği de detaylıca anlatılmamıştır.

Âyette geçen dua edenlerden muradın sahabeden altı kişi olduğu ve olayın nasıl geliştiği hadisle anlatılmıştır:

"Sa'd. Ebu Vakkas (ra) şöyle diyor. Şu âyet biz altı kişi hakkında idi: Benim hakkımda ve İbn Mesud, Süheyb (-i Rumi), Ammar, Mikdâd ve Bilâl (r.anhüm) hakkında. Kureyş (müşrikleri) Resulullah (sav)e; Biz onlara (yani yukarıda ismi geçen sahabilere) tabi olmaya, onlarla aynı yerde bulunmaya kesinlikle razı olmayız. Bu sebeple onları yanından kov, diye teklifte bulundular. Sad, dedi ki; Bunun üzerine Resulullah (sav)in kalbine girmesini Allah'ın dilediği bir şey (yani tekliflere uymak düşüncesi) de O'nun kalbine girdi. Sonra Allah 'Rablerinin rızasını dileyerek sabah akşam O'na dua edenleri (yanında) kovma..., âyetini indirdi."[584]

Hadis mücmel noktaları beyân ediyor. Müşriklerin vâki teklifi üzerine âyetin indiği, kovulmak istenilen kişilerin altı kişi olduğu, Resulullah'ın (müşrikleri kazanmak niyetiyle) meyl ettiği gibi hususlar hadisle bilinmiştir.

III. Örnek:

İnsanların, âhiretteki sorumluluğunun nimetlerle ilgili kısmından bahseden âyette "(Andolsun ki) sonra o gün (kıyamette) nimet(in şükrün) den muhakkak sorulacaksınız"[585] buyurulmuştur. Sorulacak olan hangi nimettir?

Âyette mücmel olan bu noktayı ashab da merak ederek Peygambere sormuştur. Peygamberimizin verdiği cevap âyetin beyânı sadedindedir.

Zübeyr b. Avvam, Tekâsür Sûresinin 8. âyeti inince, kendisinin Resulullah'a; 'Ya Resulullah! Biz hangi nimet(in şükrün)den sorulacağız. (Bizdeki) nimet ancak (şu) siyah iki şeydir. Kuru hurma ve su; dediğinde, Resul-i Ekrem (sav)in, 'Bilmiş olunuz ki, muhakkak o (sorulacağınız nimet) olacaktır (yani, bolluğa kavuşacaksınız)[586] buyurduğunu anlatıyor.

Buradaki, *'emma innehu seyekunu'* lafzı iki türlü terceme edilebilir. Birincisi; hurma ve sudan da sorulacaksınız. İkincisi de; ileride sorulacağınız nimetlere, bolluklara kavuşacaksınız tarzında anlaşılabilir. Her iki yorum da âyetteki 'sorulacak nimet' hakkında bir kanaat vermektedir.

IV. Örnek:

Mü'minlerin halinden bahseden bir âyette, *"Ve Rabblerinin huzuruna dönecekleri için kalbleri ürpererek verdiklerini verirler"*[587] buyurulmuştur. Âyette geçen *"Yü'tune mâ âte"* lafzı sahabe tarafından tam anlaşılamamıştır.

Çünkü ifâde "yapacaklarını yaparken, işlediklerini işlerken, verdiklerini verirken" gibi bütün anlamlara açıktır. Artık, iyi veya kötü her türlü eylem bu ifâdenin kapsamı içine girebilir. Bu nedenledir ki Hz. Aişe, "Ya Resulullah (Müminun 60.) âyetinde -durumu belirtilen- mü'min zina eden, hırsızlık yapan ve içki içen kişi midir?" diye sordum, diyor. Peygamberimiz (sav) cevaben: "Hayır, Ey Ebu Bekr'in kızı (veya Ey Sıddık'ın kızı)! Ve lâkin o, kendisinden kabul olunmaması korkusu içinde oruç tutan, sadaka veren ve namaz kılan adamdır,"[588] buyuruyor.

Aradaki fark gerçekten de çok büyüktür. Hz. Aişe, âyeti günahkar Müslümanın bir özelliği gibi anlarken; Peygamberimiz bu anlayışının hatalı olduğunu ve âyetin takva sahibi Müslümanın bir özelliği olduğunu açıklıyor. Takvasından ötürü, ibâdetini işlerken kabul olunmaz, reddedilir korkusunun, olgun imâna işaret ettiğini açıklığa kavuşturuyor.

V. Örnek:

Peygamber (sav) in bazı hususiyetlerinden bahseden Duha sûresinin dördüncü âyetinde, *"Andolsun ki senin için âhiret dünyadan daha hayırlıdır"* buyurulmuştur. Tabii, Resulullah için âhiret mutlaka dünyadan daha hayırlıdır. Ancak buradaki tercihi iyi okumamızda fayda vardır.

Nitekim Hz. Ömer'le olan bir olay, bu âyetin nasıl geliştiğine bizi tanık yapıyor.

Hz. Ömer bir seferinde Peygamberimizin yanına giriyor. Peygamberimizin uzandığı hasırın mübarek vücûdunda iz yaptığını görüyor.

Odanın içinde ise bir tutam arpa ve tabaklanmamış bir deri görüyor. Bu manzara Hz. Ömer'i duygulandırıyor ve ağlamaya başlıyor.

Olayın devamını Hz. Ömer şöyle anlatıyor:

Resulullah (sav), 'Seni ağlatan nedir ey Hattab'ın oğlu?' diye sordu.

Ben de; 'Ey Allahın Peygamberi! Nasıl ağlamayayım? Şu hasır senin (mübarek) böğründe iyice iz yapmış, şu hazânen (yani azık için ayırdığın köşe)de gördüğüm şeyden başka bir şey göremiyorum. Halbuki şu Kisra ve Kayser, meyve ve nehirlerin nimeti içinde bulunurlar. Sen ise, Allah'ın Peygamberi ve seçkin kulusun, kilerciğin de işte budur', dedim.

Resul-i Ekrem (sav):

'Ey Hattab'ın oğlu! Ahiretin bize, dünyanın da onlara olmasına razı olmaz mısın?' buyurdu."[589]

Hadis, Peygamberimizin dünya yaşantısının lüks ve debdebesine itibar etmediğini, esasen Müslümanın kalben huzur duyabileceği hayatın, âhiret hayatı olduğunu açıklıyor. Bu rivâyet; 'ahiret senin için dünyadan daha hayırlıdır' âyetinin özlü yönlerinden birini açıklarken, aynı zamanda Resulullah (sav)in de âyete uygun hayat tarzını tercih ettiğini de belgelemiş olmaktadır.

h- Hadislerin Amellerle İlgili Özlü Âyetleri Açıklaması

İnsanların yaptığı ibadetler, bu fiillerin Allah katındaki değeri, fiillerin âhirete yansıması, ceza ve mükafatın verilmesinde bu ibadetlerin etkisi gibi konular, Kur'ân'da yer almış; Resulullah'ın hadisleri de özlü olarak yer almış bulunan bu türden hükümleri açıklığa kavuşturmuş, son sözü Peygamberimiz vermiştir. Buna dair bazı örnekler verelim:

I. Örnek:

İnsanın övülmesini doğru bulmayan bir âyette; ***"Allah'ın size lütuf ve merhameti bulunmasaydı, hiçbiriniz ebediyen temize çıkamazdı. Fakat Allah, dilediğini temize çıkarır"***[590] buyurulmuştur. Âyeti Kerime'de Allah'ın rahmeti ve fazlı olmasaydı kimsenin temize çıkamayacağı belirtiliyor. Nerede ve nasıl temize çıkamayacağına yani, âyetin asıl hedefinin ne olduğuna dair bir bilgi yer almamaktadır.

Peygamberimiz bu âyetin özelini açıklama anlamında şöyle buyuruyor: (Ey Mü'minler) Amel ve ibâdetlerinizde dengeli hareket edip aşırılıktan (yani ibâdette aşırı gitmekten) kaçınınız. Çünkü hiçbirinizi sadece ibâdeti kurtarıcı değildir. Sahabiler: 'Seni de mi kurtaramaz ey Allah'ın Resulü', diye sordular. Resul-i Ekrem (sav) 'Evet, beni de Allah'ın rahmet ve bağışı bürümedikçe yalnız ibâdetim kurtarıcı değildir'[591]cevabını verdi.

Resulullah'ın ifadeleri, 'hiç kimsenin temize çıkamaması -tezkiye edilememesi-' anlamındaki âyetten muradın; insanın yaptığı iyi amellerin esasında onun cennetlik olmasına hak kazandıramayacağını beyan etmesiyle ayrı bir platforma taşınıyor.

Dikkat edilirse âyetin anlamı, hadisin açıklamasıyla, 'hiç kimse yaptığı ibâdetlerle Cenâb-ı Allah'a karşı cennetlik olduğunu iddia etme hakkına sahip değildir, şekline dönüşüyor.

II. Örnek:

Kur'ân'ın öğrettiği genel kural, insanın işlemiş bulunduğu iyi işlerden ötürü sevap kazanmasıdır. Bu kuralı belgeleyen âyetlerden birinde; *"İyi hareket edenin sevabını kaybetmeyiz. Doğrusu, inanıp yararlı iş yapanlara, işte onlara, içlerinden ırmaklar akan adn cennetleri vardır"*[592] buyuruluyor.

Âyet, iyi amel edenlerin amellerinin zayi olmayacağını, neticede cennetle karşılık göreceğini, bildiriyor. Ancak Resulullah'tan rivâyet edilen bir kudsi hadis[593] âyete başka boyutlar getirmektedir. Hadis şöyledir: Allah, eşyanın güzelliklerini, fenalıkları başka boyutlar getirmektedir. Hadis şöyledir:

"Allah, eşyanın güzelliklerini, fenalıklarını yazdı. (Takdir buyurdu) Sonra güzellerin güzelliğini, fenaların da çirkinliklerini açıkladı. Her kim bir güzellik (iyilik) yapmak ister de onu yapmazsa, Allah o kimse hesabına kendi katında tam bir iyilik yazdırır. Eğer o kimse güzel bir iş yapmak ister de yaparsa, A-ziz ve Celil olan Allah o kimse hesabına kendi katında on iyilik sevabından, yediyüz misline ve hatta daha çok emsaline kadar iyilik sevabı yazdırır. Her kim de kötü bir iş yapmak ister de onu yapmazsa, o kimseye de kendi katında tam bir iyilik sevabı yazdırır. Eğer o kimse fena bir iş yapmak ister ve o fenalığı yaparsa, Allah (onun aleyhine) bir tek kötülük günahı yazdırır."[594]

Görüldüğü gibi hadis, âyetin "salih amel" kavramına, insanın içinde geçen her türlü iyiliği de katmakta ve fiili olmasa bile insanın içinden geçen iyilik arzularının kat kat sevaba dönüşeceğini bildirmektedir. Bu hükmün âyetin özlü ifâdelerinden anlaşılması imkansızdır. Zira "sâlih amel" ifâdesi ancak amele dayanan eylemlere işaret ediyor. Kalbî düşüncelerin ise davranış gibi sayılamayacağı ortadadır. Bu nedenle de elimizde bu hadis olmadan, âyetin özlü anlamından hadisle ifadesini bulan manaların çıkarılması mümkün değildir.

III. Örnek:

İşlenen her kötü eylemin karşılığında, cezânın görüleceği Kur'ân'la bildirilmiştir. Âyette: *"Kötülük yapan cezasını çeker"*[595] buyurulmuş ve işlenen her kötülüğün cezasının verileceği duyurulmuştur. Ancak bu karşılık ne tarzda olacaktır? Dünyada mı, âhirette mi, hemen mi, ertelenecek mi, âyette bu noktalarda herhangi bir netlik yoktur. Âyetin getirdiği netlik; kötülüğün karşılıksız bırakılmayacağıdır.

İfade ettiğim tereddüdü Hz. Ebu Bekir de geçirmiş ve Peygamberimize; "İşlediğimiz her kötülüğün karşılığını verecek miyiz?" diye sormuştur. Peygamberimiz (sav) üç defa "Allah sana mağfiret eylesin ey Ebu Bekr!" dedikten sonra şöyle buyurdu: "Sen hastalanmıyor musun, sıkıntı çekmiyor musun?"

Ebu Bekr, "evet (dediklerin oluyor)" dedi. Peygamberimiz (sav) "İşte bu, yaptığınız kötülüğe karşı dünyada gördüğünüz karşılıktır," cevabını verdiler.[596]

Görülüyor ki Peygamberimiz (sav) den rivâyet edilen başkaca hadisler de bu görüşü desteklerken, âyetin anlaşılma hududlarını genişletmiştir.

Ebu Hureyre'nin rivâyetine göre "Her kim bir kötülük işlerse, onun sebebiyle ceza görür"[597] âyeti inince Müslümanlara pek şiddetli tesir etti. Bunun üzerine Peygamber (sav), 'Orta yolu tutun ve doğruyu arayın! Müslümanın başına gelen her belada bir keffaret vardı. Hatta vücûdundan sıyrılan sıyrıkta veya batan her dikende bile' buyurdular.[598]

Her musibetin günaha keffâret olduğu belirtilirken, yine Resulullah'ın bazı ifadeleri âyete daha geniş bir perspektif getirmiş ve musibetin keffaret oluşu yanında sevaba vesile olduğu da prensibe bağlanmıştır.

Hz. Aişe Mina'da iken yanına Kureyş'ten bir takım gençler giriyor ve gülüşüyorlar. Hz. Aişe sebebini sorunca, birinin, çadır ipinin üzerine düştüğünü neredeyse boynunu kıracağını veya gözünü çıkaracağını bundan ötürü güldüklerini söylüyorlar. Bunun üzerine Hz. Aişe, "gülmeyin zira ben Resulullah'ı "Hiçbir Müslüman yok ki, (ayağına) bir diken veya ondan daha büyük bir şey batsın da, onun sebebiyle kendisine bir derece verilmesin ve bir günahı silinmesin, buyururken işittim"[599] cevabını veriyor.

Anlaşılan o ki; hadisler günah karşılığını görmeyi âhiret boyutundan sıyırıp âhiretle beraber dünyaya uyarlanıyor ve Müslümanın karşılaştığı musibeti de sevaba, mükafata gerekçe gösteriyor.

IV. Örnek:

Günahlar insanların kalbinde iz bırakır. Ve bu izler, zamanla görünmez bir tabaka oluşturur. Bunu anlatan bir âyette "Hayır, (onların, sandıkları gibi değil) onların kazandıkları günahlar, kalplerini paslandırıp karartmıştır."[600] şeklinde, bu olay örnekleştirilmiştir.

Acaba bu pas nasıl oluşur? Pasın silinme yolu var mı? gibi sorular âyetle beraber akla gelen sorular ve cevabı aranan noktalar olmuştur. Peygamberimiz (sav) de bu nedenle âyetin özlü ifâdesini açıklama ihtiyacı hissetmiştir. Âyette geçen *'Rân'* yani *'pas'* ın nasıl oluştuğunu açıklığa kavuşturmuştur.

Ebu Hureyre'nin rivâyetine göre Peygamber (sav) şöyle tanımlıyor *"rân'ı"*: Mü'min günah işlediği zaman kalbinde siyah bir iz olur. Sonra o kişi, tevbe edip (nefsini o günahtan) çekip çıkarır ve (Allah'tan) bağışlanma dilerse, kalbi (o izin pasından) cilalanıp temizlenir. Eğer mü'minin günahı çoğalırsa kalbindeki siyah iz (leke) de fazlalaşır. İşte Allah'ın kitabında; 'Hayır, (onların zannettikleri gibi değil) onların kazandıkları günahlar, kalplerini paslandırıp karartmıştır." (Mutaffifin, 16) âyetinde buyurduğu rân budur."[601]

Hadis rân'ın nasıl meydana geldiğini tarif ediyor. Âyette aynı zamanda ilâve bir tanım da getiriyor o da; günaha karşı tevbe yapıldığında bu rân'ın silinmesi konusudur.

İslam'ın ilk döneminde küçük günahların da büyük kabul edilip rân'ı fazlalaştırdığı sahabe tarafından açıkça ifâde ediliyor. Enes'in rivâyetinde, "Siz öyle işler yapıyorsunuz ki, sizin gözünüzde kıldan daha incedir, halbuki biz bu tür şeyleri Resulullah'ın zamanında helak edici (büyük) günahlardan sayardık."[602] cümlelerine rastlarız.

O halde Resulullah'ın zamanında küçük günahlar kalbi paslandıran günahlar cümlesinden kabul ediliyordu ki bu, âyete farklı bir bakış açısı kazandırıyor.

V. Örnek:

Kötü amelleri ve Allah'a isyanı sürekli eylemi haline getiren insanlara verilen nimetlerin birer musibet habercisi olduğunu belirten âyette şöyle buyurulmuştur:

"Kendilerine yapılan uyarıları unutunca, üzerlerine her şeyin kapılarını açıverdik; kendilerine verilenle sevince daldıkları sırada da ansızın onları yakaladık, birden bire bütün umutlarını yitirdiler. Böylece zulmeden milletin ardı kesildi. Alemlerin Rabbı Allah'a hamd olsun."[603]

Allah'a itaat ve boyun eğmeyi unutan insanlara her şeyin kapısının açılmasını; onlara azabla eş anlamda olduğunu beliren bu âyete rivâyet edilen bir hadis geniş bir uygulama alanı buldurmuştur.

Ukbe bin Amir'in rivâyetine göre Resulullah (sav) "Sen bir adamın günah işlemeye devam ettiği halde, Allah tarafından kendisine sevdiği ve istediği şeylerin verilmeye devam ettiğini görürsen, bunun istidrac olduğunu bil. (Yani bu ona bir tuzaktır) buyurdu. Sonra Resulullah âyeti sonuna kadar okudu.[604]

Hadise bakıldığında kötü amellerin bazen maddi yönden kişiyi olumlu anlamda etkilediğini anlatıyor. Yani daha çok para, makam kazandırır. Ancak bunun kişi için istidrac olarak kabul edildiği görülür. Hadisin getirdiği bir anlam zenginliği de; âyetteki olayın sadece tarihi boyutunun olmadığı her an, her yerde aynı olayın cereyan ettiği gerçeğidir.

VI. Örnek:

Kişilerin âhiret günü birbirlerine şefâatinden bahseden bir âyette; "O gün Rahman'ın izin verdiği ve sözünden hoşnut olduğu kimseden başkasının şefâati fayda vermez."[605]

Âyette, kimlerin şefâat edebileceği ve hangi amellerden ötürü şefâat edileceği hususunda herhangi bir izah yoktur. Peygamber (sav) âyetin hükmünü, verdiği uygulamalı bir örnekle elle tutulur hale getirmiştir:

Enes bin Mâlik (ra) Resulullah'ın şöyle buyurduğunu naklediyor:

"Kıyamet günü insanlar saflara ayrılırlar (İbn Nümeyr: Cennet ehli ayrılır diye kendi rivâyetinde açıklamada bulunmuş). Bu arada cehennemlik olanlardan biri (cennnetlik olan) adamın yanından geçer ve ona: Ey falan (dünyada iken) benden içme suyu istediğin ve benim de sana su içirdiğim günü hatırlamıyor musun? der. Resulullah (sav) buyurdu ki; Adam o kimseye şefâat eder. (Yine cehennemlik olan) başka adam (cennetlik olan bir kimsenin yanından) geçer ve (ona) Sana bir abdest suyu verdiğim günü hatırlamıyor musun? der. O da adama şefâat eder."[606]

Aldığımız hadis; dünyada Müslümanın yaptığı; sâlih, iyi amel, insanlara yönelik her türlü iyiliğinin âhirette o iyiliği yapana sevap olarak döneceğini gösteriyor. Ayrıca âyette geçen 'Rahman'ın sözünden hoşnut olduğu" kişilerin içine, cennetlik kişilerin de dahil olduğu hükmü çıkar. Böylece hadis, âyetteki özlü iki yönü; şefâat edebileceklerin kimler olduğu ve hangi kişilerin şefâati hak ettirdiği husularını açıklığa kavuşturmuştur.

VII. Örnek:

İyilliklerin günahların affına vesile olduğu Kur'ân'da belirtilmiştir. Ancak bunun sınırsız mı sınırlı mı, bütününe mi, bir kısmına mı uygulanacağı hakkında beyânda bulunulmamıştır.

Bu hususu belirleyen âyette: "Ve namazı gündüzün iki tarafında, geceden ve gündüze yakın saatlerde dosdoğru kıl. Şüphesiz iyilikler kötülükleri giderir..."[607] buyurulmuştur.

Âyetin iniş sebebini kontrol ettiğimizde; hükmün, herkesi ve her türlü günahı kapsadığını da tesbit edebiliyoruz.

Bir adam Peygamber (sav)in yanına gelerek (helali olmayan) bir kadından öpücük aldığını anlatıyor ve keffâretini soruyor. Resulullah (sav) ilk anda bir şey demiyor. Ancak daha sonra Hud sûresinin 114. âyeti iniyor. Adam: Ya Resulullah! Bu âyet(in hükmü) yalnız benim için midir? diye soruyor: Peygamber (sav) 'Bu âyet(in hükmü) benim ümmetimden onunla amel edenler için (umumi)dir, buyuruyor.[608]

Böylece hadis; namaz dahil her türlü iyiliğin, yabancı kadını öpmek dâhil her türlü günahın, affına keffaret olacağını ve bu hükmün ümmetin her ferdi için geçerli olduğunu bildirmiş oluyor.

I. Hadislerin Edeb ile İlgili Özlü Ayetleri Açıklaması

Edeb derken; kişinin kendi nefsi, sosyal ilişkileri, cemiyetle ilgili her türlü ilişkisi, komşuluk, baba-anne hakkı, gıybet, iftira (vs) her türlü pozitif ve negatif tavrıları içine alan geniş bir alanı kastediyoruz.

I. Örnek/ Sılâ-i Rahm

Kişinin kendi akrabalarına yakınlık duyması, onları araması, onlara sahip çıkması sıla-i rahm (akrabalarla ilişki kurmak) münasebeti içinde düşünülür.

Silâ-i Rahm'i ihmal ise kınanan davranışlardandır. Kur'ân'da sılâ-i rahmi (kat) eden davranışları yeren bir âyette şöyle buyuruluyor: "Siz döner de yeryüzünde fesâd çıkarır ve akrabalık alakasını keser misiniz. Bunlar öyle kimselerdir ki, Allah kendilerine lanet etmiş, kulaklarını sağır, gözlerini kör eylemiştir."[609]

Allah'ın; sılâ-i rahmi yarattığı andan başlayarak katındaki makam ve oluşunu anlattığı bir hadiste Resulullah şöyle buyuruyor: "Allah yaratıkları yarattı. Nihayet Allah, yaratma işini bitirdiğinde rahm (merhamet) kalkarak şöyle dedi: Bu (yani rahm) akrabalarla münâsebeti kesmekten kaçınanların sığındıkları makamdır (değil mi?) Yüce Allah; 'evet' dedi. Sonra Allah şöyle buyurdu: 'Seni sıla yapana (münasebetini devam ettirene) benim de rahmetimi devam ettirmeme seni yok sayana (münâsebetini kesene) benim de münasebetimi kesmeme razı değil misin?' Rahm, 'evet razıyım ya Rabbi', dedi. Yüce Allah, "İşte bu (hak) sana verilmiştir" diye buyurdu. Sonra Resulullah dilersen "Siz döner de yeryüzünde fesâd çıkarır ve akrabalık alâkasını keser misiniz? Bunlar öyle kimselerdir ki, Allah kendilerine lanet etmiş, kulaklarını sağır, gözlerini kör eylemiştir..."[610] âyetini okudu.

Hadis doğrudan doğruya âyetin kısa ifadesini açıklarken; kim rızkının bollaşmasını arzu ederse sılâ-i rahm yapsın[611] "Sılâ-i rahmi terkeden cennete giremez"[612] ve benzeri hadisler de, âyetin getirdiği tehdidin hem dünya ve hem de âhirete yönelik cezasına işaret ediyor.

Hadiste, sılâ-i rahmi (akrabalık bağlarını) güçlendirmeye teşvik var; ayrıca, Hz. Peygamber Kur'ân'daki bu kavrama yeni bir anlam daha kazandırıyor. O da şudur: 'Karşı taraf seninle irtibatını kesse de sen kesmeyeceksin'.[613] İşte bu da bir tür sıla-i rahmdır.

II. Örnek: Müşrik Olan Baba-Anneyle İlişki

"Allah, sizi din hakkında sizinle savaşmayan... kimselere iyilik etmekten, onlara adaletli davranmaktan menetmez"[614] âyeti, harb meydanında sizle savaşana iyilik etmeyin, diğer her türlü insana ise iyilik etmekte sakınca yoktur tarzında anlaşılmakla bereber, âyetin iniş sebebini belirleyen hadis, olayın sılâ-i rahm'le ilgili olduğunu gösterir. Hz. Ebu Bekr'in kızı Esma; Resulullah'ın zamanında müşrik olan annem yanıma geldi. Ben, ona karşı nasıl davranacağımı öğrenmek için Resulullah'a şöyle sordum. 'Annem yanıma geldi, benim kendisiyle ilgilenmemi ister. Onunla münâsebet kurup iyilikte bulunayım mı? Resulullah, 'evet' cevâbını verdiler diyor."[615] Süfyan, bu olay üzerine Mümtehine sûresinin 8. âyeti indi diyor.[616]

Esasında hadis; âyetten kastin savaşçı olan veya olmayan insan arasındaki farkı değil de, Müslümanın özellikle yakın münâsebeti olan ama ayrı akideye sahip olan insanlarla münâsebetine dikkat çekmektedir.

III. Örnek: Komşunun Hakkına Saygı

"... yakın komşuya, uzak komşuya iyilik edin[617] prensibi, Kur'ân'ın bir emri ve yönlendirmesidir. Peygamberimiz âyetin haber verdiği bu ahlâki esası, hadisleriyle detaylandırmıştır. Hz. Aişe Peygamberimizin şöyle buyurduğunu nakilediyor:

-Cibril bana komşuyu vasiyet etmeye o kadar devam etti ki neredeyse komşuyu komşuya mirasçı kılacak sandım."[618]

Hadis, komşunun komşuya yakınlığını, birinci dereceden mirasçıların yakınlığına benzetmiştir ki bu, âyetin sunduğu teorik esasa pratik bir örnektir.

Gözden kaçmayan bir nokta da Peygamberimizin komşu hakkını Allah'a ve âhiret gününe imândan sonra zikretmiş olmasıdır.

Resulullah'ın; "...Kim Allah'a ve âhiret gününe inanıyorsa komşusuna iyilikte bulunsun"[619] ifâdeleri, komşu hakkının Allah'a ve âhiret gününe imâna yakın bir makamda zikredildiğini gösteriyor. Peygamberimizin benzeri ifâdeleri, âyetin koyduğu "komşuya iyilik edin" âyetine birer beyândır.

IV. Örnek: Selâm Almanın Ölçüsü

Müslümanların birbirleriyle selamlaşmasının ölçüsünü öğreten âyette şöyle bildirilmiştir. "Size bir selâm verildiği zaman, ondan daha iyisiyle selâm verin veya ayniyle karşılık verin..."[620]

Selam verene daha iyi bir tarzda karşılık verilmesi gerektiği emredilmiş ama, nasıl olacağına dair bir bilgi verilmemiştir.

Peygamberimiz dönemindeki uygulama bizlere bu konuda ipuçları vermiştir. Ebu Hureyre'nin rivâyetine göre, "Bir adam (ki Hallâd bin Rafi'di) Mescid-i Nebeviye'ye girdi: O sırada Resulullah (sav) de mescidin bir kenarında oturuyordu. Adam namaz kıldıktan sonra Peygamber (sav)in yanına gelerek ona selâm verdi. Resulullah (sav) de "ve aleyke's selâm= selâm sana da olsun= buyurdu".[621]

Dikkat edildiğinde bu hadis âyetteki "ayniyle mukabele" ("birebir karşılık") bölümüne bir örnektir.

Hz. Aişe ile ilgili bir olayda geçen selâm sözcüklerini de âyetin "ondan daha iyisiyle selam verin" bölümüne uygulamalı bir örnektir.

Hz. Aişe (r. anha)dan rivâyet edildiğine göre Resulullah (sav) kendisine (Ya Aişe) Cebrail sana selam sunuyor, buyurmuş kendisi de:

"Ve aleyhi's-selâmü ve rahmetullah "Allah'ın rahmeti ona da olsun" diye cevap vermiştir."[622] Başka bir seferde sahabe Resulullah'ın selamına "Rahmetullahi ve berekâtuhu"[623] ilâvesiyle cevap vermişlerdir.

Neticede şu anlaşılmaktadır: Peygamberimizin hadisleri selamla ilgili lafızların neler olduğunu ortaya koyarken; aynı zamanda misliyle veya fazlasıyla selâmdan gayenin ne olduğunu da örneklemektedir.

V. Örnek: İzin İstemek

Beşeri münâsebetleri düzenleyen âyetlerden birinde; ***"Çocuklarınız erginlik çağına gelince, büyüklerinin izin istediği gibi onlar da her defasında izin istesinler..."***[624] buyurulmaktadır. Diğer bir âyette de, "Ey inananlar! Evlerinizden başka evlere, seslenip sahiplerine selâm vermeden girmeyiniz..."[625] buyuru-larak, konuya iki boyut getirilmiştir. Âyetlerin işaret ettiği iki nokta da birbirini tamamlar. Birinde; genellikle ev içindeki münâsebetler ve orada izin alınmadan odalara girmeme; diğerinde ise yabancı bir eve girerken selam vermeden girmeme noktaları. Ancak gerek selâm ve gerekse de izin isteme şekil ve yöntemleri belirtilmemiş, âyet bu açıdan kısa bilgi vermekle yetinmiştir. Resulullah (sav), hadisleri yoluyla konuyu detaylandırmıştır.

Ebu Eyyüb el-Ensari, biz Resulullah'a 'şu (âyetteki) izin nedir?'[626] diye sorduk. O da şöyle buyurdu: (Başkasının evine girmek isteyen adam seslice) bir tesbih, bir tekbir ve bir hamd eder. Öksürüp boğazını temizler ve (içeri girmek istediğini) ev halkına duyurur".[627] diyor.

Bu, bir eve girmek isteyenin girişinden evvel ev halkını haberdar etmek onu kötü halde görmemek için yapacağı bir işlemdir. Sübhanallah, elhamdülillah, Allahu ekber demek ve nihayet boğazını temizler gibi öksürmek, içerdeki kişiyi haberdar etmek için takip edilecek yollardır.

Peygamber (sav), evinin kapısını çalan birine karşı 'kim o' diye sesleniyor. Adam 'benim,' diyor. Bunun üzerine dışardakinin kendini tanıtmadan benim demesine içerlenen Resulullah (sav); "benim, benim"[628] diye sesleniyor.

Yine başka bir hadiste Peygamberimizin 'Biriniz (bir eve) girmek için üç defa izin istesin. Eğer izin verilmezse dönsün (girmesin)[629] cümlelerine yer verilmektedir. İzin şeklini de; 'esselamü aleyküm gireyim mi'[630] tarzında ifâde etmişlerdir.

Yakın anlamları derleyen diğer hadisler de[631] değerlendirildiğinde, âyetlerin özlü olarak ifâde ettiği izin ve selamın uygulama tarzı ortaya çıkmaktadır.

Kişinin üç defa kapıyı çalması; kendini isim, soyadı veya başka bilinen bir yönüyle içeridekilere tanıtması, teşbih, hamd veya öksürerek içeridekilere girmek için izin isteyeceğini ihsas ettirmesi hep âyetin "isti'zan" lafzını beyân eden hükümlerdir.

VI. Örnek: Lakapla Çağırmak

Bazen bir insanın iki-üç ismi, lakabı birden olabilir. Ve o kişi bu isimlerden birinden hoşlanır ama, değişik vesilelerle takılan diğer isimlerden hoşlanmayabilir. Kur'ân'daki "Ve birbirlerinizi kötü lakaplarla çağırmayın"[632] âyeti bu hususla ilgilidir. Âyetin geliş sebebini anlatan hadiste Ebû Cebire şöyle anlatıyor: "Ve birbirlerinizi kötü lakaplarla çağırmayınız" âyeti biz Ensâr cemâati hakkında indi. Peygamber (sav) bize (yani Mekke'den Medine'ye) teşrif etti. O zaman bizden olan adamın iki-üç adı bulunuyordu. Peygamber (sav) de bazen adamlara bu adların birisiyle seslenirdi de: (Kendisine) Ya Resulullah! O bu ad ile çağrılmaktan kızıyor, deniliyordu. Bunun üzerine, "Ve birbirinizi kötü lakaplarla çağırmayınız" âyeti indi.[633]

VII. Örnek: Yatış Biçimi

Kur'ân, her türlü durumda Cenâb-ı Allah'ın anılabileceğini anlatan âyetlerde: "...Allah'ı! ...yan yatarken de anın"[634] buyurulur. "Yan yatarken" diye terceme edilen kelime "*cünub*" olarak geçer. Yan uzanma, yatış biçimlerinden biridir. Buradan yana uzanmanın cevazlığını çıkarmak mümkündür ama, âyetin diğer yatma türlerine bir müdahale anlamı taşıyıp taşımadığını tesbit haylice zordur.

Ancak Peygamberimiz (sav) Kur'ân'ın bir lafızla ifâde ettiği bu âdabı hadisleriyle beyân etmiş, bazı yatma çeşitlerini yasaklamıştır. Yüzükoyun yatan birini dürterek uyandıran Peygamber (sav), 'Senin bu yatış tarzın da nedir? Bu, Allahın hoşlanmadığı bir yatıştır"[635] buyuruyor.

Yine yatışla ilgili ölçülerinde yatsıdan önce uyumayı hoş görmemesi[636] ve benzeri hüküm âyetlerin bu hükmündeki özlü anlatımına tefsir türündendir.

VIII. Örnek: Fısıldaşma

"Necvâ" "gizli" konuşmak anlamındadır. Müteaddid âyetlerde necvâ ile ilgili uyarılarda bulunulmuştur. Bunların birinde; "Ey inananlar! Gizli konuştuğunuz zaman, günah işlemeyi, düşmanlık etmeyi ve Peygambere karşı gelmeyi fısıldaşmayın..."[637] buyuruluyor. Necvâ bazen mü'minlerin, bazen de müşriklerin bir eylemi olarak zikredilmiş, bazısı ise şartlı olarak mübah görülmüştür.

Ancak Necvâ bazen mü'minlerin, bazen de müşriklerin bir eylemi olarak zikredilmiş, bazısı kınanmış bazısı ise şartlı olarak mübah görülmüştür.

Ancak *Necvâ*'nın ne olduğuna, hangi tür gizli konuşmanın *necvâ* sayılacağı hususuna bir beyân getirilmemiştir.[638]

Peygamber (sav) üç kişi bir arada iken bunlardan iki kişinin gizli konuşmasının yasak edilen necvâ olduğunu bildirmiştir.

Abdullah b. Mes'ud'un bir rivâyetinde Resulullah (sav) şöyle buyurmuş: "Siz üç kişi (bir arada) olduğunuz zaman bunlardan ikisi (üçüncü) arkadaşlarından ayrı gizli konuşmayacaklar. Zira ikisinin gizli konuşması üçüncü arkadaşı üzer..."[639]

Böylece necvânın en az üç kişinin bulunduğu bir cemiyette, iki kişinin kendi aralarında gizlice, fısıldaşarak konuşmaya başlamasıyla oluşacağını Peygamberimiz kaide altına almış oluyor.

j- Hadislerin Ölümden Sonraki Alemle İlgili Özlü İfadeyi Açıklaması

Bu kısım içinde kabir âlemini de zikredeceğim için, âhiret âlemi yerine ölümden sonraki âlem ifadesini kullanmayı uygun gördüm.

j1- Kabir Alemiyle İlgili Özlü İfadenin Açıklanması

I. Örnek:

İmânlarında samimi olan insanların dünya ve âhiret âlemindeki hali anlatılırken; 'Allah, imân edenleri sabit kavil (yani şehadet kelimesi) ile dünya hayatında ve âhirette metânetli kılar'[640] buyurulmuştur.

Bu âyette *"âhirette"* bölümüyle mahşer hayatının kastedilmiş olması muhtemeldi. Çünkü dünya hayatı ve âhiret denmektedir ki; dünyanın tam karşılığı haşrden sonraki âhiret alemidir.

Ancak Peygamberimiz (sav) âyetin böyle anlaşılmaması gerektiğini ikaz ediyorlar.

El-Berâ b. Azib (ra) Peygamberimizin şöyle buyurduğunu naklediyor.

"Allah, imân edenleri sabit kavil (yani şehadet kelimesi) ile metânetli kılar" (âyeti) kabir azabı (yani sorgusu) hakkında indi. Ölüye (kabirde), *senin Rabbin kim?* diye sorulur. O da; *Rabbim Allah'tır ve Peygamberim Muhammed (sav) dir,* diye cevap verir.

İşte mü'min ölünün böyle metânetli cevâbı, Allah (azze ve celle)nin: "Allah imân edenleri sabit kavil (yani şehâdet kelimesi) ile dünya hayatında ve âhirette (yani kabirde) metânetli kılar" mealindeki âyeti (nin canlı bir ifadesi)dir. (İbrahim, 27)"[641]

Görüldüğü gibi Peygamberimiz (sav) bir açıdan âyette mücmel geçilmiş olan, kabir alemindeki sual ile ilgili noktayı izah ederken, diğer açıdan da "Allah'ın âhirette sabit kıldığı" cümlesinden muradın kabirdeki bu sualler olduğunu açıklamış oluyor.

j2- Haşr Alemiyle İlgili Özlü İfadelerin Açıklanması

II. Örnek:

Mahşer günü hesap için kabirlerinden kalkacak insanların halini anlatan âyette, "Alemlerin Rabbı(nin emri, hesabı ve ceza ya da mükafaatı) için insanların (kabirlerinden) kalktıkları gün"[642] buyurularak uyarılarda bulunuluyor. Ancak kalkış esnasındaki durumları mücmel geçilmiştir.

Peygamberimiz âyette bildirilen kıyam esnasında, insanların halini tavsif ederek âyeti şerh etmiştir.

İbn Ömer'in ifâdesine göre Peygamberimiz bu âyet hakkında şöyle buyurmuştur: 'Onların her biri, iki kulağının yanlarına kadar tere batmış olarak ayakta (bekleyip) durur."[643]

Hadis, kıyam esnasında insanların halini anlatarak, âyetin resimlediği ortamı daha net olarak belleğe işliyor.

III. Örnek:

Kıyamet günü, Kıyam sûr'una üflendiğinde insanların halini anlatan âyette şöyle buyurulmuştur.

"Sûr'a üfürüldüğü gün -Allah'ın diledikleri müstesna- göklerde ve yerde bulunanlar hep dehşete kapılır. Hepsi boynu bükük olarak O'na gelirler."[644]

Görüldüğü gibi bu âyette de insanların kıyamı tanımlanıyor. Peygamberimiz (sav) âyetin tanım boyutunu genişlettiği bir hadisiyle mücmel bazı noktalara açıklık kazandırıyor ve insanların yalın ayak ve çıplak olarak haşredileceklerini anlatıyor. Bu durumda insanların birbirlerine bakarken haya edip etmeyecekleri soruluyor. Bunun üzerine;

- Ya Aişe! Haşr işi çok şiddetli olup insanların birbirlerine bakmaları hatırlarına gelmez"[645] buyuruyor.

k- Hadislerin Farklı Konulardaki Özlü İfadeyi Açıklaması

I. Örnek:

Yunus sûresinde, mü'minlere verileceği müjdelenen "büşrâ"nın ne olduğu muğlak bırakılmıştır. Bilindiği gibi büşra, müjde demektir. Ama âyetteki muradının ne olduğu izah buyurulmamıştır.

Nitekim ashab da âyetin anlamını merak etmiştir.

Ubâde bin Sâmit, Resulullah (sav)e, Allah'ın "Dünya hayatında da âhirette de büşrâ (müjde) onlara (Allah'ı velilerine)dir[646] buyruğundaki Büşrâ'nın neyi kastettiğini soruyor.

Peygamberimiz (sav) şöyle cevab veriyor:

"O (yani âyetteki büşrâ) güzel rüyadır, onu Müslüman kişi görür veya (başka Müslüman tarafından) onun için görülür."[647]

Rivâyetten de kolayca görüldüğü gibi Peygamberimiz (sav) büşrâ'yı =sâlih rüya ile tefsir etmiş ve âyetteki muğlaklığı gidermiştir.

Yine dikkat edilirse büşrâ'mn sâlih rüya ile tefsiri gerçekten de -nebevi bir izah olmadan- düşünülmesi zor bir beyandır. Zira bu tarz ifâdelerin herhangi bir rivâyete dayanmadan izah edilmesi mümkün değildir. Çünkü âyetlerin siyak ve sibakı da böyle bir anlamı vermemektedir.

II. Örnek:

Zümer sûresindeki, "Göklerin ve yerin anahtarları O'nundur"[648] âyetini Hz. Osman, Peygamberimize soruyor.

Peygamberimiz (sav)'O'nun tefsiri; Laileha illallah, vellahu ekber, Sübhanallahi ve bil hamdihi ve'steğfurullahe, ve lâ havle velâ kuvvete illa billah"[649]dır diyorlar. Başka rivâyetlerde benzeri ifâdeler de mevcuttur.

Böylece Makâlid kelimesinin Allahı ta'zim ve tahmid manalarında olduğu anlaşılmış oluyor.

6- KUR'ÂN'IN ÖRTÜLÜ İFADELERİNİN AÇIKLANMASINDA HADİSLERİN ROLÜ

Hadislerin, Kur'ân'a getirdiği beyânlardan biri de Kur'ân'daki mübhematı gidermesidir. Kur'ân'daki ibham (belirsizlik) bazen lafzın kendisinde, bazen lafzın delâletinde, bazen de lafzın ihtiva ettiği hükümde olur. Bilindiği gibi Kur'ân olayları icaz içinde kısa ve özlü olarak sunar. Sayılar, mekanlar, isimler ve tanımlar, bazen ihtiyaç duyulmadığı bazen de asıl maksadı örtmemesi için gizli tutulmuştur. Hz. Peygamber (sav) de sahabenin merak edip sorması, bir münasebet gelmesi veya benzeri bir durumda, Kur'ân'da mübhem olan bu hususları beyân etmiştir. Buna dâir bazı örnekler şöyledir:

I. Örnek:

Haram olan fiillerin anlatıldığı bir âyette "... bir hak olmadıkça Allah'ın haram ettiği cana kıymayın"[650] buyurulmuştur. Âyette geçen bir hak olmadan lafzından muradın ne olduğu mübhem bırakılmıştır. Hangi durumlarda cana kıymak âyetin işaret ettiği istisnanın içine girecektir. Bunun âyetten anlaşılması mümkün değildir.

Kur'ân'ın (belirsiz) bıraktığı bu hususu hadisler beyân etmiştir. Peygamberimiz (sav) herhangi bir kişinin hangi hallerde öldürülebileceğini izah etmiştir. Kendileri şöyle buyuruyorlar: "Allah'tan başka ilah olmadığına, benim de Allah'ın Resulü olduğuma inanan hiçbir Müslümanın kanının şu üç şey hariç dökülmesi helâl olmaz: Cana karşı can (kısas), zina eden evli ve dinden çıkıp Müslümanlardan ayrılmak."[651]

Peygamber (sav) âyetin mübhemini beyân ederek üç halde kişinin öldürülebileceğini haber vermiş oluyorlar.

II. Örnek:

Kur'ân-ı Kerim eski ümmetlere ait kıssalarda -genellikle- sayıları, şehir isimlerini, şahısların kimliklerini gizli tutmuş ve teferruata girmemiştir. Peygamberimiz Kur'ân'ın mübhem tuttuğu bu tarzdan âyetleri, âyetin mübhem tutma maksadına muhalif düşmüyorsa beyânda bulunmuştur.

Tâlut'un orduyla beraber hareketini anlatan âyette, "Tâlut orduyla birlikte ayrıldıktan sonra, 'Doğrusu Allah sizi bir ırmakla deneyecektir. Ondan içen benden değildir...' "[652] buyurulur.

Âyette ordunun sayısı mübhem tutulmuştur. Ancak Peygamberimiz bu sayının üçyüzon küsur olduğunu haber vermiştir.

Bununla ilgili rivâyette Bera' şöyle diyor: Hz. Muhammed (sav) ashabından Bedr'de bulunanlar bana; "(Bedir'de kendi) sayılarının Talut'la beraber nehri geçenlerin sayısı kadar olduğunu söylediler. Onların sayısı üçyüz on küsur idi."[653]

Muhtemelen Bedr'e katılanlar, kendi sayılarının Tâlut'un ordusuyla aynı sayıda olduğunu Peygamberimizden öğrenmişlerdi. Zira bu türden bilgilerin içtihadi bilgi olması mümkün değildir. Ancak Peygamberin haber vermesiyle bilinebilecek konulardandır.

III. Örnek:

Kur'ân'da geçen bazı nekire isimleri sünnet beyân etmiştir. Bunlara örnek olarak; "Şehrin öbür ucundan koşarak bir adam gelmiş ve şöyle demişti: 'Ey milletim, gönderilen elçilere uyun'[654]" âyeti verilebilir. Burada "bir adam=reculün"den kimin kastedildiği mübhem bırakılmıştır. Peygamberimiz buradaki reculün'ün, 'Habib-i Neccar' isimli salih bir kul olduğunu beyân etmiştir.

Ebu Leyla'nın rivâyetine göre Peygamberimiz (sav) şöyle buyurmuştur: "Sıddıklar üçtür. Ali Yâsin'in (Yasin ailesinin) mü'mini Habib-i Neccar; Ali Firavunun mü'mini Hazkil ve Ali bin Ebi Tâlib'dir."[655]

IV. Örnek:

Oruç tutacak kişinin fecrin hangi anına kadar yemek yiyebileceğini belirleyen âyette şöyle buyurulmuştur: "Fecir'de beyaz iplik siyah iplikten ayırd edilinceye kadar yiyin için."[656]

Âyet-i Kerime'de, *'siyah ve beyaz iplikten'* neyin murad edildiği net değildir. Bunu ashabın bir kısmının sorusundan da anlıyoruz. Âyetin zahirine göre hareket ederek, oruç tuttuğu günlerde beyaz ve siyah iplikleri alıp bunları ayırt etmeyi ölçü kabul eden, yani âyeti böyle anlayan kişiler olmuştur. Demek ki o gün -nicelik ve nitelik olarak ne olursa olsun- sahabenin bazısı bu ifâdeyi mübhem bulmuştur.

Hatta belirsizlik o kadar yaygın olmuştur ki daha önce Bakara sûresinin 187. âyetinde nazil olmamış bulunan **"mine'l fecri"** ilavesi âyete vahiyle eklenmiş ve böylece *'hatteyn-iki iplik'*ten ne murad edildiği daha da açıklığa kavuşturulmuştur.

Bunu anlatan Sehl bir Sa'd şöyle diyor: "Âyet nazil olunca bazı kimseler oruç tutmak istediğinde bunlardan birisi ayağına siyah ve beyaz renkte iki ipi bağlayıp fecrden sonra bu iki ipin görünüşleri birbirinden seçilinceye kadar yemekte devam ederlerdi. Bunun üzerine Allah "mine'l fecri" kaydını indirdi."[657]

Bakara sûresindeki bu âyetle ilgili önemli olan ikinci rivâyet de, Adiyy bin Hâtim'in rivâyetidir. Kendisi şöyle anlatıyor:

'Sizin için beyaz iplik siyah iplikten seçilinceye kadar'... âyeti nazil olduğu zaman, Resulullah (sav)e hitaben: Ya Resulallah! Ben yastığının altına bir beyaz ve bir siyah olmak üzere iki ip koyuyorum da bununla geceyi gündüzden fark ediyorum', dedim. Bunun üzerine Resulullah (sav): "Muhakkak ki senin yastığın çok enli ve geniş (ki geceyi ve gündüzü altına sığdırabiliyorsun). Bu beyaz iplik ile siyah iplik, gecenin karanlığı ve gündüzün beyazlığı demektir." buyurdu.[658]

Burada gözden ırak tutulmaması gereken husus; *"mine'l fecri"* kaydının daha sonra beliren tereddüd üzerine vahiyle Allah tarafından âyete eklenmiş olduğunu hadis kanalıyla öğreniyor olmamızdır. Gösterdiğimiz örnek; bazen bir âyetin bile kendi içinde müteferrik, yani nüzul zamanı itibariyle farklı zamanlarda inmiş olduğunu gösterir.

Bu iki rivâyeti değerlendirelim: Hadislerin bir zaman tertibi içinde meydana geldiğini belirlemek zorunlu olmaktadır. Zira 'Adiyy bin Hatim'in hadisinin Sehl ve benzerlerinin hadisinden daha sonra gelmiş olma ihtimali mevcuttur.

Esasen minel fecri ilavesi, Adiyy'i sorudan mustağni kılabilirdi. Bu nedenledir ki Resulullah (sav) Adiyye, 'Aridül Kafa' demiş olabilir. Bir diğer ihtimal de *'Adiyyin'* hadisinin, *'Sehl'* ve benzerlerinin hadisinden önce olmuş olma ihtimalidir. Bu durumda 'Adiyy'in' hadisindeki 'minel fecr' ilaveli rivâyetin, Müslim'in âyeti sonuna kadar rivâyete derci olarak düşünülebilir. Zira Adiyy'in soruyu sorduğu hadiste sadece Müslim'in rivâyetinde 'minel fecr' ilâvesi var.[659]

Ancak, Adiyy'in hadisine atıfta bulunan veya aynını rivâyet eden hadislerde[660] ise *"haytul abyedi mine'l haytıl esved"* (siyah iplik beyaz iplikten ayrılıncaya kadar) cümlesine kadar ifâde edilmiştir.

Burada önemli olan Adiyy'in sorusunu 'mine'l fecri' ilavesinden önce veya sonra sormuş olmasıdır. Müslim'in rivâyetindeki 'minel fecr', râvinin eklemesi ise sonra olmuştur. Ancak diğer rivâyetler de gözönünde tutulursa, Adiyy'in sorusunun 'mine'l fecr' ilâvesinden önce olduğu anlaşılır.

V. Örnek:

Namazla ilgili bir âyette; ***"Namazlara ve vusta namaza devam edin"*** buyurulmuştur.661 Âyette.; vusta namazı denmiş, ancak bunun hangi namaz olduğu kapalı bırakılmıştır.

Semure bin Cündüb'ün bir rivâyetinde, Peygamberimizin 'vusta namazı ikindi namazıdır"[662] ifâdelerini buluruz.

Hadisler içinde "salatü'l vusta"nın hangi namaz olduğu hususunda farklı rivâyetler vardır.[663]

Ancak salatü'l vusta'nın sabah veya öğle namazı olduğu tarzındaki rivâyetler, salatü'l vusta'nın ikindi namazı olduğu rivâyeti kadar güçlü değildir.

Nitekim Kütüb-i Sitte'nin müelliflerinin rivâyet ettikleri hadiste Resulullah (sav); Hendek günü kafirler hakkında buyurdular ki; 'Onlar bizi (güneş batıncaya kadar)'[664] orta namazdan alıkoydukları gibi Allah da onların evlerini ve kabirlerini ateşle doldursun."[665]

Bazi rivâyetlerdeki; "güneş batıncaya kadar" kaydı, kaçırılan namazın (salatü'l vusta'nın) ikindi namazı olduğunu gösterir. Zira güneşin batmasına en yakın namaz, ikindi namazıdır. Nitekim şazz olan bir kırâatta salatü'l vustânın akabinde bunun 'Salatü'l Asr' olduğu ifâde edilmektedir.[666]

Diğer bütün rivâyetler de değerlendirildiğinde âyetteki Salatü'l Vusta'nın, 'ikindi namazı' olduğu anlaşılır.[667]

VI. Örnek:

"Kim Cibril'e düşmansa..."[668] âyetinde, Cibril'e düşmanlık edenlerin kimler olduğu mübhem bırakılmıştır.

Cebrail'e düşman olanların Yahudiler olduğu, Peygamberimizin beyanlarıyla bilinmiştir.

Bu konuda rivâyet edilen bir hadiste; Resulullah'a sorulan bazı sorulara cevabı beklenirken Peygamberimiz (sav), "Az önce Cebrail bana haber verdi" buyurdular. Abdullah b. Selâm; "Cibril mi?" dedi. Resulullah "evet" deyince, Abdullah b. Selâm, "Meleklerden, Yahudilerin düşmanı işte bu melektir." cevabını verdi. Bunun üzerine Resulullah bu âyeti okudu.[669] O halde âyette geçen, 'Cebrail'le düşmanlık yapanlardan' murad Yahudilerdir. Böylece Kur'ân'ın bu mübhemini de sünnet beyân etmiştir.

VII. Örnek:

Kur'ân Hz. Muhammed (sav)in ümmetinden bahsederken; "Böylece sizi *vasat bir ümmet* kıldık"[670] diye buyurur.

Âyetteki **'vasat'** kelimesinin neyi kastettiği net değildir. Mübhem bir kelimedir. Peygamber (sav) bu kelimeyi açıklığa kavuşturmuştur. Ebu Said-i Huduri'nin rivâyet ettiği bir hadiste, Peygamberimiz (sav) bu âyeti okuduktan sonra vasat kelimesi için *adlen* tefsirinde bulunmuştur.[671]

Hadiste âyetteki *"vasat"* kelimesinden *"adl"*in kastedildiği anlaşılmaktadır. Adl; âdil, hakkaniyet, ölçülerine göre karar verecek olan anlamındadır ki, hadisin yönlendirmesi âyetin siyak ve sibakına da uygundur.

Yine âyetteki *"vasat"*ın *"adl"* ile beyânı, Hacc sûresinin 78. âyeti ile Nisa sûresinin 41. âyetlerine de uygun düşmektedir. Zira ümmetler konusunda şahitlik edecek bir ümmetten adalet-müsâvat beklenir. Bu da buradaki vasat'ın adi ile tefsirine daha uygun düşer.[672]

VIII. Örnek:

Kur'ân Firavun'un karısından imânından ötürü övgü ve sitayişle bahseder. Ancak âyetler Firavun'un karısının adını mübhem bırakır. İlgili âyetlerden birinde; "Allah, imân edenlere misal olarak *Firavun'un karısını* getirmiştir."[673] buyurulur.

Peygamberimiz bir hadislerinde kemâle ermiş olan kadınları sayarken Firavun'un karısını da sayar ve adının **Asiye** olduğunu[674] beyân eder.

IX. Örnek:

"Onlar *mâunu* dahi vermezler."[675] Bu vasıf; namazlarında gafil olup, gösterişte bulunan kişilerin son özelliği olarak âyette yer almıştır. Mâun kelimesi mübhem bir kelimedir. Kelimenin anlamı ile ilgili olarak âyette herhangi bir açıklama ve vüzûhat yoktur.

Gerek muttasıl ve gerekse de mevkuf bazı rivâyetlerde, mâun hakkında açıklayıcı bilgi verilmiştir.

Ümmü Atiyye; Peygamberimizin kendilerine, mâun'u men etmemelerini emrettiğini söylüyor. Kendisine Resulullah'ın verilmesini emrettiği mâunun ne olduğu sorulduğunda, insanların birbirlerine alıp verdikleri (basit, önemsiz, elde çok dolaşan) şeyler diye cevap vermişlerdir.[676]

İbn Mes'ud'un ifâdeleri de, Ümmü Atiyye'nin tanımını doğruluyor. Kendisi, "Biz Resulullah (sav)ın zamanında tencere, keser ve kovayı mâundan sayardık"[677] diyor.

Böylece önemsiz, fazla kıymetli olmayan, insanların günlük yaşamlarında birbirlerine muvakkatan ödünç verdikleri her şeyin mâunun tanımı içine girdiğini hadislerin beyânından öğrenmiş oluyoruz.

X. Örnek:

Yine Mâun sûresinde kınanan bir gruba işaret edilirken ***"O kimseler ki namazlarında sâhundurlar"***[678] buyurulur.

Sâhun kelimesi de mübhem kelimelerdendir. Peygamberimiz (sav) Sa'd bin Ebi Vakkas'ın sorusu üzerine Sâhun'u şöyle tanımlıyor.

"Namazları vaktinden geç zamana bırakanlardır."[679]

Bu durumda âyetin anlamı şöyle olur: "O kimseler ki namazları vaktinden sonraya bırakırlar."

XI. Örnek:

'Kebâir' kelimesi Kur'ân'da üç ayrı yerde geçer. Bilindiği gibi kebâir, büyük günah demektir. İki yerde Fevâhiş= hayasızlık kelimesiyle beraber, bir yerde ise yalın olarak kullanılmıştır.

"Kebâirden ve hayasızlıktan çekinen"[680] âyetinde görüldüğü gibi Kebâir'den neyin murad edildiği mübhem bırakılmıştır.

Peygamberimiz (sav) Kebâire nelerin girdiğini örneklerle açıklamıştır: Allah'a şirkin kebâirin en büyüğü olduğunu, baba ve anne hakkına riâyetsizlik, nefsi öldürmek, yalan şâhidlik...in kebâirden[681] olduğunu açıklamışlardır.

Başka bir seferinde; koğuculuğun[682] baba ve anneye küfredilmesine sebep olmanın[683] kebâirden olduğunu beyân etmişlerdir.

Böylece Peygamberimiz (sav) kınanmış olan birçok hareketin kebâirden olduğunu duyurmuş oluyorlar.

XII. Örnek:

Yüce Allah'ın kitabında indirdiği ahkâmı gizleyenlerin durumunu tanımlayan âyette: "... Onlara Allah lânet eder, lânetçiler lânef eder"[684] buyurulmuştur.

Ancak *"lânetçilerden"* kimin murad edildiği hususunda herhangi bir açıklama âyette yer almamıştır.

Peygamberimiz bu ibhâmı gidererek bundan hayvanların kastedildiğini beyân etmiştir.

Nitekim Bera'bin Azib'in rivâyetine göre Peygamber (sav); "Onlara Allah lânet eder ve lânetçiler lanet eder." buyurdu. Sonra; (Lânetçiler) yerde yürüyen hayvanlardır, diye açıkladı.[685]

7- KUR'ÂN'DAKİ NESHİ (BİR HÜKMÜN DİĞER HÜKMÜN YERİNİ ALMASI) SÜNNETİN DUYURMASI

Hadisin, Kur'ân'ı beyân eden yönlerinden biri de Kur'ân'daki nâsih ve mensuh âyetleri değişik vâsıtalarla duyurmasıdır.

Buna ait örneklere geçmeden evvel **nesh** kavramını tanımlayalım.

Nesh; lûgatta, bir şeyi iptal ederek onun yerine başka bir şey koymak[686] gidermek ve değiştirmek[687] gibi anlamlara gelir.

Hükmü giderme iki türlü olabilir, birincisi; bir şeyin kaldırılıp yerine başkasının –eşi veya zıt anlamlısının konulması şekliyle olur. Mesela, ihtiyarlığın gençliği gidermesi veya güneşin gölgeyi kaldırması gibi.

İkincisi ise bir şeyin kaldırılıp yerine de herhangi bir benzerinin konulmaması tarzıyla olan nesihtir. Rüzgârın izleri silmesi gibi...[688]

Nakl ise; herhangi bir yazıyı bir yerden diğer bir yere naketmek tarzında meydana gelir. Câsiye sûresi 29. âyetindeki 'nesh' kavramı bu anlamda kullanılmıştır. Yalnız şu var ki; Kur'ân ve sünnetteki nakl (nesh) hükmün, yazı yerinde kalma koşuluyla değiştirilmesi tarzında tahakkuk etmiştir.[689]

İstılahi manası itibariyle; şer'i bir hükmün kendisinden sonra gelen başka bir şer'i hükümle kaldırılmasıdır. Bu yeni delile nâsih; hükmü kaldırılmış olan ilk delile mensuh; bu olaya da nesh denir.[690]

Neshin hangi yerlerde olabileceği hususunda ittifak ve ihtilaf noktaları olmuştur.

Kur'ân'ın Kur'ân'ı ve sünnetin sünneti neshi konusunda, âlimler arasında ittifak; Kur'ân'ın sünnetle neshi ile sünnetin Kur'ân'la neshi konularında ise ihtilaf olmuştur.[691]

Nesh bazen bütüncül bazen de bir parçada olur. Yani bazen daha önceki hükmü bütünüyle ortadan kaldırır, bazen de hükmünün bir kısmını kaldırır.

Mesela, kıblenin Beytü'l Makdis'ten Kabe'ye çevrilmesi bütüncül bir neshtir.[692] Herkese geçerli olmayan neshle örnek olarak da kazf olayı verilebilir. Evli kadınlara zina isnadında bulunup da dört şâhid getiremeyenlere seksen sopa vurulması emredilmiştir. Hanefilere göre, bu âyetteki hüküm, koca açısından mülaana- lian- âyetiyle neshedilmiştir.[693] Yani karısına zina iddiasında bulunup da dört şahit getiremeyen koca, hakimin önünde dört defa doğru dediğine dair Allah adına yemin edecek. Beşinci defasında ise eğer karısına iftira atıyorsa, Allah'ın lanetinin üzerine olmasına dair yemin edecek. Karısı da aynı yolu takip edecek, dört defa kocasınım yalan dediğine dair Allah adına yemin edecek, beşinci keresinde ise kocasının kendisine zina isnadında doğru söylüyor olması halinde ise Allah'ın lanetinin kendisine olmasına yemin edecek.[694] Böylece kocaya seksen sopa cezası vurulmamış olacaktır. Ama karı-koca arası da ayrıştırılır. Evlilik sona erer.

Daha önce de ifade edildiği gibi Kur'ân'ın Kur'ân'ı neshi, hangi âyetin hangi âyetin neshettiğine dair hadislerin beyânı konumuzla ilgili olduğu için buna dair örnekler vereceğiz.

Bu türden âyetlerin sayısı ihtilaflıdır. Bazen sahabe, âyetlerin iniş zamanı ve anlamına göre nasih ve mensûhu seçebiliyor, bazen de Peygamber (sav)in âyeti işleme koyması yöntemine göre nâsih ve mensûhu anlıyorlardı.

Konu bu noktadan sebeb-i nüzulle de ilgilidir. Sebeb-i nüzul hakkındaki bilgi kaynağı da yine hadislerdir. O halde, birbirlerine muarız gibi görülen âyetlerin yorumunu yapabilmenin birinci koşulu da; hadislerin bilinmesi ve Kur'ân'la ilgili olanlarının ortaya çıkmasına zemin hazırlamaktır.

I. Örnek:

Bilindiği gibi Müslümanlar başlangıçta Kudüs'teki Beytü'l Makdis'e yönelip namaz kılarlardı. Mekke'de durum böyle olduğu gibi, Hicretten sonra onaltı ay da aynı hal devam etti.

"İnsanlardan bir takım beyinsizler (Müslümanların) üzerinde durdukları (eski) kıblesinden (Kudüs'teki Beytü'l Makdis'ten) çeviren nedir? diyecekler. De ki doğu da Allah'ın batı da..."[695] âyeti bu geçiş dönemine işaret ediyor.

Bu hal devam ederken de Peygamberimiz (sav) sürekli olarak Kabe'ye yönelmesini emredecek vahyi bekliyordu.

Nitekim, "Biz yüzünü (vahyi beklemekle) çok defa göğe doğru evirip çevirdiğini muhakkak görüyoruz."[696] âyeti, Resulullah'ın vahye olan bu aşkını belirtiyor. En son inen âyetler

Peygamberimizin namazlarında yönünü Mescid-i Haram'a çevirmesini emrediyordu: "... Şimdi seni herhalde hoşnud olacağın bir kıbleye döndürüyoruz. (Namazda) yüzünü artık Mescid'i Haram tarafına çevir."[697]

Bu emir Müslümanlara Küba Mescidinde sabah namazını kılarlarken tebliğ edildi.

İbn Ömer'in dediğine göre insanlar Mescid-i Küba'da sabah namazını kılarlarken birisi kendilerine gelerek; "Bu gece Kur'ân'dan âyetler geldi. Peygamber (sav) bu âyetlerde Kabe'ye yönelmekle emredildi. Siz de Kabe'ye yönelmekle emredildi. Siz de Kabe'ye dönünüz" dedi. İnsanlar o ana kadar namazlarında Şam'a yöneliyorlardı. Bunun üzerine Kabe'ye yöneldiler.[698]

Bu rivâyette nesh kelimesinden açıkça bahsedilmemekle beraber, Beytü'l Mâkdis'e doğru kılınan namazların Kabe'ye doğru çevrildiği net olarak görülebiliyor ki bu, Kur'ân'ın bahsettiği neshtir. Böyle hallerde önceki âyetin hükmü kalkmış, yani evvelki âyetle amel iptal edilmiş olmaktadır.

II. Örnek:

Kur'ân nüshalarının Hz. Osman zamanında çoğaltıldığı (elle yazılarak çoğaltma) anlarda, "İçinizden ölüp, eşler bırakacak olanlar, evlerinden çıkarılmaksınız, senesine kadar eşlerinin geçimini sağlayacak şeyi vasiyet etsinler."[699] âyetine gelindiğinde, İbn Zübeyr, Hz. Osman'a; "Ama O'nu başka bir âyet (Bakara, 234. âyeti) neshetmiştir. Neden bu âyeti (Kur'ân sahifeleri arasına) yazıyorsun?" dedi.

Hz. Osman, İbn Zübeyr'e; "Ey Kardeşimin oğlu, Kur'ân'da hiçbir şeyi yerinden değiştirmem (ve oynatmam)[700] cevabını verdi.

İbn Zübeyr'in neshi meydana getiren (yani hükmü kaldırarak âyete) olduğunu beyân ettiği âyet:

"İçinizden ölenlerin bırakmış olduğu eşler kendi kendilerine dört ay on gün beklerler..."[701] âyetidir. Böylece kocası ölen kadının iddeti, bir yıl evde bekleme yerine dört ay on güne inmiş oldu.

İbn Zübeyr'in *bu âyet mensuhtur* (hükmü işlevden kaldırılmıştır) cümlesini, kendi görüşü olarak söylemiş olması mümkün değildir. Çünkü Hz. Osman; *hayır yanılıyorsun* demiyor ama, İbn Zübeyr'in bu -mensuh- âyeti *mushafa yazmayalım* görüşünü reddediyor ki bu da, hükmü mensuh da olsa lafzının baki olması prensibinden ötürüdür.

Sahabe arasında geçerli olan görüş, Bakara Sûresi 234. âyetinin yine aynı sûresinin 240. âyetini neshetmiş olması gerçeğidir. Bu örnek de neshin sünnet vasıtasıyla bilindiğine ve hatta bazı kişilerce *mensuh olan âyeti yazmayalım* tarzında şiddetli bir şekilde anlaşıldığına delildir.

III. Örnek:

Mirasla ilgili hükümler gelmeden önce:

"Birinize ölüm geldiği zaman, eğer bir hayır bırakacaksa anaya, babaya, yakınlara uygun bir biçimde vasiyet etmek, Allah'tan korkanlar üzerine bir borçtur."702 âyetiyle amel ediliyordu.

Böylece kişi servetinden ana, baba ve arkabalarına uygun tarzda paylaşmak üzere vasiyet ediyordu.

Daha sonra gelen Nisa sûresinin 11 ve 12. âyetleri bu âyeti neshetmiştir.[703] Bu âyetler; ölenin çocuklarının arasında miras paylaşımını, ölenin çocuklarının olması veya olmamasına göre baba ve annesinin durumunu, kardeşlerinin varlığı halinde annesinin hakkını, ölenin eşinin durumunu, kocanın durumunu, vasiyet ve benzeri durumları çözüme bağlamıştır. Artık herkesin belli bir hissesi vardır. Paylaşım da bu hisseye göre olacaktır.

Nisa sûresinin bu âyetleri; Bakara sûresinin 180. âyetini neshetmiştir.

Hem Nebevi uygulama ve hem de rivâyetler neshin bu tarzda oluştuğunu belirtmişlerdir. Nitekim Veda Haccı sırasında Peygamberimiz (sav), "Şüphesiz Allah her hak sahibine hakkını verdi. Artık miras bırakacak kişi için (belirtilen ölçü dışında) vasiyet (hakkı) yoktur."[704] buyurarak, bu neshe açıkça işaret etmiştir.

IV. Örnek:

Peygamberimizin evliliklerinden bahseden bir âyette, "Bundan sonra artık başka kadınlarla evlenmen, bunları başka kadınlarla değiştirmen güzellikleri hoşuna gitse bile sana helâl değildir..."[705] buyurulmuştur.

Halbuki aynı sûrenin 50. âyetinde Peygamberimizin evlenebileceği kadınlar sayılmış; 51. âyette de hanımlardan dilediğini bırakıp da dilediğini alabileceği ifâde edilmiştir. Bu durumda âyetlerin arasını bulma haylice zordur.

Ahzab sûresinin 52. âyetinde Peygamberimizin başka kadın almasını yasaklanmış, ama sonradan da bu yasak kaldırılmıştır. Ancak bununla beraber Peygamberimiz vefat edinceye kadar bir daha evlenmemiştir."[706]

Nitekim Hz. Âişe; 'Resulullah vefat etmeden evvel, kendisine evlenme hususunda getirilmiş bulunan sınırlama kaldırıldı."[707] demiştir.

Hz. Âişe'nin bu rivâyeti, Ahzâb sûresi 52. âyetin neshedildiğini gösteriyor.

İbn Abbas'ın; bu âyet İslâm dini dışındaki kadınlarla evlenmesini yasaklamıştır tarzındaki rivâyeti de[708] âyetin başka bir yorumudur.

Netice itibariyle, Peygamberimizin bir daha evlenemeyeceği hususundaki âyetin mensuh (hükmü kalkmış) olduğu, Kur'ân'daki sıra itibariyle kendisinden önce gelen âyet[709] tarafından nehedildiği ve bu tür neshin daha önce de görüldüğü[710] anlaşılmış oluyor.

Sonuç; Hadislerin, Kur'ân'daki mensûh âyetleri gösteren bu tarz örnekleri haylice fazladır. Resulullah mehsuh olan âyeti işlem dışı bırakarak neshi göstermiştir. Sahabe ise genellikle nesh oluşunu bu kavramı kullanarak açıkça beyân etmiştir.

Sünnetin, Kur'ân nâsih ve mensûhunu belirlemesi, hiç şüphe yok ki Kur'ân'ın en doğru tarzda anlaşılmasına ciddi katkıda bulunmuştur.

SONUÇ

İnsanlığın tek kurtuluş mesajı olan Kur'ân-ı Kerim'i Hz. Muhammed (sav)e indiren Yüce Allah, Peygamberini sadece tebliğle görevlendirmemiş, O yüce insana hiçbir beşere nasip olmayan ilahi bir temyiz ve tebyin görevi de yüklemiştir. Bu temyiz ve tebyin görevi Kur'ân'ın dışında tahakkuk etmiştir. İşte, Resulullah'ın Kur'ân'la ilgili beliren soruları cevablandırırken, meseleleri tavzih ederken, sahabenin problemlerini giderirken, kullandığı bu beyân hadistir.

Resulullah (sav) gibi bir şahsiyetten sadır olan ve gerektiğinde Kur'ân'ın; umumunu tahsis eden, lûgatlerini açıklayan, müşkülini tavzih eden, mutlakını sınırlayan, mücmelini açıklayan, mübhemini beyan eden, neshini duyuran, âyetlerini birbirine tefsirde kullanan, zaman tasnifini yapan hadisin; mutlaka vahye istinad etmesi gerekir. Vahye dayanan hadislerin Resulullah'ın yanında büyük önem arzetmesi, kullandıkları her cümlenin ölçülü ve tartılı olmasında ve Sahabenin Peygamberin hiçbir cümlesini veya tasarrufunu gözardı etmemesinde açıkça görülür.

Sahabe iyi anladıkları âyetlerin bile Peygambere sorulmasını isterlerdi tâ ki, Peygamber, Kur'ân'ı gönüllerine nakşeden ilâhi kaynaklı tefsirlerini kendilerine nakletsin. Çünkü O'nun mübarek dudaklarından 'Hakk'ın dışında hiçbir şey' çıkmazdı. Sahabe de sormaktan çekindikleri veyahutta açık olan meselelerin bile 'dışardan gelen birileri tarafından sorulup' cevap bulmasını isterlerdi. Çünkü bilirlerdi ki Peygamberimizin mübarek dudaklarından çıkan -Kur'ân dışındaki sözlerin bile- Rabbani bir kıymeti vardır.

Resulullah'ın çok fazla soru sorulmasını hoş karşılamamış olması da kendisine verilmiş bulunan teşri ve ek ahkâm koyma yetkisinden kaynaklanıyordu. Zira Cenab-ı Hakk'ın kendisini muhtar kıldığı ve belki de ümmetine ağır gelebilecek hususlar, Resulullah'ın dudaklarından çıktığından helâl veya haram vasfı kazanacaktı.

İlk asırlardan bu yana tartışılmaz bir ciddiyet ve kabulle karşılanmış, üzerine yüzlerce ciltlik şerhler yazılmış ve senedlerindeki ricalle ilgili cerh ve ta'dil eserleri kaleme alınmış olan hadislerin; özellikle oryantalist kaynaklı tanım ve şüphelere maruz bırakılmış olması, hadislere yöneltilecek ihtimam ve ilgiyi arttırmalıdır. Hadisleri, Arap tecrübe ve geleneği olarak niteleyen bu art niyetli yorumlar ne yazık ki zaman zaman İslam âleminde de yankı bulmuştur. Belki bir kısmı müsteşrik saldırganlığına karşı dini tenzihe yönelik olan bu etkileşme; Kur'ân'ı, Peygamberden soyutlama ameliyesine dönüşmüştür. Hadissiz, sahabesiz, uygulamasız ve pratiklerinden arındırılmış bir Kur'ân'ın elimizdeki bir mealden farkı kalmayacaktır. Bu da Hz. Peygamberin yirmiüç senelik vahiy geçmişini inkar etmektir.

Resulullah (sav) inen âyetlerin birçoğu hakkında gerektiğinde açıklamalarda bulunmuştur. Bu açıklamalar bazen gelen âyetin içindeki mübhematı giderme gibi lûgâvi bir hedefe yönelik olduğu gibi, bazen de âyetin uygulaması ile ilgili olmuştur. Namaz, teyemmüm, hacc gibi mevzuların uygulamalı örneği olmadan bilinmesi imkansızdı. Resulullah bu hususta sahabeyi eğitmiştir. Çoğu kez âyetin kapsamında olan mevzuu tavzih ettikten sonra ek ahkâmı vaz' etmiş ve âyetin etrafında boyutları çok geniş yeni bir ahkâm dairesi çizmiştir. Bu, zaman zaman öylesine geniş olmuş ki bir âyetin etrafında yüzlerce yeni hüküm getirilmiş ve hepsi de sünnet kaynaklı olmuştur.

Birçok âyetin, hadisler olmadan anlaşılması veya bilinmesi mümkün değildir. Teyemmüm bahsinde tahricini yaptığımız bir rivâyette[711] de görüldüğü gibi teyemmüm âyetini okuduğu halde Peygamberimizin uygulamasını görmeyen Hz. Ammar, kendi ifadesiyle; 'Toprakta hayvanın yuvarladığı gibi yuvarlanıp teyemmüm ettim', demiştir. Resulullah'ın göstermesinden sonra ancak teyemmümün nasıl olacağını anlamıştır. Şayet Resulullah uygulama isteyen âyetlerin tatbikatını göstermeseydi, Hz. Ammar'ın düştüğü yanılgı birçok âyette yaşanacaktı. Bu nedenledir ki namazın kılınışını öğretecek olan Resulullah'ın, 'Beni namaz kılıyorken gördüğünüz gibi namaz kılınız'[712] buyurarak hadislerin âyetleri uygulamadaki hayatiyetine işaret ettiğini görebiliyoruz. O halde Resulullah'ın özellikle bedeni, fiziki ibâdetlerdeki uygulaması olmadan bu manadaki âyetlerin hayatiyete geçirilmesi imkansızdı.

Akaid mevzularını ele alan bir âyet geldiğinde, beraberinde yüzlerce soru, belirsizlik -ve izah- gerekiyordu. Resulullah sahabede beliren bütün bu merak, belirsizlik ve bilgi eksikliğini, dağarcıklarını tatmin edecek tarzda dolduruyordu. O halde sadece namaz gibi bir hususta değil, Kur'ân'da inen her âyette Resulullah'ın beyanına ihtiyaç vardı ve Resulullah bu anlamdaki görevini eksiksiz yerine getirerek, hadissiz bir Kur'âni anlayışın doğru olamayacağını bizlere öğretti.

Resulullah'ın vefatından sonra, özellikle sahabi dönemi ve sonrasında Resulullah'ın hadislerinin tesbit edilemediği âyetlerde, sahabinin görüşlerini tesbite yönelik faaliyet, âyetlerin tefsiri çalışmasında Resulullah döneminin ağırlığını göstermektedir. Çünkü mesela; Kur'âni bir kelimenin lûgat manası biliniyordu ki, hadisler de vahiy kaynaklıdır.

Kur'ân âyetlerinin Resulullah'ın beyânına ihtiyaç duyması, Kur'ân'ın kadir ve kıymetinde bir eksikliğe yol açmaz. Zira hadislerin sahibi olan Resulullah'a böyle bir görevin verilmiş olduğu bizzat Kur'ân tarafından duyurulmuştur. Kur'ân âyetlerinin tefsirinde müracâat edilecek kaynağın vahiy emini olan Peygamber olduğunu bildirdiğine ve Resulullah'a böyle bir misyon yüklenildiğine göre Müslümanların, özellikle bilim adamlarının Kur'ân'ın tefsirinde Resulullah'a nisbeti metin ve sened itibariyle salih olan hadislere büyük ders vermeleri bunun dışındaki rey ve içtihadları ihtiyatla karşılamaları gerekmektedir.

Bu bağlamda orijinal tefsirler gelişsin diye Resulullah'a nisbeti sahih olmayan garip ifadeleri, İsrailî beyanları veya sahih hadislere taban tabana zıt olan bazı âlimlerin ictihadlarını söz konusu âyetin doğru tefsiri gibi göstermek büyük bir hatadır ve Kur'ân'ın işaret ettiği hedefin dışına taşımaktır. Herhangi bir âyetin tefsirinde mevcut olan sahih bir hadis o âyetin tefsirini yönlendirecek ölçüyü bizlere vermektedir. Zira Resulullah'ın hadisleri esas alınmadıkça, hadislere müracaat edilmedikçe, âyetlerin Cenab-ı Allah'ın maksadına uygun tarzda anlaşılması imkansızdır.

Hadisleri, hadislerle ilgili etüd ve gayretleri değrelendirirken şu nokta unutulmamalıdır: Bütün hadis külliyatı, sahih olmak kaydıyla hangi konuyla ilgili olursa olsun, hangi amaçla söylenmiş olursa olsun mutlaka Kur'ân'daki bir hükme istinad etmektedir. Bu nedenle de hadislerin Kur'ân'dan bağımsız düşünülmesi, Kur'ân'in da hadisler olmadan maksadı ilâhiyeye uygun tarzda anlaşılması mümkün değildir.

Bu da, Kur'ân'la Resulullah'ı bir bütün halinde düşündüren en sağlıklı yoldur.

İKİNCİ BÖLÜM DİPNOTLARI

[1] Enfal; 8-2.

[2] Kasım b. Selam, Kitabü'l İmân; 15; hadis için bk. Buhâri İmân, 3; Müslim, İmân, 37-58; Dâvud, Sünnet, 14; Nesâi, İmân, 16, Mâce, Mudadime, 9; Tirmizi, İmân, 6

[3] Ahmed, II. 349

[4] Nesâi. Cihâd, 8

[5] Müslim, İmân, 128; Buhâri, İmân, 10; Menakıbı, Ensar, 4; Nesâi, İmân, 19

[6] Tirmizi, Birr, 64; Buhâri, İmân, 3, 16; Edeb, 77; Müslim, İmân, 57-59; Dâvud, Edeb, 6; Sünnet, 14; Nesâi, İmân, 27; Mâce, Mukaddime; 9; Zühd, 17

[7] Buhâri, İmân, 8

[8] Nesâi, Cihâd, 8, Eşribe, 44

[9] Müslim, İmân, 102

[10] Buhâri, Mezâlim, 30; Hudud, 1,6, 19; Eşribe, 1, Müslim, İman, 100, 104; Dâvud, Sünnet, 15; Tirmizi, İmân, 11; Nesâi, Kasame, 49; Sârik, 1. Eşribe, 42; Mâce, Fiten, 3

[11] Mü'min, 78

[12] Ahmed, V, 266

[13] Buhâri, Menâkı., 18; Müslim, Fedâil, 20-23; Tirmizi, Edeb 77; Menakıb, 1 Ahmed; 11-257, 398; III., 361; V, 137

[14] Nisa, 50

[15] Buhâri, Ahkam, 1, Cihad, 109; Müslim, İmâre, 32-33; Nesâi, Bey; 27; Mâce, Cihâd, 39

[16] Buhâri, İ'tisam, 2.

[17] Buhâri, t'tisam, II; Ahmed, II, 361

[18] Ahzab, 40; Bakara, 253; İsra, 21-55

[19] Müslim, Mesâcid, 5; Tirmizi, Siyer, 5; Dârimi, Mukaddime, 8; Ahmed, II, 412

[20] Tirmizi, Rüya, 2; Buhâri, Mağazi, 78; Mâce, Cihâd, 42; Ahmed, III, 338

[21] Rum, 30

[22] Rum, 22

[23] Dâvud, Sünnet, 16; Tirmizi, tefsir, 2955; Ahmed, IV- 400, 406

[24] Tevbe, 51

[25] Kamer, 49

[26] Dâvud, Sünne, 16

[27] Dâvud, Sünne, 16; Tirmizi, Kader, 10, 17; İmân, 5; Mâce, Mukaddime, 9; Ahmed, V-317

[28] Müslim, Kader, 1, 3, 5; Humeydi, Müsned, II, 826; Buhâri, Tevhid, 82; Kader, 1; Dâvud, Sünnet, 16; Tirmizi, Kader, 4

[29] Buhâri, Tefsir, (Leyl) b. 434-439; benzeri rivâyetler için bk. Müslim, Kader 13; Buhâri, Kader, 11; Mâce, Mukaddime, 10; Humeydi Müsned, II. 1115; Ahmed, II. 248

[30] Enbiya, 96-97

[31] Kehf, 94

[32] Mâce, Fiten 33; Tirmizi, Tefsir, (Kehf) 19; Ahmed, III, 77; hadisin değişik versiyonlarında konu daha da teferruatlı olarak sunulur.

[33] Nemi, 82

[34] Mâce, Fiten, 31; Tirmizi Tefsir (Nemi) 28 (hd. 3187)

[35] Hacc, 1

[36] Buhâri, Tefsir, (Hacc) 234; Tirmizi, Tefsir (Hacc) 2 (hd. 3169)

[37] En'âm, 158

[38] Müslim, İmân, 248; Buhâri, Tefsir (En'âm) b. 132; hd. 4359-4360.

[39] Mü'min, 46.

[40] Buhâri, Cenâiz, 90; Müslim, Cennet 65,66; Nesâi, Cenâiz, 116; Mâce, Zühd, 32; Mâlik, Cenâiz, 48; Ahmed, II. 51-123

[41] Müslim Taharet, 111; Zühd, 74; Buhâri, Edeb, 46, 49, 117; Vüdû, 55, 56; Cenâiz, 89; Dâvud, Taharet, 11; Tirmizi, Taharet, 53; Nesâi, Taharet, 26, 116; Mâce, Taha ret, 26; Dârimi, Vüdu, 61; Ahmed, 1, 225; V, 35, 39

[42] Buhâri, Cenâiz, 87; Dâvud, Sünnet, 24; Ahmed, III. 2, 4, 126; ayrıca bk. Dâvud, Sünnet, 27; Nesâi, hd: 2059; Mâce, hd: 4269; Ahmed, IV, 296

[43] Nesâi, Cenâiz, 113 (Terceme) Ahmed, V-407, VI-55, 98

[44] Buhâri, Cenâiz, 88; Ezân, 149; Daavât, 36, 38, 39, 44, 46, 57; Cihâd; 25; Küsuf, 7,12, Müslim, Cenâiz, 85; Küsuf, 8; Zikr, 48, 92, 72; Mesâcid, 132, 134; Cennet, 67; Kader 32, 33; Dâvud, Salât, 149, 79, Vitr, 32; Sünnet, 24; Edeb, 101; Tirmizi, Daavât 70, 76, 87, 113, 115, 132, Nesâi; Sehv, 64, 88, 90; Cenâiz, 77, 113, 115; Küsuf 11, 12; İstiâze, 3, 5, 6, 7, 12, 13, 16, 17, 26; Mâce, İkâme, 26; Dua, 3; Dârimi, Salât, 86, 187; Mâlik, Kur'ân, 33; Cenâiz, 17; Küsuf, 3

[45] Taha, 124

[46] Tirmizi. Kıyamet, 26; Dârimi, Rikak, 94; Ahmed, III, 38

[47] Tâhâ, 124

[48] Mü'min, 46

[49] Nesâi, Cenâiz, 115

[50] Zümer, 68; Yasin, 51; Kaf, 20

[51] Tirmizi, Kıyamet, 8; Dâvud; Sünnet, 73; Dârimi, Rikak, 79; Ahmed, II, 126

[52] Mâce, Zühd, 33; Sûr'u üfleyecek Melek'in hazır beklediği hususu için de bk. Tirmizi, Kıyamet, 8.

[53] Tâhâ, 124-125.
[54] Nem, 83; Meryem, 85; Yunus, 28.
[55] İsra, 97.
[56] Hacc, 7.
[57] Zümer, 68.
[58] Buhâri, Tefsir, (Zümer) 299; Müslim, Fiten, 141-143; Dâvud, Sünnet, 22; Nesâi, Cenâiz, 117; Mâce, Zühd, 32; Mâlik, Cenâiz, 49; Ahmed, II, 322, 423, 499.
[59] Müslim, Cennet, 56; Buhâri, Enbiya, 8, 48; Tefsir, (Mâide) 14 (Enbiya) 2; Tirmizi, Kıyamet, 3; Nesâi, Cenâiz, 118, 119; Mâce, Zühd, 33; Hümeydi, Müsned, hd. 483.
[60] Mâce, Zühd, 33; Nesâi, Cenâiz, 118.
[61] Nesâi, Cenâiz, 118-119; Tirmizi, Kıyâme, 3.
[62] İsrâ, 97.
[63]Nesâi, Cenâiz, 118; Timizi, Kıyamet, 364- Mutaffifin, 16.
[64] Mutaffîfin, 16.
[65] Mâce, Zühd, 33.
[66] Kevser, 1.
[67] Kevser, 167- Dâvud Sünne, 25; Tirmizi, Sıfatü'l Kıyâme, 14; Tirmizi, Kıyâme, 15; Ahmet, III. 225-230, V, 149 ayrıca; "Mirâc gecesinde kevser nehrinin gösterilmesi, rivâyeti için bk. Dâvud, Sünne, 25
[68] Kevserin tanımı hakkında ulema arasında ittifak yoktur. Cennetteki nehir diyenler olduğu gibi; nübüvvet, Kur'ân, İslâm şefâattir diyenler de olmuştur. Ata, bu rivâyetlere işaret ederek kevserin cennetteki nehir olduğuna işaret eder. Yorumlar için bk. Şevkani, Feth, V, 502; İbn Kesir, III, 520.
[69] Şam'daki iki kasaba. Araları üç gecelik mesafedir. İbnü'l Esir, Nihaye, I, 254.
[70] Buhâri, Rikâk, 53; Müslim, Taharet, 36, 38; Fedâil, 27, 34, 35, 39; Tirmizi, Kıyamet, 14, 15; Mâce, Zühd, 36; Ahmed, I..5, 11-21, 125., 134.

[71] Tirmizi, Kıyamet, 15.

[72] Tirmizi. Kıyamet, 15; İbn Ömer'in bu rivâyetine Tirmizi bir yorum getirmemiştir. Bilindiği gibi Kufe bir garnizon olarak 638 tarihinde Hz. Ömer tarafından kurulmuştur.

[73] Mâce, Zühd, 36.

[74]Şam civarı; Hatipoğlu, İ. Mâce, X, 590.

[75] Mâce, Zühd, 36.

[76] Müslim, Fedâil, 27, 34; Buhâri,.Rikak, 53; Tirmizi, Kıyamet, 15; Mâce, Zühd, 36.

[77] Buhâri, Mağazi, 17; Rikak, 53; Müslim, Salât, 53, 5; Taharet, 37; Fedâil, 40; Dâvud, Sünnet, 23; Nesâi, Bey'at, 35.

[78] Müslim, Münâfıkun, 29; Tirmizi, Tefsir (İbrahim 48) 3; (Zümer) 6; Mâce, Zühd, 33; Hümeydi, hd. 274 (bu rivâyette, sıratın üzerinde olacaklar ey Sıddıkın kızı, ilâvesi vardır) Dârimi, Rikak, 88.

[79] Buhâri, Ezân, 129; Müslim, İmân, 81; (hd: 299) Mâce, Zühd, 33; Dâvud, Sünnet, 25.

[80] Buhâri, Tevhid, 24; Müslim, İmân, 81.

[81]Buhâri, Tevhid, 24; Rikak, 52; Tirmizi, Kıyamet, 9

[82]Tirmizi, Kıyamet, 9, Hasen garibdir.

[83]Buhâri, Tevhid, 24; Rikak, 52.

[84] Mü'minler Sırat'tan hızla geçecekler. Bk. Müslim, İmân, 81; Tirmizi, Cennet 20; Buhâri, Tevhid, 24; Rikak, 52; "Ölümün Sırat'ta boğazlanacağı, bk. Mâce, Zühd, 38; Ahmed, II-261, 377, 513

[85] Yunus, 3.

[86] A'raf, 53.

[87] Meryem, 87.

[88]Tâhâ, 109.

[89] Zuhruf, 86.

[90] İsrâ, 79.

91 İsrâ, 79.

92 İsrâ, 79.

93 Tirmizi, Tefsir (İsra) 6, 7; Salat, 43; Dâvud, Salât, 37; Nesâi 93- Tirmizi, Ezân, 38; Mâce, Ezân, 4. (Hadislerin bir kısmında ezân sonrasında okunacak dua zikredilirken, Makamı Mahmud ifade edildikten sonra; bu duayı okuyana şefâatim vacib olacaktır, denilir.) İbn Ömer de insanların âhirette şefâat mercii ararken, Peygamberlere gideceklerini, neticede Resulullah'a gideceklerini ve Makam-ı Mahmud'un o gün olduğunu beyan ediyor. Buhâri, Tefsir (İsra) 209.

94 Dâvud, Sünnet, 22; Mâce, Zühd, 37; Tirmizi, Kıyamet, 11.

95 Mâce, Zühd, 37: Bu hadisten salih insanlara şefaat edilmeyecek anlamı çıkmamalı. Belki şefaatin bir yönü günahkarları affettirme; bir yönü de salihlerin derecesini yükseltme şeklinde oluşacaktır.

96 Tirmizi, Kıyamet, 13; Müslim, Fedâilü's -Sahabe, 25; Münhafıkun, 4.

97 Tâhâ, 109.

98 Meryem, 87.

99 Mâce, Zühd, 37.

100 Buhâri, Tevhid, 24.

101 Dâvud, Sünnet, 22; Mâce, Zühd, 37; daha uzun bir rivâyet için bk. Mâce, Zühd, 37 (hd. 4309) Müslim, İmân, 317 'Şefâatle bir kavim cehennemden çıkarılacak' hadisi.

102 Müslim, İmân, 330, 85; Mâce, Zühd, 37; Tirmizi, Menâkıbı, I; Ahmed, V, -137, 139.

103 Müslim, İmân, 86 (hd: 334-345).

104 Enfâl, 35.

105 Hud, 8.

106 Furkân, 48.

[107] Enfâl, 11.

[108] Furkân, 48.

[109] Zümer, 21; İsrâ, 90-91.

[110] Davud, Tahâret, 41; Tirmizi, Tahâret, 52; Nesâi, Tahâret, 46; Miyah, 4; Sayd, 35; Mâce, Tahâret, 38; Sayd, 18; Mâlik, Tahâret, 12; Dârimi, Vüdû, 53.

[111] Dâvud, Tahâret, 34; Tirmizi, Tahâret, 49; Nesâi, Miyah, 1, 2; Mâce, Tahâret, 76; Ahmed, 1-235, 284.

[112] Nesâi, Gusul, 11; Tahâret, 148; Mâce, Tahâret, 35; Ahmed, VI-342.

[113] Dâvud, Tahâret, 38; Tirmizi, Tahâret, 69; Nesâi, Tahâret, 53; Miyâh 8; Mâce, Tahâret, 32; Dârimi, Vudû, 58; Mâlik, Tahâret, 13.

[114] Buhâri, Vudû, 32; Dâvud, Tahâret, 37; Tirmizi, Tahâret, 68; hadisin başka varyantlarında 'yedi defa, birinci toprakla' ifadesi geçer.

[115] Müdessir, 4.

[116] Buhâri, Vüdû 59; Müslim, Taharet, 104; Davud, Tahâret, 137; Nesâi, Tahâret, 188; Dârimi, Vüdû, 63; Mâlik, Tahâret, 110; Cum'a, 77; Mâce, Tahâret, 77; Ahmed, I, 76, 97; Konu İslam fıkıhçıların arasında değişik yorumlara sahne olmuştur. Henüz sütten kesilmemiş, yemek yemeyen erkek çocuğun bevlinden ötürü yıkamanın gerekmediği kız çocuğunda ise gerektiği hususunda tefarruatlı ictihadları vardır. İbn Mâce'nin Sünen'inde, İmami Şâfii'nin yorumları yer alır. Bk. İbn Mâce, Tahâret, 77; ayrıca, Hatipoğlu, İ. Mâce, II. 166-174.

[117] Müslim, Tahâret, 107; Mâce, Tahâret, 81; Ahmer VI. 142.

[118] Buhâri, a. g. e, 64.

[119] Müslim,Tahâret, 105, 106; Dâvud, Tahâret, 138; Tahâret, 187; Tirmizi, Tahâret, 85; Mâce, Taharet, 82; Ahmed, VI, 43, 35, 97.

[120] Hattabi, Mealimü's-Sünen, I, 260; Tahâret 136; Hattabi; hadisler arasında ihtilaf vardır. Çünkü meniyi yıkamak, temizlik bakımından müstehaptır. Nasıl ki balgam ve sümkürüğun dokunduğu elbise de yıkanır. İki hadisin kullanılabildiği hallerde çelişki arzederek yorumlanması caiz değildir, der. A.g.e, I, 260. Ayrıca; Hz. Ömer'e Said b. Müseyyeb meniyi elbiseden yıkamışlardır. Mâlik; meninin elbiseden yıkanması vâcibdir, der. Sevri ve Evzâi'nin içtihadı da böyledir. Ebu Hanife; meni necistir, ancak kuru olanım ovulması yeterlidir. Geride kalan izini yıkamak gerekmez. Yaş olan meni de yıkanır, der. Bk. Davud, I, 260-261. dipnot.

[121] En'am, 145.

[122] Buhâri, Vüdû, 63; Hayz 9; Dâvud, Tahâret, 130; Tirmizi, Tahâret, 104; Nesâi, Tahâret, 26; Hayz, 62; Dârimi, Vüdû, 83; Müslim, Tahâret, 110.

[123] Nisa, 43; Mâide, 6

[124] Müslim, Tahâret, 98,100; Buhâri, Edeb, 35; Nesâi, Tahâret, 44; Miyâh, 3; Mace, Tahâret, 78; Anmed, III, 191. Cumhura göre bu uygulama ile toprak temizlenir. Ebu Hanife ise, necasetin rutubeti ulaşan yere kadar kazılıp toprağı atılmadan o yer temizlenmiş olmaz demiştir. Hanefiler; Dârekutni'deki; "Resulullah (sav) yeri kazdırdı" rivâyetine dayanırlar. Ancak Dârekutni bu rivâyetteki Sem'a'nın meçhul olduğunu söyler. Hatipoğlu, İ. Mâce, II, 1781.

[125] Buhâri, Zebâih, 34; Vüdû, 67, Dâvud, Et'ime, 47; Tirmizi, Et'ime, 8; Nesâi, Fer'i,10; Dârimi, Vüdû, 60, Mâlik, İsti'zan, 60; Ahmed, II, 233, 265, 490; VI-329-330.

[126] Müslim, Hayz, 105; Dâvud, Libâs, 38; Nesâi, Fer'i, 20, 30, 31; Dârimi, Edâhi, 20 Mâlik, Sayd, 17, 18.

[127] Hadislerin bir kısmında "mestler" için de benzeri ifâdeler kullanılmıştır. Dâvud, Tahâret, 137, Ahmed, III, 20.

[128] Mâide, 6.

[129] Buhâri, Vüdû, 23, 27; İbn Abbas'ın da aynı tarzda abdest aldığı, önce sağ uzuvlarını yıkadığı ve 'Resulullah'ı böyle abdest alırken gördüm', dediği de rivâyet olunmuştur. Buhâri, Vüdû, 7.

[130] Buhâri, Vüdû, 37, 40; Müslim, Tahâret, 18; Dâvud, Tahâret, 91; Tirmizi, Tahâret, 24; Nesâi, Tahâret, 79; Mâce, Tahâret, 51; Mâlik, Tahâret, 1.

[131] Hatipoğlu, İ. Mâce, II, 79.

[132] Müslim, Taharet, 26; Tahâret, 46; Nesâi, Tahâret, 88; Tahâret, 55; Ahmed II. 193.

[133] Buhâri, İlim, 3, 30; Vüdû, 27, 29; Müslim, Tahâret, 25, 28, 30; Dâvud, Tahâret, 4,6; Tirmizi, Tahâret, 31; Nesâi, Tahâret. 88; Mâce, Tahâret, 55; Dârimi, Vüdû, 35.

[134] Mâide, 6.

[135] Buhâri, Gusül, 1, 3, 4; Müslim, Hayz. 35, 36, 39; Davd, Tahâret, 36, 96, 93, 127; Tirmizi, Tahâret, 46, 76, 91; Nesâi, Tahâret, 146, 152, 153, 155, 156, 157; Meymûne'nin rivâyetinde, 'Efendimizin avret mahalini yıkadığı, ağzına ve burnuna su aldığı' ifadeleri vardır. Bk. Buhâri, Gusül, 5, 7, Hümeydi, Müsned, hd: 316/63.

[136] Müslim, Hayz, 58; Dâvud, Tahâret, 99; Tirmizi, Tahâret, 77; Nesâi, Tahâret, 149; Mâce, Tahâret, 108; Dârimi, Vüdû, 115; Ahmed, VI- 289.

[137] Dâvud, Tahâret, 92; Mâce, Tahâret, 126; Dârimi'deki rivâyet 'cünüb mescidden geçer, orada oturmaz' şeklindedir. Dârimi, Vüdû, 117.

[138] Tirmizi, Tahâret, 111; Ahmed, 1, 83, 10.

[139] Buhâri, Gusül, 27.

[140] Buhâri, a.g.e, 22; Edeb 68; Müslim, Hayz, 32; Nesâi, Tahâret, 130; Mâce, Tahâret, 107; Dârimi, Vüdû, 76.

[141] Buhâri, a.g.e, 20.

[142] Buhâri, a.g.e, 13; Tirmizi, Tahâret, 83; Mâce, Tahâret, 70; Dâvud, Tahâret, 82; Nesâi, Gusül, 28: Mezi; az bir şehvet hissi esnasında cinsel organda görülen akıntı.

[143] Nisa, 43.

[144] Buhâri, Teyemmüm, 7; Müslim, Hayz, 110; Dâvud, Tahâret, 121; Nesâi, Tahâret, 198, 201; Ahmed, IV- 264, 265, 319, 396.

[145] Hadislerin çoğunda avuçlarını -elini-meshetti kaydıyla yetinilmiş, diğer rivâyetlerde- Darekutni'de olduğu gibi -dirsekler kaydı konmuştur. Buhâri, Teyemmüm, 7; Müslim, Hayz, 110; Dâvud, Taharet, 121; Nesâi, Taharet, 198, 201; Ahmed III, 264,265,319,396; Seyyid Sabık, Fıkhü's-Sünne, I, 78, 82.

[146] Nisa, 43.

[147] Dâvud, Tahâret, 125; Mâce, Tahâret, 93; İbn Mâce'nin rivâyetinin isnadı munkati'dir. Dârekutni'nin de rivâyet ettiği hadis için İbnü's-Seken 'sahihtir' demiştir. Hadis İbn Mâce'de Ata bin Ebi Rebâh'ın İbn Abbas'tan rivâyeti şeklindedir.

[148] Dâvud, Taharet, 126; Nesâi, Gusül, 27; Dârimi, Vüdû, 66

[149] Hûd, 114

[150] Bakara, 43, 48, 110; Lokman, 4, Mücâdele, 13

[151] Bakara, 238

[152] Nisa, 43

[153] Nisa, 103

[154] Nisa, 102, 103

[155] Cuma, 9

[156] Buhâri, Ezân, 18; Edeb, 27; Ahâd, 1: Dârimi, Salât, 42; Ahmed, V, 3

[157] Müslim, Salât, 40; Dâvud, Salât, 122; Mâce, İkâmet, 16; Ahmed VI- 31,194

[158] Bazı metinlerde "Hasr" olarak geçer. Bk. İbnü'l-Esir, Nihâye, V, 264.

[159] Buhâri, Ezân, 127, 145.

[160] Dâvud Vitr, 23; Nesâi, Sehv, 1-3; Mâce, İkâmet, 15-16; Mâlik, Nida, 16, 21, Ellerini kulak hizasına doğru kaldırdığına dâir rivâyetler de bulunmaktadır. Mâce, İkâmet, 15.

[161] Buhâri, Ezân, 117; Müslim, Salât 28; Nesâi, Tatbik, 90.

[162] Mâce, İkâmet, 16, 72; Nesâi, Tatbik, 77; Ahmed, IV, 23; İbn Mâce'deki benzeri bir rivâyette (Ali bin Seyhan'dan) sonra, rivâyetin isnadının sahih olduğu, ricalının sıkalar olduğu belirtilir. Ayrıca, İbn Huzeyme ile İbn Hibban'ın sahihlerindeki rivâyetleri de zikredilir.

[163] Dâvud, Salât 116; Mâce, İkâmet, 42; Taharet, 50; Dârimi, Salât, 68; Hâkim de rivâyet etmiştir.

[164] Buhâri, Salât, 27; Ezân, 130; Menâkıb, 23; Müslim, Salat, 236,237; Nesâi, Tatbik, 51.

[165] Buhâri, Ezân, 123,139; Meğazi, 59; Tefsir, (Sûre: 110) 2; Müslim, Salat, 2, 6, 217, 223; Müsâfırûn 187; Dâvud, Salât, 147; Tirmizi, Salât, 79; Mâce, İkâmet, 20; Nesâi, İftitah, 77; Tatbik, 9, 25.

[166] Buhâri, Ezân, 95,122, İsti'zan, 18; Müslim, Salât, 15; Müslim, Salât, 45; Tirmizi, Salât, 110; Nesâi, İftitah, 7; Tatbik 15, 77; Sehv, 67.

[167] Buhâri, Ezân, 124, 118, 84, 140; Müslim, Salât, 28; Küsûf, 6; Tirmizi, Salât, 110; Nesâi, İftitah, 84; Tatbik, 90, 94; Sehv, 1: Küsûf, 10; Dârimi, Salât, 40,41; Ahmed, II, 434-454.

[168] Müzzemmil, 20.

[169] Buhâri, Ezân 95; Müslim, Salât, 34,38,40,41; Dâvud, Salât, 132; Tirmizi, Mevâkıf, 69, 115,116; Tefsir (sûre 1) 1; Nesâi, İftitah, 24; Mâce, İkâmet, 11; Dârimi, Salât, 36; Mâlik, Nida,38,39; Ahmed, II-255, 290, 460, 487.

[170] Ta'zim sadece bu cümleyle olmayabilir. Hadis için; bk: Müslim, Salât, 210, 207, 209, 212, 214; Nesâi, Tatbik, 7, 8, 61, 62; Dârimi, Salât, 77; Ahmed, I,-80, 81, 82, 92, 105, 114, 116, 125.

171 Buhâri, Ezân 133, 134; Müslim, Salât, 229-226, 230; Nesâi, Tatbik, 43, 44; Mâce, İkâmet, 19; Dârimi, Salât, 73; Ahmed, I, 292, 305.

172 **"Beddentü"** fiili şeddeli okunduğunda "yaşlandım", **"Bedentü"** tarzında şeddesiz okunduğunda "şişmanladım" anlamı çıkar.

173 Müslim, Salât, 112; Dâvud, Salât, 74; Nesâi, Sehv, 102; Mâce, İkâmet, 41; Dârimi, Salat, 73.

174 Hud, 114; bazı meâllerindeki 'gecenin gündüze yakın zamanlarında' tercemesi 'zülefen mine'lleyl" ifadesini karşılamıyor. Zeccac (v: 311) Dahhak ve Hasan "zülefen" için gecenin başlangıcına yakın namazlar, yani akşam ve yatsı derler; bk. Zeccac, İ'rabul Kur'an, III, 82; Taberi, Tefsir, VII, 128, 132; Mücahid; Sabah ve gündüzün iki namazı ki öğle ve ikindidir'der. Ka'b el-Kurazi de aynı kanaattedir. Hasan; "zülefen minelleyl" için Resulullah, 'gecenin zülüfleri akşam ve yatsıdır' buyurdular, der. bk. Taberi, Tefsir, VII, 131.

175 İsrâ, 78.

176 Tâhâ, 130.

177 Bk. Kaf, 39-40; Rûm, 17-18; İnsân, 25-26. Ayrıca bk. İbnü'l Arabi, Ebu Bekr, Ahkâmü'l Kuran I-IV, (Darül kütübül İlmiyye, Beyrut, 1988) III, 28-30.

178 Müslim, Mesâcid, 171, ayrıca bk, Dâvud, Salât, 2; Nesâi, Mevâkıt, 15; Ahmed, II, 210, 213.

179 Buhâri, Mevâkıt, 11; Mâce, Salât, 3.

180 Buhâri, Mevâkıt, 13; Mâce, Salât, 5.

181 Buhâri, Mevâkıt, 18; Mâce, Salât, 7.

182 Buhâri, Mevâkıt, 21, 25; Mâce, Salât, 8; Müslim, Mesâcid, 174.

183 Buhâri, a.g.e, 27; Mâce, Salât, 2; genel tasnif için; Müslim, Mesâcid, 171, Dâvud, Salât, 2; Nesâi, Mevâkıt, 15; Ahmed, II, 210, 213'e bakılabilir.

[184] Buhâri, a.g.e, 30, 31; Mescid-i Mekke, 6; Sayd, 26; Savm, 66, 67; Müslim, Müsâfirin, 285, 287, 290; Davud, Tetavvu, 10; Tirmizi, Salât, 20, 21; Cuma, 59; Nesâi, Mevâkıt, 11, 32, 35; Dârimi, Salât, 142, 143, Ahmed, II, 182; Mâlik, Kur'ân, 48.

[185] Güneşin göğün tam ortasında bulunduğu an.

[186] Müslim, Müsâfirun, 293; Dâvud, Cenâiz, 51; Tirmizi, Cenâiz, 41; Nesâi, Mevâkıt, 31, 34; Cenâiz, 89; Mâce, Cenâiz, 30; Dârimi, Salât, 142; Ahmed IV, 152.

[187] Dâvud, Salât, 15; Mâce, Salât, 2; Mâlik, Vükût, 5; Ahmed, 11-236, 254, 306, 489.

[188] Dâvud, Menâsik, 52; Tirmizi, Hacc, 423; Nesâi, Mevâkıt, 41; Mâce, İkâme, 149; Dârimi, Menâsik, 79

[189] Buhâri, Teheccüd, 25; Müslim, Müsâfırun, 69,70; Tirmizi, Salât, 118; Nesâi, Mesâcid, 37; Mâce, İkâmet, 57; Mâlik, sefer 57; Ahmed, 5-295, 296, 303, 305, 311; İmamı Şâfi; mescide girilirken tehiyyetü'l mescid niyetiyle namaz kılınabileceğini, bunun sünnet olduğunu söylemiştir. İbn Hacer, Fethül Bari, III, 5-28; Tirmizi ve İbn Hibbân hadisi sahih saymışlardır.

[190] Dâvud, Taharet, 81; Salât; Tirmizi, Ridd, 12

[191] Buhâri, VUdû, 2; Ahmed, II, 308

[192] Mâce, Taharet, 132; Tirmizi, Salât, 160; İbn Huzeyme hadisi sahih olarak görmüştür. Ahmed, VI-150,218,259

[193] Dâvud, Salât, 83, 84; Mâlik, Cemâat, 35-36.

[194] Dâvud, a.g.e, 26; Libâs, 34; hadiste göbeğin altına ve diz kapağının üstüne bakma tarzından bir ifade kullanılmıştır.

[195] Bakara, 149.

[196] Buhâri, Taksir, 718; Salât, 31; Vitr, 6; Tirmizi, Salât, 143; Müslim, Müsafirun, 31, 32, 37, 39, 40; Dâvud, Sefer, 8. Ayrıca Tirmizi, Mevâkıt, 144; Tefsir, (sûre, 2) 4; Nesâi, Salât, 23; Kıble, 2; Malik, Sefer, 22, 26: Ahmed, II- 4, 7, 20, 38, 41, 44.

[197] Buhâri, Tefsir, 9; Ahmed, III, 446.

[198] Bazı rivâyetlerde "mescid" yerine "Tuhur" kelimesi kullanılmıştır. Dârimi, Salât, 111.

[199] Dâvud, Salât, 24; Tirmizi, Mevâkıt, 119; Mâce, Mesâcid, 4; Ahmed, III- 83, 96.

[200] Dâvud, Salât, 24; Tirmizi Salât, 141; Mâce, Mesâcid, 4.

[201] Mâce, Mesâcid, 4.

[202] Mâce, Mesâcid, 12; koyun ağılında câiz olduğu, deve yatağında câiz olmadığı rivâyeti için bazı rivâyetlerin isnadı hakkında söz edilmiştir. Ancak isnadı sahih olanlar da bulunmaktadır, bk. Mâce, Mesâcid, 12; hd: 768, 769, 770.

[203] Nesâi, Sehv, 20; Ahmed, V- 447, 448; yani; Sühnanellah, Allahu Ekber gibi dua cümleciklerini kasdetmektedir.

[204] Buhâri, Tefsir, 19; Tirmizi, Mevâkıt, 157; Mâce, İkâmet, 139.

[205] Mâlik, Sefer, 74.

[206] Bakara, 256.

[207] Buhâri, 286; En'am, 152; A'raf, 42; Müminûn 62.

[208] Cum'a. 9.

[209] Mâce, Ezân, 1; Dârimi, Salât, 3; benzeri ifâdeler için bk; Dâvud, Salât, 28; Tirmizi, Salât, 25; Ahmed, IV, 43.

[210] Mâce, Ezân, 1 (hd: 707).

[211] Mâce, Ezân, 2; Tirmizi, Salât, 26; Nesâi, Ezân, 3; Dârimi, Salât, 7.

[212] Buhâri, Ezân 1-3; Enbiyâ, 50; Müslim, Salât, 2, 3, 5; Dâvud, Salât, 29; Tirmizi, Salât, 27; Nesâi, Ezân, 2; Mâce, Ezân, 6; Dârimi, Salât, 6; Ahmed, III- 102, 109. İbn Mâce'deki Ebu Rafi'nin rivâyeti; seneddeki Ma'mer b. Muhammed b. Ubedullah'ın ve babası Muhammed'in durumundan ötürü zayıf görülmüştür. Sa'd b. Kurazi'nin rivâyet de Sa'dın evladı zayıf olduğu için tenkid edilmiştir. Ancak Zevaid'de hadisin metin olarak Buhâri'de geçtiğine işaret edilmiştir. Hadis diğer kitaplarda sahih görülmüştür.

[213] Mâce, Ezân, 2; (h: 709) Dâvud, Salât, 28; Tirmizi, Salât, 26; Nesâi, Ezân, 4; Ahmed, III, 409.

[214] (Tirmizi, Salât, 142; hd. 194)

[215] Es-Selatu hayrum'minen-nevm=Namaz uykudan daha hayırlıdır, Dâvud Salât, 28; Nesâi, Ezân, 6,15; Mâce, Ezân, 1, 3; Dârimi, Salât, 5; Mâlik, Nida, 8; Ahmed, III-408, 409.

[216] Tirmizi, a.g.e, hd. 195.

[217] Müslim, İmân, 269; Buhâri, Ezân, 19; Dâvud, Edeb, 52; Sünnet, 19; Tirmizi, Salât, 30; Mâce, Tahâret, 52, 65; Ezân, 3; Menâsık, 4; Nikah, 21; Dârimi, Salât, 8.

[218] Tirmizi, Salât, hd. 200-201; bu rivâyetlerin biri merfu, diğeri mevkuftur. Zühri'nin Ebu Hureyre'den işitmemesi hadisin ta'n sebebidir.

[219] Buhâri, Ezân, 17, 18, 49, 140; Ahâd, 1, Edeb, 27; Meğazi, 53; Müslim, Mesâcid, 292, 293; Nesâi, Ezân, 8; Dârimi, Salât, 42.

[220] Buhâri, Ezân, 7; Müslim, Salât, 10,11; Tirmizi, Salât, 40; Menâkıb, 1; Nesâi, Ezân, 33. 35-37; Mâce, Ezân, 6; Mâlik, Nida, 2; Dârimi, Salât, 10.

[221] Ebu Hureyre böyle birini görünce "Ebu'l Kasım'a isyan etmiştir" diyor. Müslim, Mesâcid, 258; Nesâi, Ezân, 5; Mâce, Ezân, 2, 7; Dârimi, Salât, 12; İsti'zan, 37; Ahmed, III, 410, 416, 471.

[222] Beyhâki, Sünen, I, 383; Bilâl'in, fecrin doğuşundan önce ezân okuması üzerine Resulullah'ın ezânı iade ettirdiğini ifade eden Beyhaki, hadiste Hammad'ın Eyyüb'ten işitmekte tek kaldığını söyler. Ancak hadisin şevâhidi haylice fazladır.

[223] Cuma, 9.

[224] Müslim, Cum'a, 43, 44; Nesâi, Aydayn, 22; Mâce, Mukaddime, 7; Nesâi'nin bir rivâyetinde, 'Her dalalet ateştedir' ilâvesi vardır.

[225] Buhâri, Cum'a, 27; Müslim, Cum'a, 35, 39; Nesâi, Cum'a, 18; Ahmed, IV,- 27, 28, 29.

[226] Dâvud, Salât, 209. Nevevi; İsnadı Buhâri ve Müslim'in şartı üzerine sahihtir der. İbn Hacer, birden fazla kişi hadisi sahih saymıştır, der. Ayrıca bk. Seyyid Sabık, Fıkhü's Sünne, 1, 302.

[227] Buhâri, Cum'a 16; Müslim, Müsâfırun, 293; Tirmizi, Cum'a, 9; Nesâi, Mevâkıt, 31, 34; Mâce, Cenâiz, 30; Dârimi, Salât, 142; Ahmed, II, 87; III-128, 150, 228, IV- 152. 295.

[228] Hadisi, Zeyd b. Erkâm rivâyet ediyor. Buhâri, Cum'a, 16; Dâvud, Salât, 612; Mâce, İkâme, 84; Dârimi, Salât, 194

[229] Tevbe, 84.

[230] Müslim, Cenâze, 59; Mâce, Cenâiz, 19; Ahmed, 1-278.

[231] Mâce, Cenâiz, 23: Dâvud, Cenâiz, 53; Nesâi, Cenâiz, 77; Mâlik, Cenâiz, 16, 25; Ahmed, II, 256, 345.

[232] Örnek olarak İbn Mâce, Cenâiz, 23; hd. 1500'deki dua verilebilir. Dua şöyledir. "Allahım! Ona rahmet et. Onu mağfiret eyle. Ona rahm eyle. Onu belâlardan koru. Onu afv eyle. Su kar ve dolu mesâbesindeki rahmet çeşitleriyle onu (günahlarından) pâk eyle. Beyaz elbisenin kirden temizletildiği gibi onu günahlardan ve hatalardan temiz eyle. (Dünyada bıraktığı) evine karşılık olmak üzere (ona) evinden daha hayırlı bir ev ver. (Ona) ailesinden daha hayırlı bir aile ver, onu kabir fitnesinden ve ateş azabından koru." Bu hadis için ayrıca bk. Müslim, Cenâiz, 85, 86; Dâvud, Sünnet, 24; Nesâi, Cenâiz, 77; Ahmed, VI, 23.

[233] Mâce, Cenâiz, 2.23 (hd. 1497); Dâvud, Cenâiz, 56.

[234] Mâce, a.g.e, 23 (hd 501) Hadisteki râvi Haccac bin Enât tedlisçilikle bilinir. Bu hadisi de an'ane ile rivâyet etmiştir. (Zevâidden) (Not) Dipnotlar bölümünde hadislerin kritiğinde kullanılan terimler teknik terimler olduğu için bu konularla ilgili hadis metodolojisi kitaplarına bakmakta fayda var. Akademik bir çalışmanın sorumluğuğu açısından gerekli yerlerde bu tanımları kollunmak zorundaydık.

[235] Buhâri, Cenâiz, 66; Nesâi, Cenâiz, 77; Mâce, Cenâiz, 23; Tirmizi, Cenâiz, 39; Tirmizi İbn Abbas'ın isnadındaki İbrahim b. Osman (Ebu Şeybe)nin münkerül hadis olduğunu söyler. Tirmizi sahih olan metnin (ve senedin) yine İbn Abbas'tan nakledilen 'Sünnetten (Peygamberin uygulaması) olan, cenâze üzerinde Fatiha'nın okunmasıdır' hadisi olduğunu söyler. Talha bin Avfın İbn Abbas'tan olan rivâyeti; "Sünnetin tamam oluşundan" şeklindedir. Tirmizi, hadisi Hasen-sahih görür. Şafii, Ahmed ve İshak'ın içtihadı da bu hadis üzerindedir ve ilk tekbirden sonra Fatiha'nın okunması şeklindedir. Sevri Kufe ehline göre: Fatiha'nın okunmayacağını, ölüye dua, Peygambere Salât ve senanın okunacağını söylerler. Bk. Tirmizi, Cenâiz, 39. İbn Abbas'ın rivayeti merfu; Ümmü Şerik'in ise mevkuftur.

[236] Mâce, Cenâiz, 24; İsnadındaki Halid bin İlyas zayıf görülmüştür. Abdullah bin Ebi Evfa'nın dört tekbir aldığı ve Resulullah'ın böyle yaptığı nakledilir. Mâce, Cenâiz, 24; (hd. 1503) bu rivâyetteki bir raviyi Nesâi ve Yahya bin Main zayıf saymışlardır. Aynı babta İbn Abbas'ın rivâyeti de vardır.

[237] Buhâri, Cenâiz, 65; Müslim, Cenâiz, 72; Tirmizi, Cenâiz, 37, 73, 75; Mâce, Cenâiz, 25, 14; Mâce, Cenâiz, 76; Ahmed IV- 367, 370, 371, 372, V-406.

[238] Müslim, Cenâiz, 67, 68; Tirmizi, Cenâiz, 48; Nesâi, Cenâiz, 57, 72; Mâce, Cenâiz, 33; Ahmed, 2-241;, 4-64, 360; Hümeydi, Müsned; hd: 1023,1291.

[239] Lahd: Kabir normal kazılır. Kıble duvarı ölünün yerleşeceği kadar oyulur. Cesed o oyuğa yüzü kıbleye gelecek tarzda konulur. Arkasına kerpiçler veya ağaçlar dizilir.

[240] Şakk: Mezar genişçe kazılır. Kıble duvarında (tarafında) 30-40 cm. yüksekliğinde ince bir duvar örülür. Ölünün girebileceği bir boşluk bırakılıp o duvarın karşısına paralel bir duvar daha çekilir.

Cesed iki duvar arasına yüzü kıbleye gelecek tarzda yerleştirilir. Duvarın üstü kerpiç, ağaç gibi maddelerle örtülür. Toprağın sızmaması için üstüne ot-çamur konur. Üstü toprakla örtülür. (Haydar Hatipoğlu, Sunen-i İbn Mâce Şuhi, IV, 409)

241 Mâce, Cenâiz, 38. Hadis Seneddeki Ebü'l Yekaza'dan ötürü hadis zayıf görülmüştür. Ancak hadisin şevahidi vardır. Nitekim İbn Vakkas'ın rivâyeti olarak Müslim'de yer alır. Bk. Dâvud, Cenâiz, 61; Tirmizi, Cenâiz, 53; Nesâi, Cenâiz, 39; Ahmed, IV- 377, 359; Hümeydi, Müsned, hd: 808.

242 Müslim a.g.e, 90; Mâce, Cenâiz, 39; Ahmed, I, 169.

243 Mâce, a.g.e, 40, 65; Mâlik, Cenâiz, 28; Ayrıca Lahd ile ilgili bk. Müslim, Cenâiz, 52; Dâvud, Cenâiz, 43; Tirmizi, Cenâiz, 35; Nesâi, Cenâiz, 79; Mâce, Cenâiz, 39. Fıkıhçıların cumhuru şakk usulü kabri de caiz görmüşler, bir kısım ise zaruret halinde (toprağın durumuna göre) caiz görmüşlerdir. Fıkıh kitaplarının "Cenâiz" bölümlerine müracaat edilebilir. Bu arada Lahd ve Şakk kabirler hakkında bilgi vermek gerekir.

Şakk: Mezar genişçe kazılır. Kıble duvarında (tarafında) 30-40 cm. yüksekliğinde ince bir duvar örülür. Ölünün girebileceği bir boşluk bırakılıp o duvarın karşısına paralel bir duvar daha çekilir. Cesed iki duvar arasına yüzü kıbleye gelecek tarzda yerleştirilir. Duvarın üstü kerpiç, ağaç gibi maddelerle örtülür. Toprağın sızmaması için üstüne ot-çamur konur. Üstü toprakla örtülür. (Haydar Hatipoğlu, Sunen-i İbn Mâce Şuhi, IV, 409)

244 Mâce, Cenâiz, 21; Dâvud, Cenâiz, 53; Buhâri, Cenâiz, 63, 64; Müslim, Cenâiz, 87, 88.

245 Mâce, a.g.e, 21 (hd: 1494)

246 Mâce, Cenaiz, 21.

247 Mâce, Cenâiz, 53; Mâce, Cenâiz, 21: Tirmizi, Cenâiz, 45; Hadis hasendir.

[248] Dâvud, Cenâiz, 53; Mâce, Cenâiz; 45; Mâce, Cenâiz, 21.

[249] Buhâri, Cenâiz, 2, 8, 9, 13, 15, 17; Müslim, Cenâiz, 12, 36, 39, 40; Dâvud, Cenâiz, 29; Tirmizi, Cenâiz, 15; Nesâi, Cenâiz, 28, 32, 35, 36; Mâce, Cenâiz, 8; Mâlik, Cenâiz, 12, 7; Ahmed, V-84, 85; VI-407, 408.

[250] Buhâri, Cenâiz, 18, 19, 23; Müslim, Cenâiz, 12, 45, 46; Dâvud, Cenâiz, 30; Tirmizi, Cenâiz, 12, 20; Nesâi Cenâiz, 39; Mâce, Cenâiz-11 Malik, Cenâiz, 5; Ahmed, 1-94, 102, 313.

[251] Buhâri, Menâkıb-ı ensar. 26; Dâvud, Cenâiz, 45; Tirtnizi, Cenâiz, 26; Nesâi, Cenâiz, 56; Mâce, Cenâiz, 35, Mâlik, Cenâiz, 8-Bir Yahudinin cenâzesi Peygamberimizin önünde Peygamberin kalktığı hadislerle sabittir. (Müslim, Cenâiz, 24, 73; Buhari, Cenâiz, 27, Tirmizi, Cenâiz, 51) Ancak büyük çoğunluğu bunun neshedildiğini, Peygamberimizin daha sonra cenâzenin önünden kalkmadığını söylerler. Hz. Ali, Alkarna, Nehâi, Said b. Müseyyeb, Mâlik, Sevri, Ebu Hanife ve başkaları böyle söylerler. Tartışma için bk. (Nazımi, El-itibar fı'n-nasihi ve'l mensuh sh. 185-188. İbn Mâce Şerhi Hatipoğlu, IV, 395, 398)

[252] Müslim, Kader, 31; Mâce, Mukaddime, 10; Ahmed, VI-208.

[253] Mâlik, Cenâiz, 26.

[254] Buhâri, a.g.e, Müslim, Cenâiz, 52 Davut, Cenâiz, 41; Nesâi, Cenâiz, 54, 79.

[255] Kevser, 1, 2.

[256] Buhâri, Aydeyn, 7, 8; Zekât, 33; Tefsir (Mümtehine) 3 hd: 4613, Edâhi, 16, Libas, 56; Müslim, İmân, 78; Aydeyn, 1, 2, 6, 8; Dâvud, Savm, 48; Tirmizi, Cuma, 31; Nesâi, Aydeyn, 7-9, 14, 28, 30, 32; Mâce, İkâmet, 155; Siyâm, 36; Fiten, 30; Dârimi, Salât, 218, 220, 224; Malik, Aydeyn, 3.

[257] Buhâri, a.g.e, 7, 19, 23; Edâhi, 16; Müslim, Aydeyn, 2; Zekât, 70; Mâce, İkâmet, 155.

[258] Buhâri, Tefsir (Mümtehine) 3, hd. 4613.

[259] Müslim, Aydeyn, 5; Ahmed, III-310; I-243; 354; Mâce, İkâmet, 155.

[260] Buhâri, Aydeyn, 26, 8; Zekat, 21; Ahmed, I-280; Mâce, İkâmet, 160; Hadis metninin müteaddid senedi vardır. Amr b. Şuayb'in dedesi Abdullah b. Amr bin el-As ve Ebu Saidi Huduri bunlardan ikisidir.

[261] Abdullah b. Amr bin el- As, Amr bin Avf el Müzeni ve Aişe bunlar arasından örnek olarak verilebilir.

[262] Dâvud, Salât, 245; Mâce, İkâmet, 156 (babtaki dört hadis). Ahmed V-343; Tirmizi, Cuma, 34; Mâlik, Aydeyn, 9. Bu hadisle fıkıhçılar amel etmişler. Şafii, Mâlik, Ahmed, Zühri, Evzâi ve Sahabenin büyük kesimi böyle der. İmam Ebu Hanife ise her rekâatte üç tekbir gerekir der. Ebu'l berakât Ahmed b. Muhammed b. Ahmed; Eş-Şerhü's-Sağır, Ala Akrabi'l Mesâlik ile mezhebil İmâm-ı Mâlik I-II, (İsa babı halebi, Kahire, ts.) II- 17, 20.

[263] Nisa, 101.

[264] Müslim, Salâtül Müsâfirin, 4.

[265] Müslim, Müsâfirin, 12.

[266] Müslim, a.g.e, 15; Dâvud, Sefer, 10.

(x) Hanefiler, Namazın kasr edileceği mesafenin normal bir bölgede senenin en kısa olduğu günleri esas alarak geceleriyle beraber ve günlük uzaklık olarak tesbit ettiler. Bu meselenin deve veya ayak yürüyüşüyle olması gerekmektedir. Cumhura göre ise kısaltmayı gerektirecek uzaklık normal yürüyüşle iki günlük yürüyüş uzaklığıdır (yaklaşık 90 km.). Cidde-Mekke, Taif-Mekke; Asfan-Mekke arası buna örnektir. Şafi, Mâliki ve Hanbelilere göre mesafe 89 km. ve yukarısı kadardır (Bk. Zuhayli, Vehbe, el-Fıkhil İslâm ve edilletuhu, II, 320-382).

[267] Buhari, Meğazi, 52, 53. "Resulullah'la on gün kaldık kasr kıldık; Ondokuza kadar kasr kıldık rivâyetleri vardır. Müslim'in rivâyetinde Mekke'de 'on gün kaldı' ilavesi vardır. Müslim, Müsâfirin, 15, 7; Dâvud, Sefer 10.

[268] Buhâri, taksir, 1; Ahmed, III 295. Hanefîler onbeş gün, Şâfîiler üç gün, Mâlikiler yirmi vakit namazı sefer için şart koşarlar. Bk. Ahmed Derdir, eş-Şerhü's -Sağır, I, 662.

[269] Müslim, Müsâfirin, 1-3: Buhâri, Salât, 6; Taksir, 5; Dâvud, Sefer, l; Dârimi, Salât, 179; Mâlik, Sefer, 8.

[270] Tirmizi, Cum'a, 41; Ahmed, 11-823, 154.

[271] Alak, 19.

[272] Secde, 15.

[273] İçinde secde olan âyetler şunlardır; A'raf, 206; Ra'd 15; Nahl 50; Necm, son âyet İnşikâk, 21; Alak, son âyet, İsra, 109; Meryem, 58; Hac, 18; Furkân, 60; Neml, 426. Sede, 15; Sad, 24; Fussilet, 37; Sa'd süresindeki secde âyeti hariç, diğerlerindeki ittifak vardır. Sa'd sûresindeki âyetin secde âyeti olduğuna söyleyenler şunlardır: Hanefi âlimleri, Malik, Süfyan, İshak ve Cumhur. Şafii'yi göre bu sûredeki secde, şükür secdesidir. Namaz içinde secde edilmez. Namaz dışında secde edilir. İmam Ahmed'in kavli de böyledir. Bk; Sübki, Mahmud Muhammed Hattab; El Menhelü'l- azbü'l mevrûd şerhu süneni'l İmâmi Ebi Dâvûd; I-X- Tekmile; Emin Mahmud Hattab, Fethül Meliki'l-Mâbûd, I. IV- (El Mektebül İslâmiyye, Mısır, 1974) III. 50; Zemahşeri, Keşşaf, III. 144, 146.

[274] Müslim, Mesâcid, 103-111; Buhari, Sücûd, 8, 9, 12.

[275] Tirmizi, Cum'a, 52; Müslim ve İbn Mâce'nin rivâyet ettikleri hadiste (İbn Abbas ve Ebu Hureyre) bir adamın rüyasında secde âyetini okurken secde ettiğini, karşısındaki ağacın da secde ettiğini ve "Allahım bu secde ile benim bir günahımı düşür, bununla bana ecir yaz ve bunu benim için yüce katında azık yap" dediğini duyu-

yor. Rüya Resulullah'a nakledildiğinde Peygamberimiz de secdede aynı duayı okuyor. Mâce, İkâmet, 70.

[276] Mâce, İkâmet, 192; Dâvud, Cihâd, 162; Ahmed, I- 512, 541.

[277] Mâce, İkâmet, 129, 130 (Sehven öğle beş rekâat kılmak); 131 (İkinci rekâattan sonra sehven kalkan); 132. Rekâatlerde şekk etmek için bk.: 133, 134, 135, 136. Yanılma secdesinin selâmdan sonra yapılması için bk.: ayrıca; Müslim, Mesâcid, 13, 95, 102; Buhâri, Bed'ül halk, 11; Dâvud Salât, 189, 190, 195; Nesâi, Sehv, 26; Ahmed, I- 379, 409, 419, 456.

[278] İsrâ, 79.

[279] Buhâri, Cum'a, 39; Teheccüd, 34; Dâvud, Tetavvu, 1; Tirmizi, Mevâkıt, 203; Cum'a 64, 71; Nesâi, İmamet, 64; Dârimi, Salât, 144; Ahmed, 2-23, 63, 87; Yine İbn Ömer'in "iki rekâat" ile beraber "iki secde" ifadesini kullandığı rivâyetler vardır. Akşam ve yatsıyı evinde kıldığı rivâyetleri de vardır. Buhâri, Teheccüd, 25,29; Müslim, Müsâfirin, 105; Tirmizi, Mevâkıt, 189,203; Nesâi, Kıyamü'1-leyl, 66; Mâce, İkâme, 100; Mâlik, Sefer, 69.

[280] Buhâri, Teheccüd, 27; Müslim, Müsâfirun, 94; Dâvud, Tetavvu, 2; Ahmed, VI-43, 44, 45-54.

[281] Buhâri, Teheccüd, 34; Nesâi, Kıyâmü'l-leyl, 56; Dârimi, Salât, 144; Ahmed, VII-63, 148.

[282] Müslim, Mesâcid, 305, 300; Dâvud, Vitr, 10; Tirmizi, Mevâkıt, 177; Nesâi, Tatbik. 29; Ahmed, I, 301, IV-280, 285.

[283] Bakara, 183, 184.

[284] Bakara, 185.

[285] Bakara, 187.

[286] Bakara, 185.

[287] Buhâri, Savm, 5, 11; Müslim, Sıyâm, 6-9, 17; Dâvud, Savm, 4, 6, 7; Tirmizi, Savm, 2; Nesâi, Sıyâm, 9, 13, 17; Mâce, Sıyâm, 7; Dârimi, Savm, 2, 15; Mâilik, Sıyâm, 1-3; Ahmed, 11-5, 13, 63, 145.

[288] Buhâri, Savm, 5, 11.

[289] Tirmizi, Savm, 5; Nesâi, Sıyâm, 8, 13.

[290] Nesâi, Sıyâm, 68; Dârimi, Savm, 10.

[291] Şafii bundan hareketle her gün fecirden önce niyeti şart görür. İmâm Mâlik ise bütün Ramazan için tek bir niyeti yeterli görür.

[292] Bakara, 185.

[293] Bakara, 183,184.

[294] Buhari, Sıyâm, 30; Hibe, 11; Nafakat, 13; Keffâret, 2-4; Müslim, Savm, 81; Dâvud, Savm, 37; Tirmizi, Savm, 28; Mâce, Sıyâm, 14; Ahmed, II- 241, 276.

[295] Müslim, Sıyâm, 139, 141; Dâvud, Savm, 48; Tirmizi, Savm, 58; Mâce, Sıyâm 36; Mâlik, Sıyâm, 36; Aydeyn, 5; Buhâri, Savm, 66; Edahi, 16; Ahmed, 1-24, 34, 60, 70; Dârimi, Savm, 43.

[296] Buhâri, Savm, 5, 14; Müslim, Sıyâm, 21; Dâvud, Savm, 7, 11; Tirmizi, Savm, 2, 4, 38; Nesâi, Sıyâm, 13, 31, 32, 38; Mâce, Sıyâm, 5; Dârimi, Savm, 2, 4; Ahmed, I, 221, 367.

[297] Kurban Bayramının 2, 3 ve 4. günleri.

[298] Müslim, Sıyâm, 144, 145; Nesâi, İmân, 7; Mâce, Sıyâm, 35; Ahmed, III, 441, 460.

[299] Bakara, 187.

[300] Buhâri, Savm, 23; Büyü, 111; Müslim, Siyam, 65, 67, 68; Dâvud, Savm, 35, 38; Tirmizi Savm, 32; Mâce, Sıyâm, 20; Dârimi, Vüdû, 81; Malik, Sıyâm, 20; Ahmed, I, 445, VI-40, 42, 154.

[301] Buhâri, Savm, 32; (Tercemede); Dâvud, Savm, 32; Tirmizi, Savm, 25; Mâce, Sıyâm, 16; Dârimi, Savm, 25; Mâlik, Sıyâm 47; Ahmed, II, 498.

[302] Buhâri, Savm, 26; Mâce, Sıyâm, 15; Ahmed, II, 395, 425, 489, 491.

[303] Bakara, 45, 83, 110, 177, 277; Nisa, 77; Tevbe, 5, 11, 18, 71.

[304] Bakara, 267.

305 Rum, 39.

306 Müminun, 4.

307 Tevbe, 103.

308 Ebu Saidi Huduri, Ebu Hureyre ve Abdullah b. Amr'den de benzeri rivâyetler vardır.

309 Buhâri, Zekât, 4, 32, 42, 56; Büyü, 83; Müsâkat, 17; Müslim, Zekât, 1, 3, 4, 6; Büyü 71; Zekât. 2; Büyü, 20, 98, 296; Tirmizi, Zekât. 7; Büyü, 63; Nesâi, Zekât, 5, 18, 21, 24; Mâce, Zekât, 6; Dârimi, Zekât, 11; Mâlik, Zekât, 1, 2; Büyü 14; Tirmizi, Ebu Said'in hadisinin hasen-sahih olduğunu söyler.

310 Hanefilere, Şâfiilerden Râfii'ye göre bir sa 3244,8 gramdır. Buna göre 300 sa x 3244,8 gr = 9734,40 gr, yani beş vesk = 923,5 kg'dır. Mâlikilere göre, bir sa = 2129,92 gr'dır. 300 sa x 2129,92 gr .= 638976 gr. yani beş vesk = 639 kg'dır. Nevevi ve Hanbelilere göre bir sa = 2139,42 gr'dır. 300 sa x 2339,42 gr = 642 kg'dir. bk. Hatipoğlu, İ. Mâce, V, 84-8; Tirmizi, Zekât, 7 (626. hadisin Fuad Abdülbaki tahricindeki bilgiler.)

311 Bir okiyye 40 dirhemdir. 40x5=200 dirhem olur. 200 dirhem ise 624 gramdır. Bk. Hatipoğlu İ. Mâce, V, 76-87; Tirmizi, Zekat, 7.

312 Buhâri, Zekât, 55; Müslim, Zekât, 8; Dâvud, Zekât, 5, 12; Tirmizi, Zekât, 14; Nesâi, Zekât, 25; Mâce, Zekât, 17; Dârimi, Zekât, 29 (Tercemede); Mâlik, Zekât, 33; Ahmed, I, 145; III- 341, 353.

313 Mâce, Zekât, 13, 9, 10; Diyât, 4, 6, 14, 17; (Metin İbn Mâce'nin metnidir.) Tirmizi, Zekât, 4; Diyât, 1; Nesâi, Zekât, 5, 10; Kasame, 34, 35; Mâlik, Zekat, 23; Ukul, 10; Ahmed, I, 12, 49, 450.

314 Buhâri, Zekât, 37, 38; Dâvud, Zekât, 4, 5, 8, 16; Mâce, Zekât 10 İbn Hazm, mektuba hiçbir sahabinin itirazda bulunmamasına işaret ederek, hadisin sıhhatine temas eder.

315 Mektubun metni şöyledir. "Bismillahirrahmannirrahim. Sana verdiğim bu mektup, Allah'ın Resulullah (sav)e emrettiği ve

Resulullah (sav)in Müslümanlara farzettiği zekat farizasıdır. Şüphesiz hayvan zekatleri meyanındaki develerin gerekli yaşlarından bir kısmı şöyle olur. Kimin yanındaki develerin zekâtı dört yaşını bitirip beş yaşa erişmiş her dişi deveye ulaşır ve onun yanında böyle deve bulunmaz da bir yaş aşağı deve bulunursa, mal sahibinden (zekat olarak bu deve kabul edilir.) Ve mal sahibi yaş farkının telâfisi için yanında varsa iki şat, yoksa yirmi dirhem (gümüş) verir. Kimin yanında (develerin) zekatı üç yaşını bitirip dört yaşına basmış bir dişi deveye ulaşır ve onun yanında yalnız iki yaşını bitirip üçüncü yaşa basmış deve varsa, bu deve ondan kabul edilir. Ve mal sahibi (yaş farkına karşılık olarak) bu deve ile beraber, yanında varsa iki şât, yok ise yirmi dirhem (gümüş) verir. Kimin zekatı iki yaşını tamamlayıp üçüncüsüne basmış dişi bir deveye ulaşırsa yanında da bu evsafta bir deve bulunmayıp, yanında bir yaş büyüğü bulunursa, bu deve mal sahibinden kabul edilir ve zekât memuru (yaş farkı telafisi için) ona yirmi dirhem (gümüş) veya iki şât verir. Kimin zekatı iki yaşını tamamlayıp üçüncüsüne basmış bir dişi deveye erişir ve yanında bu vasıflarda deve bulunmayıp, yanında bir yaş küçüğü dişi deve bulunursa mal sahibinden bu deve kabul edilir ve mal sahibi (yaş farkını kapatmak için) bu deve ile beraber 20 dirhem (gümüş) veyahutta iki tane şât verir. Ve kimin zekatı bir yaşını tamamlayıp ikinci yaşa giren dişi bir deveye ulaşır da, yanında bu vasıflarda deve bulunmaz ve yanında bir yaş küçüğü dişi deve bulunursa, ondan o büyük deve kabul edilir. Ve zekat memuru (yaş farkı probleminin telâfi edilebilmesi için) ona 20 dirhem veya iki şat verir. Kimin yanında zekât olarak vermesi gereken iki yaşındaki dişi deve bulunmayıp yanında, iki yaşından üçüncüsüne geçmiş erkek bir deve varsa ondan o deve kabul edilir ve bununla beraber başka bir şey yoktur." *Buhâri, Zekât, 37, 38; Mâce, Zekât, 10; Dâvud, Zekât, 4, 5, 8,*

16; Hz. Ebu Bekr'in mektubu, Resulullah'ın konuyu açarak sahabeye öğrettiğini gösteriyor.

[316] Buhâri, Zekât, 38; Mâce, Zekât, 13; Dâvud, Zekât, 3; Nesâi, Zekât, 8; Tirmizi, Zekât, 15; Dâimi, Zekât, 5; Malik, Zekât, 24; Ahmed, V- 230, 233, 240.

[317] Buhâri, Zekât, 45, 46; Tirmizi, Zekât, 8; Nesâi, Zekât, 16; Ahmed, II, 242, 249, 254.

[318] Tirmizi, Zekât, 10; Mâce, Zekât, 5.

[319] Tirmizi, a.g.e, Dâvud, Zekât, 22; Mâce, Zekât, 7; Dâimi, Zekât, 12,

[320] Bakara, 197.

[321] Bakara, 196.

[322] Bakara, 198.

[323] Bakara, 203.

[324] Âli İmrân, 97.

[325] Bakara, 158; Tevbe, 3; Hacc, 27.

[326] Nesâi, Menâsık; 220; Müslim, Hacc, 310; Dâvud, Menâsık, 77; Ahmed, III. 318, 366.

[327] Âli İmrân, 97.

[328] Nesâi, Menâsık, 1; Tirmizi, Hacc, 5; Tefsir (5. sûre); Dârimi, Menâsık, 4. Bazı rivâyetlerde soru soranın Akra bin Habis olduğu ifade edilir. Ayrıca; Ahmed, II-181; 508; Müslim, Hacc, 411; Fedâil, 130; Buhari, İ'tisam, 2; Dâvud, Buyu', 22; Mâce, Mukaddime, 1.

[329] Bakara, 198.

[330] Tirmizi, Tefsir (Bakara) 22; Dâvud, Menâsık, 68; Mâce, Menâsık, 57; Dârimi, Menâsık, 54.

[331] Buhâri, Hacc, 7, 9, 11, 12; Müslim, Hacc, 11, 12; Dâvud, Menâsık, 8; Nesâi, Menâsık, 19, 20-23; Dârimi, Menâsık, 5; Ahmed.I, 239, 249, 11-46, 50, 78, 81.

[332] Buhâri, Hacc, 22, 93, 98, 101, 125, 130, 134; Umre, 6; Tefsir (Âli İmrân) 35; Dâvud, Menâsık, 6, 27, 34, 50, 56, 77; Tirmizi, Hacc, 58, 61, 64, 74, 78, 93; Nesâi, Hacc, 69, 187, 204; Mâce, Menâsık, 28, 61-67, 68-70, 74, 75: Dârimi, Menâsık, 34, 50, 59 ,61, 71; Mâlik, Hacc, 174; 177, 205; Ahmed, 1-76-114, 155, 250, 328, 343, 344 ve devamı.

[333] Bu tanımdaki "tek bir vaz" sözü müşterek ile umum arasındaki farkı belirlemek, yani müştereki tanım dışı bırakmak içindir. Ayn = göz kelimesi kişiye (zata), göze ve pınara delâlet eder. Ancak bu anlamlara bir vaz'i ile değil, ayrı ayrı zamanlarda farklı vaz' (konuluş) larla ve tebâdül (her bir seferinde başka şeyi kastederek) suretiyle delâlet etmektedir. Ama âmm ise, delâlet ettiği şeyler için tek bir vaz' ile kullanılan lafızlardır. Ebu Zehra, Usulül Fıkh (Darül Fikr, Kahire) s. 145.

[334] Hanefiler, âmmı; gerek lafız gerekse de mana itibariyle olsun bütününe delâlet eden lafızdır, diye tarif etmişlerdir. Bunlara örnek de rical, ins, cin gibi konulardır. Ebu Zehra, a.g.e, s. 145, 146.

[335] Hâss tarif edilirken, âmmın tarifinden hareket edilirse tanım ortaya çıkar. Buna göre hass, tek bir manaya vaz' edilen lafızdır. İster cins ismi olan hayvan, ister insan, adam gibi bir nev'i, ister İbrahim gibi şahıs olsun tek bir vaz' ile tek bir şeye isim olarak konulması önemlidir. Ebu Zehra, a.g.e, s. 146.

[336] Ebu Zehra, a.g.e, s. 147.

[337] Ebu Zehra, a.g.e, s. 47.

[338] Mâide, 6.

[339] Ebu Zehra, a.g.e, s. 146.

[340] Buhâri, Vüdû, 35.

[341] Ebu Zehra, Fıkıh Usulü, s. 148.

[342] Mâide, 3.

[343] Dâvud, Tahâret, 41; Tirmizi, Tahâret, 52; Nesâi, Tahâret 46; Miyah, 4; Sayd, 35; Mâce, Tahâret, 38; Sayd, 18; Mâlik, Tahâret, 12; Dârimi, Vüdû, 5; Sayd, 6.

344 Mâce, Et'ime, 31; Ahmed, II. 97 (İbn Ömer'den)

345 Fatiha, 7.

346 Tirmizi, Tefsir, (Fatiha) 2; Ahmed, IV, 378.

347 Mâide, 60.

348 Mâide, 77; Kur'ân'da **"ğadaba"**dan müştak bütün sıfatlar genellikle Yahudilerin vasfı olarak kullanılmıştır. Bk. Bakara, 61, 90; Âli İmrân, 112, Mâide, 63; Araf, 151, Tâhâ, 81.

349 Taberi, Tefsir, I, 78-80, Taberi yirmiye yakın haber rivâyet eder.

350 Süyûti, Dürr, 1,41-42 Süyûti; Abdürrezzak, Beyhaki ve diğerlerine nisbet ettiği onbeşten fazla rivâyet nakleder. Razi, Adiyy bin Hâtim'in rivâyetinden en meşhur rivâyet olduğunu zikreder *Tefsir-i Kebir (Bab-ı Halebi, Mısır, ts.) I, 261-263; İbn Kesir. Tefsir, I, 28-32. İbn Kesir, Tefsir, 1. 28-32. İbn Ebi Hatim;* Müfessirler arasında 'Mağdubi aleyhim'in Yahudiler, dâlilinin ise Hıristiyanlar olduğu hususunda bir ihtilaf olduğunu bilmiyorum, der. Bk. *İbn Kesir, Tefsir, 1,30, Süyûti, İtkan, II, 225*

351 En'âm, 82.

352 Tirmizi, Tefsir, 7; Müslim, İmân, 197; Tirmizi, hadis hasensahih'tir der.

353 Buhâri, Tefsir, (En'âm) 126; Enbiyâ, 8, 41.

354 Enfâl, 41.

355 Dâvud, Harac-İmâre ve Fe'y, 20 (hd: 2978-2982 arası); Nesâi, Fe'y, 1; Ahmed, IV, 81. Hadis, Kur'ân'da geçen **lizi'l kurba**'nın hepsinin aynı anlamda olmadığını da gösteriyor.

356 Şûra, 23.

357 Buhâri, Tefsir (Şûra), 305.

358 Nisa, 51.

359 Dâvud, Tıbb, 23; Ahmed, III, 477, 5-60.

[360] İbn Kesir, Nihaye, III, 120; Dâvud, Tıbb, hd: 3907-3909. Rivâyetlerin bir kısmı da Avf'ın yorumudur. Suyuti hadisin; Nesâi, İbn ebi Hatim, Abdürrezzak, Ahmed ve Abd. b. Humeyd'e aidiyetini söyler. Suyuti, Dürr, II, 564-565.

[361] Bakara, 124.

[362] İbn Kesir, Tefsir, I, 256.

[363] Mâide, 20.

[364] Süyuti, Dürr, III, 46; İbn ebi Hatim'den.

[365] Suyuti, a.g.e, III, 47. Ebu Davud'un Merâsil'inden naklen.

[366] Bakara, 157.

[367] Buhâri, Daavat, 32; Nesâi, Zekat, 13; Dâvud, Zekat, 7; Mâce, Zekat, 8; Ahmed, IV-353-355.

[368] Ahmed, V-343.

[369] Hicr, 99.

[370] Müslim, İmâre, 125; Mâce, Fiten, 13; Ahmed, II-22.

[371] Buhâri, Cenâiz, 3; Tabir 13, 17 Menâkıb-ı Ensar, 46; Şehâdet, 30; Ahmed, VI-436.

[372] Bakara, 22.

[373] Buhâri, Tefsir (Bakara) 5; Edeb, 20; Hudud, 20; Diyât, l; Tevhid, 40, 46; Müslim İmân, 141, 142; Dâvud, Talak, 50; Tirmizi, Tefsir, (25. sûre) 1, 2; Nesâi, İman, 6; Tahrim, 4; Ahmed, I, 380, 431, 434, 462.

[374] Müslim, Münâfıkun, 50.

[375] Bakara, 223.

[376] Süyuti, ed-Dürr, I, 627, 635; Nesâi, Taberâni, İbn Mirdeveyh'den. Yahudilerin arka taraftan öne yanaşmadıkları, Ensar'ın da ilk zamanlarda bunu hoş görmedikleri Mekke'den gelen muhacirin ise bunda sakınca görmediğine dair hadisler için Bk. Müslim, Talak, 9; Nikâh, 119; Tirmizi, Tefsir (25) 1; Hasen sahihtir. Dârimi, Vüdû, 113; Ahmed, VI-305, 310, 318.

[377] Tirmizi, Tefsir, (sûre 26) 1, hd: 2980; Hadis için, hasen garibtir, der. Hadiste geçen Yakup, Yakup el-Kummi'dir.

[378] Süyuti, a.g.e, I, 626, 641.

[379] Münafikun, 4

[380] Müslim, Münafikun, 50; hd: 2772.

[381] Kazvini, İdah adlı eserinde kelimenin dilbilgisi yönünden değişimi (bir hazf veya ziyadeyle değiştiğinde) mecaz olur der. Buna örnek olarak da Yusuf sûresi, 82; âyette geçen 'Köye sor= yani, köy halkına sor' âyeti ile ve Şura, 11. âyetlerini verir. Ancak hazf veya ziyade i'rabin değişimini gerektirmiyorsa kelimeye mecaz denemez diyor. Örnek olarak da, 'Sayyıb' (Bakara, 19) âyetini gösterir. Buna göre Sayyıb mecaz değil, hakikattir. Bk. Süyuti, İtkan, III, 124, 125.

[382] Süyuti, Dürr, I, 82, 83.

[383] Süyuti, a.g.e, 1,83.

[384] Süyuti, a.g.e, 1, 83.

[385] Dâvud, Edeb, 104; Nesâi, İstiska, 15; Mâce, Dua, 21; Ahmed, VI- 137, 138, 190.

[386] Veciz, I, 270.

[387] Süyuti, Celaleddin Abdurrahman; Mü'terekül akran fi icazi'l Kur'ân I-III, (Dârül Fıkr, Mısır, ts.) I, 270.

[388] Bakara, 187.

[389] Süyuti, İtkan, III, 122, 124.

[390] Buhâri, Savm, 15; Dâvud, Savm, 1; Tirmizi Tefsir (Bakara) 15; Hadis; hasen sahihtir. Dârimi, Savm, 7; Ahmed, VI-592; Suyuti, Dürr, 1-47, 775-80. Veki, Abd. b. Hümeyd, İbn Cerir, İbn Münzir, beyhaki, Hasen bir sened'le rivâyet etmiştir.

[391] Bakara, 187.

[392] İbn Manzur, Lisân'ül Arab, I, 286.

[393] Buhâri, Hayz 10; Dârimi, Vüdû, 94.

[394] Buhâri, İ'tikaf, 2 (Hayızlı kadın İ'tikaftaki erkeğin saçını tarar babı); Müslim, Hayz, 7; Dârimi, Vüdû, 108; Ahmed, VI-230.

[395] Bakara, 197.

[396] Heysemi, Mecme, VI, 318; Taberani hadisi şeyhi Yahya b. Osman b. Salih'ten rivâyet etmiştir. Hadisin ravileri sahih hadis ravileri olarak kabul edilmiştir. Suyuti, Dürr, I, 527-528.

[397] Heysemi, a.g.e, VI, 318; Taberani, Evsat ve Sağır'de rivâyet etmiştir. Seneddeki Husayn b. Muharik zayıf sayılmıştır. Bk. Süyûti, Dürr, I, 524-525.

[398] Mâide, 6

[399] Mâce, Taharet, 53 (İbn Mâce'deki başka rivâyetler Ebu Umame ve Ebu Hureyre'dendir. Ancak bu rivâyetin senedi zayıf sayılmıştır. Rivâyet ettiğimiz Abdullah'ın senedi ise hasendir) Dâvud, Tahâret, 51; Tirmizi, Tahâret, 29; Ebu İsa; Kuteybe b. Hammad'ın; "Bilemiyorum bu söz -yeni kulaklar baştandır- sözü Resulullah'ın sözü müdür, yoksa Ebu Umame'nin midir?" cümlesini nakleder. Ancak Ebu İsa, hadisin başkaca bir varyantının Enes'ten olduğunu zikrederek "Bu hadis hasendir" der. Ebu Dâvud'un rivâyetinde de, Ebu Dâvud, Hammad'ın Ebu İsa'ya benzer şüphesini nakleder. Ahmet M. Şakir; bu cümlenin Nebevi bir ifade arzettiğini, Resulullah'ın cümlesi olduğunu, Ebu Umame'nin idracından (hadise katması) olmasının zor olduğunu söyleyip bu konuda yansıyan tartışmaları verir. *Zeylaının, Nasbü'r- Ra'ye*sinden nakilde bulunur. Ancak Ahmed M. Şakir; hadisin sahih olduğu kanaatindedir; Darekutni; İbn Abbas'tan merfuan aldığı rivâyetin senedinin muttasıl olduğunu, ravilerin sıka bulunduğunu söyler. Bk. Tirmizi, Tahâret, 29.

[400] Hucurat, 12.

[401] Tirmizi, Birr, 23; Ebu İsa (Tirmizi); Hadis Hasen-Sahihtir der. Başka sahabeden de hadis ayrı senedlerle rivâyet edilmiştir.

Müslim, Birr, 70; Malik, Kelam, 10; Dârimi, Rikak, 6; Ahmed, II-384, 386.

402 Felak, 5; Feth, 15; Nisa, 54; Bakara, 109.

403 Buhâri, Temenni, 5; Tevhid, 45; İlim, 15; Zekat, 5; Ahkâm, 3; İ'tisam, 13; Tirmizi, Birr, 24; Ebu İsa hadisin hasen-sahih olduğunu söyler. Tirmizi, Ebu Hureyre ve İbn Mes'ud'dan da benzer rivâyetlerin var olduğunu söyler, Ahmed, II, 9, 36.

404 Kalem, 13.

405 Beyzâvi, Râzi, Nefesi, Firuzâbâdi; Mecmua, VI, 328; Süyuti, Dürr, VIII, 248-249.

406 Ahmed, IV, 227; Heysemi, Mecme, VII, 128; hadisin ravilerinin sıka kabul edildiği, ravilerden Şehr'in de sıka olduğu, ancak kendisinde zayıflık da bulunduğu ifade edilir. Abdurrahman b. Ganem'in ise Resulullah'la -en sahih kavle göre- görüşmesi olmamıştır. Bk. Suyuti, Dürr, VIII-248, 249; Abdürrezzak, İbn Cerir ve İbn Münzir'in Zeyd b. Eslem'den rivâyet ettiği bir hadiste: "Allah'ın kendisine mal ve güzel fizik vermesine rağmen insanlara karşı zâlim olana Resulullah 'İşte bu ututlu'z-Zenim'dir, buyuruyor." Musa b. Ukbe ve Kasım'dan rivâyette; 'çok alçak olan kişi'dir, deniliyor. Bu iki kelimeyle ilgili görüşler şöyledir: Utull; Ata (İbn Abbas'tan) 'iri, kaba biçimli adam'. **Mukatil**; 'şiş karınlı, çirkin suratlı' **Hasan;** 'Kötü ahlaklı, alçak ruhlu'; **Ubeyd b. Umeyre** 'çok yiyen, obur, doymaz'; **Zeccac,** 'Kaba kalın' Said b. **Müseyyeb**; 'Bir milletten olmadığı halde kendini onlardan addeden" anlamlarını vermişlerdir. Velid b. Muğire hakkında nazil olduğu kabul edilire babasından olmayan anlamında (zenim) anlamını vermek mümkün. Bu âyetlerin müşriklerden Ebu Cehl, Ahnes b. Şerik ve benzerleri hakkında indiğini belirten müfessirler de mevcuttur. Bilgi için bk. Süyuti Dürr, 8, 148.

[407] Sâbuni, Safve, III, 427; Razi, Tefsir. VIII-266; Nesefi, Medârik, VI, 328; Beyzavi, Mecmua, VI, 328; İbn Hişam, Siyre, I, 419.

[408] Hacc, 28.

[409] Taberi, Tefsir, X, 206.

[410] Süyuti, Dürr, VI, 76-79; Taberi, Tefsir, X, 207.

[411] Süyuti, Dürr, VI- 77, 81; Taberi, Tefsir, X, 204-206.

[412] Bakara, 238.

[413] Ahmed, III, 75; Heysemi, Mecme, VI, 320; Mecmeuz-Zevâid'de hadisin Ahmed, Ebu Ya'la, Tabarani (Evsat ta) tarafından da rivâyet edildiği aktarılır. Ahmed ve Ebu Ya'la'ın rivâyetinde İbn Lühey'a vardır ki, zayıftır, denir.

[414] Taberi, Tefsir, II- 567, 573.

[415] Taberi, a.g.e, II, 569.

[416] İbrahim, 5.

[417] Ahmed, V, 121, 122; İbn Kesir, Muhtasar, II, 290. İbn Kesir, hadisin merfuu ve mevkuf olarak rivâyet edildiğini söylüyor. Süyuti'nin ifadesine göre; Nesâi, Abdullah b. Ahmed İbn Cerir, İbn Münzir, İbn Ebi Hatim ve Beyhaki'nin (Şuab'ül İman'da) Ubey bin Ka'b kanalıyla aldıkları rivâyette, *eyyamüllah*'tan gaye "Allah'ın nimetleri ve bağışlarıdır" bilgileri vardır. Süyuti, Dürr, V-4, 6.

[418] Süyuti, a.g.e, V, 4, 6.

[419] İbrahim, 5.

[420] Müslim, Birr, 14, 15; Tirmizi, Zühd, 52; Dârimi, Rikak, 73; Ahmed, IV, 182; Muâviye b. Salih yoluyla gelen bir rivâyette kendisi Resulullah'a sordum, tarzındadır. Tirmizi, rivâyetin hasen-sahih olduğunu söylemiştir.

[421] Müslim, Birr, 14, 15; Tirmizi, Zühd, 52; Darimi, Büyu' 2.

[422] Ahmed, IV-228; Dârimi, Büyü, 2.

[423] Hacc, 30.

[424] Hacc 20. "Tirmizi, Şehâdet, 3 (Tirmizi, Hadisin Süfyan b. Ziyad tarikiyle bilindiğini ve garib olduğunu, Eymen'in Resulullah'tan hadis duyduğunu bilmediğini nakleder. Bu ara **Fatik al-Esedi**'nin benzer anlamdaki rivâyetinin sened itibariyle daha sağlam olduğunu söyler. Hureym b. Fatik el-Esedi'nin Resulullah'tan duyduğuna dâir rivâyetler daha meşhurdur. Bazı rivâyetlerde **"Kavlezzur"** veya **"şehadete'z-zur"** tabiri geçer. Tirmizi'ye göre rivâyetler, Hasen-Sahihdir. Dâvud, Akdiye, 15; Mâce, Ahkâm, 32; Buhari, İlim, 30; Tirmizi, Büyü, 3; Ahmed, IV-178, 232.

[425] Hacc, 30.

[426] Bakara, 57.

[427] Zeccac, Maâni'l Kur'ân I, 138.

[428] İbn Manzur, Lisan, XIII, 415-423.

[429] Buhâri, Tefsir (Bakara) 4; Tıbb, 20; Müslim, Eşribe, 158, 159, 162; Tirmizi, Tıbb, 22; Mâce, Tıbb, 8; Ahmed, I, 187, 188; II, 103, 205, 356-357, 488.

[430] Fecr, 3.

[431] Süyuti, Dürr, VIII, 503; Tabarani ve İbn Mirdeveyh'ten; Süyuti senedinin zayıf olduğunu söyler.

[432] Tirmizi, Tefsir, (Fecr) 77; Süyuti, Dürr, VIII, 502; İbn Cerir hadisi, Hâkim ve Ahmed'e nisbet eder. Ayrıca Taberi, Tefsir, XV, 169, 173. Tirmizi, hadisin garip olduğunu, Katadenin rivâyetinde münferid kaldığını naklediyor.

[433] Beled, 12, 13.

[434] Nesmenin; Lûgat anlamı; nefs ve ruh, yani canlı demektir. Kendisine ruh olan her canlıya nesme demişlerdir. İbn Kesir, Nihâye, V. 49.

[435] Ahmed, IV, 299.

[436] Beled, 16.

[437] İbn Kesir, Tefsir, III-642.

[438] Süyuti, Dürr, VIII, 526.

[439] Süyuti, a.g.e, VIII, 526.

[440] Bürûc, 1.

[441] Furkân, 61.

[442] Nisa, 78.

[443] Süyuti, Dürr, VIII-462. **Yahya b. Rafi;** Gökteki saraylar, **Minhal b. Amr;** güzel ahlak, **Taberi;** güneş ve menzilleri anlamına geldiğini söylerler. Ayrıca bk. İbn Kesir, Tefsir, III, 622-623.

[444] Mü'min 41.

[445] Süyuti, Dürr, VII, 290.

[446] Tirmizi, Zühd, 60; Hadis, Hasen Sahihtir.

[447] Fıkıh metodolojisinde hafi (gizli) ve müşkil lafızların içine giren kelimeler bu kısımdandır. Ancak hafi lafızlardaki belirsizlik lafzın kendinden değildir. Ama müşkilin belirsizliği lafzın özellikle kendisinden kaynaklanmaktadır. Kur'ân'daki bütün müşkil lafızlar bu noktadan konumuzla ilgilidir. Bk. Ebu Zehra, Usulü Fıkh, s. 115, 120.

[448] İbn Manzur, Lisan'ül Arab, IV, 3198-3200.

[449] Araf, 179.

[450] Bakara, 228.

[451] Mâlik, Muvatta, Talak, 50.

[452] Şâfiiler bu hadisin Resulullah (sav) tarafından söylendiğini (nisbetini) kabul etmezler. Onlara göre Kur', temizlik demektir. Hanefiler Talak sûresi 4. âyeti de kendilerine delil sayarlar. Şâfiiler ise aynı sûrenin birinci âyetini kendilerine delil sayıyorlar. Geniş bilgi için, Ebu Zehra, Usulü Fıkh s. 119-120.

[453] Bakara, 35-36.

[454] İbn Kayyım buradaki cennetin dünyadaki bahçe anlamında olduğunu söyler. İbn Hazm bu konuda ihtilaf olduğunu belirtir. **Reşit Rıza** da konuyu **Menar**'da tartışır. Bk. Reşid Rıza, Menar, 1,

277; İbn Kayyım, Hadi' (evrak, s. 31; Neccar, Abdulvehhab, Kısasül Enbiya (Mektebetu Darüt-turas, Kahire, ts.) 10; Ebu Zehra, Usulü Fıkh, 119-120.

455 Buhari, Tefsir, (Tâhâ Sûresi) 1, 3 Müslim, Kader, 13, 14; Dâvud, Sünne, 16; Tirmizi, Kader, 2; Mâce, Mukaddime, 10; Mâlik, Kader, 1.

456 Müslim, İmân, 329.

457 Tevbe, 103, 99; Ahzâb, 56, 63; Bakara, 157; Hud, 87.

458 Tevbe, 103, İbn Manzur, Lisânü'l Arab, III, 1624.

459 Ahzab, 56; Lisânü'l Arab, III, 1625; İbn Kuteybe, Müşkilü'l Kur'ân, s. 460.

460 Hud, 87.

461 Tevbe, 103.

462 Buhâri, Daavat, 19, 33; Müslim, Zekat, 176; Dâvud, Zekat, 7; Nesâi, Zekat, 13; Mâce, Zekat, 8.

463 İbn Kuteybe, Müşkili'l Kur'ân, 439-515; Raşid Abdullah Ferhan, Tefsiru Müşkili'l Kur'ân, (Da'vel İslamiyye, Libya, 984, s. 52).

464 "Men hûsibe, Uzzibe", Buhâri, İlim, 35; Müslim, Cennet 79-80; Tirmizi, Tefsir (İnşikak, 7).

465 İnşikak, 7.

466 Buhâri, İlim, 35; Tefsir (İnşikak sûresi) 1; Rikâk, 49; Müslim, Cennet, 79-80; Dâvud, Cenâiz, 1; Tirmizi, Kıyâme, 5; Tefsir (İnşikak) 1; Ahmed, VI- 48, 185; Dr. M. Muhammed Ebu Zehv, Mekanetüs-Sünne fil İslam, (Darül Kutubül Arabiyye, Beyrut, 1984) s. 20.

467 Ebu Zehra, Usulu Fıkh, s. 120; Gerçi Ebu Zehra âyetler arasında nesh (bir âyetin hükmünün diğer bir âyetle ertelenmesi) veya problem görmez. Ona göre dört ay on günlük iddet, vâcib olan iddettir. Bir yıllık evde oturmasının ise kadının istemesi halinde mesken ihtiyacının giderilmesi olduğunu söyler. Ebu Zehra, a.g.e, s. 120.

[468] Bakara, 234.

[469] Bakara, 240.

[470] Buhâri, Tefsir (Bakara) 43, 47; Dâvud, Talak, 42, 45; Nesâi, Talak 61, 69.

[471] Buhâri, Tefsir, (Bakara) 43.

[472] Hacc, 14; Kamer,54; Hicr, 45; Kehf, 31; 107; Meryem, 61; Lokman, 8; Secde, 19; Sad, 50; Şura, 22; Duhan, 52; Muhammed, 12; Feth, 5, 17; Zâriyat, 15; Tur, 17; Buruc, 11.

[473] Müslim, İmân, 316.

[474] Meryem, 21.

[475] Tirmizi, Tefsir (Meryem sûresi, 71. âyet) 5 hd: 3160.

[476] Tirmizi, Tefsir (Meryem, 71. âyet) 5 hd: 3159, Hadis, Hasen aynı Hadisi Şube de Süddi'den merfu olmadan rivâyet etmiştir. İbnül Esir, en-Nihaye, 1. 398.

[477] Meryem, 72.

[478] Ahmed, III, 328, 329. Heysemi, Ahmed'in rivâyetindeki ricâlin sıka olduğunu, Câbir'in Müslim'de bundan başka mevkuf olan (Müslim, İmân, 316) bir rivâyetinin olduğunu söyler. Heysemi, Mecme, VII, 55.

[479] Ebu Zehra, Usulu, s. 157-158.

[480] Beled, 13.

[481] Ebu Zehra, a.g.e, s. 158.

[482] Nisa, 92.

[483] Mâide, 89.

[484] Müzzemmil, 20.

[485] Tirmizi, Salât, 183; Dârimi, Salât, 36; Mâce, İkâme, 11; Ahmed, II, 428.

[486] Tekâsür, 8.

[487] İbn Kesir, Tefsir (Muhtasar) III, 671.

[488] Buhâri, Hibe, 1; Rikâk, 17; At'ime, 641; Müslim, Zühd, 28, 30, 31; Tirmizi, Tefsir (Tekâsur sûresi) 3, 4; Mâce, Zühd, 10, 12; Ahmed, I, 164. 1V-19, VI-108, 182; İbni Kesir, 3, 67, 2-673)

[489] Tirmizi Tefsir (Tekâsür) 4; Ahmed. 1-429. Heysemi Ahmed b. Hanbel'in rivâyetinde Muhammed b. Amr b. Alkame'nin olduğunu, hadisinin hasen olmakla beraber ravide zayıflık olduğunu söyler. Hadisin diğer râvileri sahih hadis ricalidir. Mecmeuz-Zevaid, 7, 142; Heysemi, hadisin diğer varyantlarını da zikreder.

[490] İbn Kesir, 3, 673; Süyuti, Dürr, VIII, 612; Süyuti, hadisi Abdullah bin Ahmed, İbn ebi Hatem, İbn Merdevyh'e nisbet eder.

[491] Hatipoğlu, İ. Mâce, X, 432 Sindi'den naklen.

[492] Boş vakit, soğuk ve sağlam vücut gibi başkaca âyeti yorumlayan başkaca açılımlar için bk. Süyuti, Dürr, VI-II, 613-615.

[493] Mâide, 6.

[494] Mâce, Tahâret, 91; Buhâri, Teyemmüm, 4, 5, 8; Müslim, Hayz, 111; Dâvud, Tahâret, 121; Nesâi, Tahâret, 195, 199, 200, 201.

[495] Mâce, Tahâret 91, 'Abdullah b. Ömer dirseklerine kadar meshederdi'. (Mâlik, Tahâret 91) Buhâri, Teyyemmüm, 1, 2; Nikah, 65; Müslim, Hayz, 108; Dâvud, Tahâret, 121; Nesâi, Tahâret, 193.

[496] Şâfiiler dirseğe kadar farzdır derler. Mâlikiler bileklere kadar farz, dirseğe kadar sünnettir derler. Hanefilere göre dirseklere kadar farzdır. Bk. Er-Remeli, Nihâyetül Muhtaç, I-VIII, (İsa Babil Halebi, Mısır, ts) I, 219; Ahmed Derdir, Şerhü's-Sağır, 1, 293; Musuli, İhtiyar, 1, 21, İmam Ahmed'e göre ise bilekler yeterlidir. Buhâri, Teyemmüm, 4 (dipnot).

[497] Mücadele, 34.

[498] Dâvud, Talak, 17 (hd: 2221-2222).

[499] Bakara, 275.

[500] Buhâri, Büyû' 25, 113; İcâre, 20; Talak, 91; Tıbb, 46; Libâs, 86, 96; Müslim, Müsâkat, 40; Dâvud, Büyû' 26, 63; Tirmizi, Büyû', 46,

49, 50; Nikah, 37; Tıbb, 23; Nesâi, Sayd, 15; Büyû', 91, 92, 94; Mâce, Ticâret, 9; Dirimi, Büyû', 34; Mâlik, Büyû', 68; Ahmed, 1-235, 278, 289, 350, IV-118, 119, 120, 140, 141, 308; hadis değişik sahabeden rivâyet edilmiştir.

501 Mâce, Tahâret, 9; Dârimi, Büyû', 80; Ahmed, II. 14.

502 Buhâri Meğazi, 51; Büyû 105, 112; Müslim, Büyû', 93; Fer', 8; Mâce, Ticâret, 11; Buhari, Büyû', 102; Ahmed, II- 213, 362, 512, III-217, 324, 326, 340.

503 Buhâri, Büyû' 87, 83, 85, 93; Zekat, 58, Müsâkat, 17, Selem, 4; Müslim, Büyû', 49, 53, 54, 57, 81, 82, 84, Müsakat, 15; Dâvud, Büyû', 22; Nesâi, Eyman, 45, Büyû', 28, 29, 31, 32, 35; Dârimi, Büyû', 21. Mâlik, Büyû', 10-12: Ahmed, II, 7, 32, 42, 46, 50, 59, 62, 75, 150, 458, 472.

504 Mâce, Tahâret, 13.

505 Mâce, Ticâret, 14.

506 Ebu Zehra, Usul, s. 121

507 Ebu Zehra, a.g.e, s. 121.

508 Buhâri, Ezân, 18; Edeb, 27; Ahâd, 1: Dârimi, Salat, 42;Ahmed, V-53.

509 Müslim, Hacc, 31; Davud, Menasik, 77; Ahmed, III-237, 378; Necâi, Menasık, 220; "Resulullah onlara menasiki öğretiyordu" şeklindeki rivâyetler için bk. Davud, Menasık, 73; Nesâi, Menasık, 187, 189; Darimi, Menasık; Ahmed, IV-6, V-374.

510 En'âm, 59; Ali İmrân, 179; A'raf, 188: Nahl, 77; Meryem, 78; Neml, 465; Haşr, 22; Cinn, 26. vs.

511 Cinn, 26, 27.

512 Hadisi Hz. Enes'le, Hz. Ömer rivâyet etmişlerdir. **Enes'in rivâyetleri için bk:** Müslim, Cihâd ve Siyer, 83 (b. 30) Dâvud, Cihâd, hd. 2681; Ahmed, III, 219; (Uzun bir rivâyette); Ebu Ya'la, Müsned, VI-69; Heysemi, hadis ricalinin sahih hadis ricali oldu-

ğunu söylemiştir. Heysemi, Mecme, VI, 80; İbn Hibban, İhsan, VII, 110 (hd. 4702); Beyhaki Sünen-i Kübra, XI. 148; **Hz. Ömer'in rivâyeti için bk.** Müslim, Cennet, 76; (hd. gn. 2873; Nesâi, Cenâiz, 4 (hd: 2074); Ahmed, 1-26; Ebu Ya'la, Müsned, hd: 140; Beyhaki, Delâil, III, 48.

513 **Ebu Said-i Huduri'nin rivâyeti için bk:** Buhâri, Salat, hd: 447; Cihâd, hd: 2812; Müslim, Fiten (hd. gn. rk. 2915); Ahmed, III-5, 22, 28, 91; İbn Sa'd, Tabakat, III, 252; Heysemi, Mecme, IX, 696; Beyhaki, Delâil, II, 546-549,- **Ümmü Seleme'nin rivâyeti için bk:** Beyhaki, Delâil, II, 549; Süneni Kübra, VIII, 189. **-Ebu Katade'nin rivâyeti için bk:** Müslim, Fiten, (hd. gn. 2916), Ahmed, VI-289-300; İbn Sa'd, Tabakat, III, 252; Beyhaki, Delâil, II, 549; Süneni Kübra, VIII, 189. Müslim, Fiten, (hd. gn. 2915), Ahmed, 5-307; İbn Sa'd, Tabakat, III, 253; Beyhaki, Delâil, II, 548, **-Ebu Hureyre'nin rivâyeti için bk:** Tirmizi, Menâkıb, hd 3800 -Tirmizi, Hadis hasen sahih garibdir, der. Heysemi, Mecme IX, 296; Ricali sahih ricalidir, der. **-Anır b. el-As'ın hadisi için bk:** Ahmed, IV-197; İbn Sa'd, Tabakat, III, 253; Hâkim, Müstedrek, III, 386; Buhâri ve Müslim'in şartı üzerine sahihtir, der; Heysemi Mecme, IX, 297; Heysemi, Tabarani, rivâyet etmiştir. Ricail sıkalardır, der. **-Abdullah bin Amr'ın hadisi için bk:** Ahmed, II-161, 162, 163, 164, İbn Sa'd, Tabakat, III, 253. **-Ammar bin Yâsir'in hadisi için bak:** Ebu Nuaym, Hilye, IV, 316; Heysemi, Mecme IX. 295, isnadının hasen olduğunu söyler. **-Huzeyfe'nin hadisi için bk:** Ahmed; V, 214; İbn Sa'd, Tabakat, III, 259; Hakim, Müstedrek, III-397.

514 Tâberi, Tarih, V-38; İbn Sa'd, Tabakat, III, 246-260; İbn Esir, el Bidâye, VII, 340.

515 Bakara, 24.

516 Süyuti, ed-Dürr, 1, 90; Abdürrezzak, Said b. Mensur; İbn Cerrir'den İbn Abbas'ın tarikiyle gelmiştir.

[517] Mâce, Zühd, 38; Tirmizi, Cehennem, 8; Beyhaki'den Süyuti, Dürr, 1, 90. İbn Mâce'deki rivâyetin sonu 'Artık karanlık gece gibi kapkaradır' tarzındadır.

[518] Tirmizi, Cehennem, 7; Mâlik, Cehennem, 1; Ahmed, II, 313, 467; Süyuti, -Dürr, 1, 10; Tirmizi hadisin hasen olduğunu söylemiştir.

[519] Kâf, 30.

[520] Buhâri, Tevhid, 7; Müslim, Cennet, 38; Tirmizi, Cennet, 20; Dârimi, Rikâk, 122; Ahmed, II, 369; III- 134, 141, 234, hadisin bir kısmı müteşabihtendir.

[521] A'raf, 43.

[522] Müslim, Cennet, 22; Tirmizi, Tefsir (39. sûre); Dârimi, Rikâk, 103; Ahmed, 2- 319, 3-38, 95.

[523] Buhâri, İmân, 37; Müslim, İmân, 5, 7; Mâce, Mukaddime 9; Mâlik, İfk, 9; Tirmizi, Kâde, 10; Ahmed, 1, 97, 133, 11-107.

[524] Zümer, 68.

[525] Dâvud, Sünnet, 22; Buhâri, Tefsir, (Zümer) 29; Müslim, Fiten, 141, 143; Nesâi, Cenâiz, 117; Mâce, Zühd, 32; Mâlik, Cenâiz, 49; Ahmed, II-322, 428, 499, III-28.

[526] Müslim, Cennet, 56; Buhari, Enbiyâ 8, 48; Tefsir (Mâide) 14; Enbiya, 2; Tirmizi, Kıyâme, Nesâi, Cenâiz, 118, 119; Mâce, Zühd, 33; Hümeydi, Müsned, hd: 83.

[527] Zümer, 68.

[528] Bilgi için bk: Sur'la ilgili olarak, Sur'un şekli: Buhâri, Rikâk, 43 (Tercemede); Dârimi, Rikâk, 79; Tirmizi, Kıyâme, 8; Sur görevlisi: Mâce, Zühd, 33; Dâvud, Huruf, 1; Ahmed, III, 10, 73; **Surun merhaleleri** için bk.: Buhâri, Enbiyâ, 35; Müslim, Fedâil, 159; Fiten, 116; Ahmed, II, 166 Haşr ile ilgili olarak; **İnsanlar çıplak olarak haşredilecekler** için bk.: Buhâri, Enbiya, 8; Tefsir (Sûre, 15) 14, 15; Rikak, 45; Müslim, Cennet, 58; Tirmizi, Kıyame, 3; Nesâi, Cenâiz, 119; Ah-

med, V-3; **Amellerine göre diriltilirler** için bk.: Buhâri, Fiten, 19; Müslim, Cennet, 84.

529 Kevser, 1.

530 Şevkâni, Fethül Kadir, V, 502; İbn Kesir, III-650.

531 Dâvud, Sünne, 25; Tirmizi, Sıfatü'l Kıyâme, 14, 15; Ahmed, III-225-230; IV- 119, 154; V-149.

532 Buhâri, Rikâk, 53; Müslim, Tahâret, 36, 38; Fedâil 27, 34, 35, 39; Tirmizi, Kıyamet, 14, 15; Mâce, Zühd, 36; Ahmed, 1, 5, 11-21, 125, 134.

533 Tirmizi, Kıyamet, 15; Aden; Güney Yemen'de Aden Körfezi civarındaki yerleşim birimi; ana Britannica I, 91.

534 Mâce, Zühd, 36.

535 Müslim, Fedâil, 27, 24; Buhâri, Rikâk, 53; Mace, Zühd, 36; Tirmizi, Kıyamet, 15.

536 Rum, 22.

537 Dâvud, Sünne, 16; Tirmizi, Tefsir (Sûre 3); Ahmed, IV-400, 406.

538 Hacc, 5.

539 Buhâri, Bed'ül Halk, 6; Enbiya, I: Tevhid, 28; Müslim, Kader, l; Dâvud, Sünnet, 16; Tirmizi, Kader, 4; Mâce, Mukaddime, 10; Ahmet, 1-382, 144, 430; farklı lafızlar için bk. Buhâri, Kader, I: Hayz, 17; Enbiya, I:Müslim, Kader, 5; Ahmed, III-116, 148; bazı rivâyetlerde 40 gün, bazılarında da 40 gece ifâdeleri geçer.

540 Rum, 27.

541 Buhâri, Bedü'l Halk, I, hd: 3018.

542 Buhâri, Bedül' Halk, I, hd: 3010.

543 Buhâri, Bedü'l Halk, I, hd: 3020.

544 Buhâri, Bedü'l Halk, 1; hd: 3022; hadisin son cümlesi için bk. Buhâri, Tevhid, 15, 22, 28, 55; Müslim, Tevbe, 14-16; Tirmizi, Daavât, 99; Mâce, Mukaddime, 13, Zühd, 35; Ahmed-II, 242, 258.

[545] Râd, 13.

[546] Tirmizi, Tefsir (Râ'd) 13; Ahmed, I, 274; Hadis, hasen garibtir.

[547] Sebe, 23.

[548] Buhâri, Tefsir (Hicr) 34; Mâce, Mukaddime, 13; Ayrıca, Sâffat, 6-10. âyet ve Hicr 18. âyetin tefsirleri; Tirmizi, Tefsir (Cinn) 1; Ahmed, I, 252.

[549] Sâffat, 6-10.

[550] Kassas, 9.

[551] Âli İmrân, 35.

[552] Yusuf, 30.

[553] Yusuf, 51.

[554] Tahrim, 10.

[555] Tahrim, 10.

[556] Sâffât, 147.

[557] Tirmizi, Tefsir (Sâffât) 38, hadis gâribdir.

[558] İsra, 101.

[559] Hadisin gelişmesinden bu ifâde şöyle de terceme edilebilir sanıyorum: "Ona Peygamber deme. O (yani Yahudiler) kendisine Peygamber dediğini duyabilirler. Kendilerinin dört gözü vardır." Zira hadisin sonunda Yahudilerden korktuklarını ifade ediyorlar.

[560] Tirmizi, İ'tisam, 33; Tefsir (İsra) 14; Mâce, Edeb, 16; (kısa bir metinle) Tirmizi, hadisin hasen-sahih olduğunu söylemiştir.

[561] Kehf, 78.

[562] Kehf, 82.

[563] Buhâri, İlim, 44; Enbiyâ, 27; Tefsir, (Kehf) 2, 3; Müslim, Fedâil, 170; Tefsir, 1; Ahmed, V-118, 119; Süyuti, Dürr, V, 408-436; İbn Kesir, II, 426-432; Nevevi, Merâhu Le'dib 1, 500-506; rivâyetlerde konuyu daha da açıklığa kavuşturan ek bilgiler vardır.

[564] Necm, 12, 15; ayrıca 16, 18.

[565] İsrâ, 1.

566 Hadisin devamı ve diğer varyantları için bk. Buhâri, Salat, 1; Enbiyâ, 7 (İdris) 22, 23; Menâkıb-ı Ensar, 42; Müslim, İmân, 263, 264; ayrıca, Buhâri, Tevhid, 37; Bedül Halk, 7; Eşribe, 1, 12; Menakıb, 24; Müslim, Eşribe, 92; Kader, 10; Fedâil, 164; Tirmizi, Tefsir (İsra) 1, 2, 5: Daavat, 58; Kıyâme, 16, Salât, 45; Tıbb, 12; Mâce, Sadakat, 19; Ticâret, 58; Fiten. 23, 33; Nesâi, Salât, 1; Kıyamül Leyl, 15; Eşribe, 41; Ahmed, I - 221. 257, 309, 310, 374, 387; II - 282, 528; III -120, 148, 180, 231, 239, 248.

567 Nuh, 1.

568 Buhâri, Edeb, 77; Fiten, 26; Tevhid, 17; Cihâd, 178; Enbiyâ, 3; Müslim, Fiten, 95, 101; Dâvud, Melâhim, 14; Sünne, 26; Tirmizi, Fiten, 56, 62; Mâce, Fiten, 33; Ahmed, 1-174, 182. 11-27, 149.

569 Bakara, 214.

570 Buhâri, Menâkıb, 25; Menâkıb-ı Ensar, 29; İkrah, 1; Libas, 18; İsti'zan, 35; Müslim, Sıyam, 132; Dâvud, Savm, 64; Cihâd, 97; Nesâi, Ziynet, 96; Ahmed, I- 247, 280, 364, V-109, 110, lll.

571 Buruç, 4-9 âyetler.

572 Müslim, Zühd, 73 hd: 3005.

573 Tevbe, 118.

574 Nesâi, Mesâcid, 38.

575 Buhâri, Tefsir (Tevbe) 167.

576 Nesâi, Mesâcid, 38.

577 Buhâri, Tefsir (Tevbe) 67; Ayrıca Buhâri, Ahkâm, 53; Cihâd, 103; Menâkıb; 23; Menâkib-ı Ensar, 43; Edeb, 63; Nesâi, Mesâcid, 38; Ahmed, V-153.

578 Âli İmrân, 155.

579 Buhâri, Meğazi 16; Fedâilu eshabi'n-nebi, 7; Ahmed, II-101.

580 Bk. Âli İmrân, 112. âyet; Buhâri, Meğazi, 15; Âli İmrân, 127; Meğazi, 14; Müslim, Fedâil, 2505.

581 Hacc, 47.

582 Tirmizi, Zühd, 37; Mâce, Zühd, 6; (Râvi Musa b. Ubeyde zayıftır) Dârimi; Rikâk, 118; Ahmed, 11-296, 343.

583 En'âm, 52.

584 Mâce, Zühd, 7.

585 Tekâsür, 8

586 Buhâri, Hibe, 1; Rikâk, 17; Et'ime 6, 41; Müslim, Zühd, 28, 30, 31; Tirmizi, Tefsir (Tekâsür) 3, 4; Mâce, Zühd, 10, 12; Ahmed, 1, 164.

587 Mü'minûn, 60.

588 Mâce, Zühd, 20; Tirmizi, Tefsir (Müminun), 41.

589 Buhâri, Libâs, 31; Mezâlim, 25; Nikah, 83; Müslim, Fedail, 165; Rida1, 97; Tirmizi, Zühd, 44; Mâce, Zühd, 3, 11; Ahmed, 1-301, 391.

590 Nûr, 21.

591 Buhâri, İmân, 29; Rikâk, 18; Merdâ, 19; Müslim, Münâfıkûn, 71, 76, 78; Birr, 52; Dâvud, Salât, 223; Tirmizi, Kader, 8; Tefsir (sûre 4) 24; Nesâi, İmân, 28; Mâce, Ziihd, 20; Dârimi, Rikâk, 24; Ahmed, 11-167, 248, 256, 319, 446, 453, 466, hadisin senedi kuvvetli görülmüştür. Beyhâki, Adâb, hd: 1051.

592 Kehf, 30-31.

593 Hadisin muttasıl senedle Resulullah'tan nakledilen varyantları da vardır. Bk. Müslim, İman, 206.

594 Buhâri, Rikâk, 31; Müslim, İmân, 202, 204, 206, 207, 259; Dârimi, Rikâk, 70; Ahmed, 1-279, 310, 361; 11-224, 411, 498; Beyhâki Âdâb, hd:1050.

595 Nisa, 113.

596 Hakim, Müstedrek, III, 73; Hâkim, hadisin isnadının sahih olduğunu belirtir. Hadisi Buhâri ve Müslim tahric etmektedirler. Hadisin isnadının sıhhatinde Zehebi de Hâkime muvafakat etmiştir. Beyhâki, Âdâb, hd: 904; Ahmed, I-II.

[597] Nisa, 123.

[598] Müslim, Birr, 52; Buhâri, Merda, 1; Tirmizi, Cenâiz, 1; Ahmed, II- 30, 335.

[599] Müslim, Birr, 46, 47; 'günahı indirir' 48; 'günahı eksiltir', 49; 'keffaret olur' 50; örtülür, ifadeleriyle Tirmizi, Tefsir (sûre 4) 24; Buhari, İmân, 31; Beyhaki, Âdâb, hd: 904-918. Gözlerini kaybetmesi malını telef etmesi, vb. musibetler bu cümledendir.

[600] Mütaffifin. 14.

[601] Mâce, Zühd, 29; Timizi, Tefsir (sûre 83) 1; Beyhâki, Âdâb, hd: 1017; Hâkim hadisi tahric etmiş (Beyhâki'nin isnadıyla) isnadını o ve Zehebi sahih görmüşlerdir.

[602] Buhâri, Rikâk, 32; Dârimi, Rikâk, 54; Ahmed, III-3, 157, 285, 470; Beyhâki, Âdâb, hd: 1017.

[603] En'âm, 44-45.

[604] Ahmed, IV-145; Beyhâki, Âdâb, hd: 998; Taberi, Tefsir, XI, 361. Taberi'deki rivâyette; **"Kuluna dünyası için verdiği zaman"** ibâresi geçer. Heysemi, Mecme, VII, 20 (Ahmed ve Taberâni rivâyet etmişlerdir. Ancak senedi hakkında konuşmamıştır.) İbn Kesir, III, 311 (Ahmed, İbn Cerir ve İbn Ebu Hatem yoluyla) Süyuti, Dürr, III, 12.

[605] Tâhâ, 109.

[606] Mâce, Edeb, 8. Hadisin devamında İbn Nümeyr'in ziyâdesi vardır. Seneddeki Yezid b. Ebân zayıf görülmüştür.

[607] Hud, 114.

[608] Buhâri, Mevâkıt, 45; Tefsir (Hûd) 6; Müslim, Tevbe, 39, 40; Tirmizi, Tefsir (Hûd) 6; Mâce, Zühd, 30; Ahmed, I- 384, 430.

[609] Muhammed, 22-23.

[610] Buhâri, Tefsir (Muhammed) 1; Edeb, 13; Tevhid, 35; Müslim, Birr, 16; Ahmed, 11-330; Beyhâki, Âdâb 2 (hd: 6).

[611] Müslim, Birr, 21.

[612] Müslim, a.g.e, 18, 19 (Zühri'den) Beyhâki, Âdâb, hd: 7.

[613] Buhâri, Edeb, 15; Tirmizi, Birr, 10; Beyhâki, Âdâb, 8.

[614] Mümtehine, 8.

[615] Buhâri, Cizye, 7, 8; Müslim, Zekât, 50; Dâvud, Zekât, 34; Ahmed, VI- 344, 347, 355; Beyhâki, Âdâb, 12.

[616] Beyhâki, Âdâb, 12.

[617] Nisa, 36.

[618] Buhâri, Edeb, 28; Müslim, Birr, 140; Dâvud, Edeb, 123; Tirmizi, Birr, 28; Mâce, Edeb, 4; Ahmed, II- 85, 160, 259, 305, 445, 458; Beyhâki, Edeb, 52.

[619] Buhâri, Edeb, 31, 25; Rikâk, 23; Müslim, Lukata, 14; İmân, 74, 75, 77; Dâvud, Et'ime, 5; Tirmizi, Birr, 4; Kıyâme, 50; Mâce, Edeb, 5; Dârimi, Et'ime, 11; Mâlik, Sıfatü'n-Nebi, 22; Ahmed-II- 174, 267, 269.

[620] Nisa, 86.

[621] Tirmizi, İsti'zan, 4; Buhâri, İsti'zân, 18; Mâce, Edeb, 12.

[622] Buhâri, İsti'zan, 19; Müslim, Fedâilü's Sahabe, 90-91; Nesâi, Uşretü'n-Nisâ, 3; Dârimi, İsti'zan, 10, 12; Ahmed, VI-55, 75, 112, 146, 150, 225.

[623] Mâce, Edeb, 18, Ebu Useyd'in rivâyeti.

[624] Nûr, 59.

[625] Nûr, 27.

[626] Nûr, 59.

[627] Mâce, Edeb, 17; Nesâi, Sehv, 17; Ayrıca, Buhâri, İ'tisam, 3; Nesâi, Kıyam 1; Ahmed, 1-381; 1-107, 80; İbn Mâce'nin hadisinde bulunan Ebu Sevre'nin hadisleri münker bulunmuştur. Ancak hadisin başkaca senedleri de vardır.

[628] Mâce, a.g.e, 17; Buhâri, İsti'zan, 8; Müslim, Edeb, 2155; Tirmizi, İsti'zan, 18.

629 Buhâri, İsti'zan, 13, Müslim, Âdâb, 32, 34, 35, 37; Tirmizi, İsti'zan, 3; Mâce, Edeb, 17; Darimi, İsti'zan', 1, 2, 3; Ahmed, III-6, 19, 211; IV-393, 398, 400.

630 Tirmizi, İsti'zan, 18.

631 Buhâri, İsti'zan, 13; Müslim, Edeb, 32; Mâce, Edeb, 17.

632 Hucurât, 11.

633 Mâce, Edeb, 35; Dâvud, Edeb, 71; Ahmed, IV-260.

634 Âli İmrân, 191; Secde, 16; Nisa, 103.

635 Mâce, Edeb, 27; Aynı babta, Ebu Zerr'in ve Ebu Umame'nin de benzer rivâyetleri vardır. Ebu Zerr'in rivâyetinde Yakub b. Humeyd hariç ki, onun hakkında ihtilaf edilmiştir. Râviler güvenilir zatlardır.

636 Buhâri, Mevâkıt, 13, 23; Ezân, 104; Müslim; Mesâcid, 35-237; Tirmizi, Mevâkıt, 11; Nesâi, Mevâkıt, 2,16; Mevâkıt, 2,16; Mâce, Salât, 12; Dârimi, Salât, 139.

637 Hucurât, 9.

638 İsrâ, 47; Tâhâ, 62; Enbiyâ, 3; Mücâdele, 7, 8, 10, 12, 13; Nisa, 114, Tevbe, 78.

639 Mâce, Edeb, 50; Buhari, İsti'zan, 47; Müslim, Selâm, 37, 38; Tirmizi, Edeb, 59; Dârimi, İsti'zan, 28; Mâlik, Kelâm, 13, 14; Ahmed, 1-431, 460, 462; II-9, 32, 73, 121, 123, 141, hadisin râvilerinden biri de İbn Ömer'dir.

640 İbrahim, 27.

641 Buhâri, Cenâiz, 87; Tefsir (İbrahim) 14; Müslim, Cennet, 73, 74; Dâvud, Sünnet, 24: Nesâi, Cenâiz, 114; Mâce, Zühd, 32; Ahmed, IV, 282.

642 Mutaffifin, 6

643 Buhâri, Rikâk, 47; Tefsir (Mutaffifin) 1; Müslim, Cennet, 60; Tirmizi, Kıyamet, 2; Tefsir (Mutaffi) 2, 3; Mâce, Zühd, 33; Ahmed; II- 13, 19, 64.

644 Neml, 87.

645 Mâce, Zühd, 33; Nesâi, Cenâiz, 118; ayrıca bk. Buhari, Tefsir (Mâide) 14; Tirmizi, Kıyamet, 13.

646 Yunus, 64.

647 Mâce, Rüya, 1; Tirmizi, (Yunus) 2; (Râvi Ebu Derda'dır) Resulullah senden önce soran olmadı buyuruyor ki, bu da Ubâde'nin sorusunun sonradan olduğunu gösteriyor. -'Salih rüya büşradır', rivâyeti için bk. Müslim Rüya, 6; Buhâri, Ta'bir, 26; Tirmizi, Rüya, 1, 10.

648 Zümer, 63.

649 İbn Hacer, El Metâlibül Aliyye, III-364, 365, rivâyetlerin bir kısım tenkid edilmiştir.

650 En'âm, 151.

651 Buhâri, Diyât, 6, 38; Müslim, Kasame, 25.

652 Bakara, 249.

653 Buhâri, Meğazi, 5. hd: 3740-3742 bk. Süyûti, Dürr, 1-762-764.

654 Yasin, 20.

655 Süyuti, Dürr, VII-52, 54.

656 Bakara, 187.

657 Müslim, Sıyam, 34, 35; Buhâri, Tefsir, Bakara, 28, Savm, 16; Nesâi, Siyam, 29; Dârimi, Savm, 7.

658 Buhâri, Tefsir (Bakara) 28; Savm, 16; Müslim, Sıyâm, 33; Dâvud, Savm, 17; Nesâi, Sıyâm, 29.

659 Müslim, Sıyâm, 8 (hd. 33).

660 Buhâri, Tefsir, 30 hd: 4239-4240; Nesâi, Sıyâm, 29; Dâvud, Sıyâm, 17.

661 Bakara, 238.

662 Tirmizi, Mevâkıt, 19; Tefsir (Bakara) 2, 30, 32, Ahmed, 11-153; V-12, 13, 22.

663 Tirmizi, Sâlat, 19; Mâlik, Cemâat, 27; Ahmed, V-12, 13.

[664] Buhâri, Tefsir (Bakara) 42; Meğazi, 29; Müslim, Mesâcid, 202, 206.

[665] Buhâri, Tefsir (Bakara) 42; Cihad, 98; Meğazi, 29; Dâvud, 58; Müslim, Mesâcid, 202-206; Dâvud, Salât, 28; Ahmed, I-82, 113.

[666]Müslim, Mesâcid, 207-208. Rivâyet Hz. Aişe'nin rivâyetidir; bu ilâvenin sonradan neshedildiği ifâde edilir.

[667] Ebu Dâvud ve Müslim'in rivâyetinde orta namazın 'ikindi namazı' olduğu ilâvesi vardır. *"Sübki"* bu konudaki hadisleri tartışırken; orta namazın sabah namazı olduğunu söyleyen âlimlerin gösterdikleri deliller şöyle der: orta namazın ikindi namazı olduğunu söyleyen âlimlerin delillerine denk gelecek durumdan uzaktır. Orta namazın ikindi namazı olduğu, merfu ve sahih hadislerle serâhaten bildirilmiştir. Hatipoğlu, İ. Mâce, II, 429-432.

[668] Nevevi; de bu kanaatedir. Taberi, rivâyetleri zikredip salatü'l vustânın ikindi olduğu konusundaki hadislerin sıhhat açısından en kuvvetliler olduğunu söyler. Taberi; Tefsir, V-221. İbn Kesir de aynı kanaattedir. İbn Kesir, Tefsir, II, 218. Cumhur da aynı kanaattedir.

[669] Buhâri, Tefsir (Bakara) 8 Enbiyâ, 1; Bed'ü'l Halk, 6; Ahmed, III, 108.

[670] Bakara, 143.

[671] Tirmizi, Tefsir (Bakara) 8, 9; Ahmed, III-9, 23.

[672] Tâberi, âyetteki Vasat'ın Arap edebiyatında "seçkin, en değerli" anlamındaki 'hiyar', olduğunu söyler. Bu arada adl anlamını da verir. *Bk. Taberi, Muhtasar; (Darü'l Kadisiyye, 1984) s. 20;)* İbn Hacer de Vasat'ın adl anlamında olduğunu söyler. *Bk. Süyuti, Dürr, IV. 215.* Vasat kelimesine geniş perspektiften bakıldığında lûgat anlamları arasında adl anlamına yakın kelimeleri tesbit mümkündür. *Bk. İbn Manzur, Lisanü'l Arab, IV-1377.*

[673] Tahrim, 11, 12.

[674] Buhâri, Enbiyâ, 33.
[675] Mâun, 7.
[676] Heysemi, Mecme, VII-143.
[677] Dâvud, Zekât, 2; Heysemi, Mecme, VII, 143; Hadisteki rical, sahih hadis ricâlidir.
[678] Mâun, 5.
[679] Heysemi, a.g.e, VII. 142; İbn Kesir, Tefsir, III, 681; Şevkâni, Feth, V, 500.
[680] Şûra, 37; Nisa, 31; Necm, 32.
[681] Buhâri, Edeb, 6; Eymân, 16; Diyât, 2; İstitâbe, 1; Tirmizi, Tefsir (Nisa) 4, 6, 7; Nesâi, Tahrim, 3; Kasame, 48, Darimi, Diyât, 9.
[682] Buhâri, Edeb, 49.
[683] Buhâri, Edeb, 4; Dâvud, Edeb, 130; Tirmizi, Birr, 4; Ahmed, II, 164, 216.
[684] Bakara, 159.
[685] Mâce, Fiten, 22; Heysemi Zevâid'de; hadisin isnadında Leys' (İbn Selim)in bulunduğunu ve bunun zayıf olduğunu söyler.
[686] Hâzimi, el-İ'tibar, s. 8.
[687] Zeydan, Abdülkerim, el-Veciz, (Dârü'l Fikr, Lübnan, 1990) s. 338.
[688] Hâzimi, a.g.e, s. 8.
[689] Hâzimi, a.g.e, s. 9.
[690] Zeydan, Veciz, s. 388.
[691] Hazimi, İ'tibar, s. 44.
[692] Nur, 4.
[693] Nur, 6.
[694] Zeydan, a.g.e, s. 389.
[695] Bakara, 142.
[696] Bakara, 143.
[697] Bakara, 144, 150.

[698] Buhâri, Tefsir (Bakara), 16-22; Bera; Beytü'l Makdis'e doğru onaltı veya onyedi ay namaz kıldıklarını söyler; Kur'ânda ilk nesh kıblede olmuştur' için bk. Nesâi, Talak, 54.

[699] Bakara, 240.

[700] Buhâri, Tefsir (Bakara) 43.

[701] Bakara, 234; Mücâhide göre bu âyetin Bakara, 240. âyeti, tahsis ettiği ifade edilir. Bu rivâyete göre dört ay on gün zaruri olan iddettir; geri kalan yedi ay yirmi gece ise ihtiyarına bağlı olan beklemedir. Dilerse çıkar, dilerse bekler. *Bk. Buhari, Tefsir, 43 (hd. 4257).* Ancak birinci görüş daha kuvvetlidir.

[702] Bakara, 180.

[703] Sellam, Ebul Kasım Hibetullah, En-Nâsih ve'l mensuh (İsa Babı Halebi, Mısır, 1967); 16.

[704] Buhâri, Vesâya, 6; Dâvud, Vesâyâ, 6, Büyu', 88; Tirmizi, Vesâyâ, 5; Mâce, Vesâyâ, 6; Dârimi, Vesâyâ, 28; Ahmed, IV- 186, 187, 238.

[705] Ahzâb, 52.

[706] İbn Kesir, Tefsir (Nuh) III, 107.

[707] Tirmizi, Tefsir (Ahzâb) 19; İbn Kesir, III, 107.

[708] Tirmizi, Tefsir (Ahzâb) 18; İbn Kesir, 3, 107.

[709] Ahzâb, 51.

[710] İbn Kesir, III, 107.

[711] III. Bl. Dp. nt. 252.

[712] III. Bl. Dp. nt. 264.

BİBLİYOGRAFYA

Abdülhâdi; Abdülmehdi b. Abdülkâdir; 'Es-Sünnetü'n Nebeviyyetu ve mekânetuha, Darü'l İ'tisam, Kahire, ts.

Abdülhâlik, Abdülgâni; (1403/1983) "Hücciyyetü's- Sünne"; Darü'l Kurâni'l Kerim, Beyrut, 1986.

Abdülmü'tal, Muhammed el-Cebri; "Hücciyyetü's-Sünneti ve müstelahâtü'l Muhaddisin ve â'lemihüm" Mektebetu Vehbe; Mısır, 1986.

Abdurrabbih; Mahmud Ahmet Hüseyn; "Es-Sünnetü'n-Nebeviyyetü ve beyânuha li'l- Kur'âni'l-Kerim"
Dârut Tabâ'ati'l- Muhammediyye, Mısır, 1979.

Accac Hatib, Muhammed;
"Es-Sünnetu Kable't-Tedvin"; Dârül Fikr, 3. bs, Lübnan, 1980

Acluni, İsmail b. Muhammed (1162/1748)
Keşfü'l Hafâ ve muzilul ilbâs amma'ş-tehara mine'l- Ahâdis", I-II, Darü't- Türâs, Kahire, ts.

Ahmed b. Hanbel
"Müsned" I-II ("el- Kütübü's-Sitte Münderecâtında,", Müteselsil rk. XXI-XXIII); Çağrı Yayınları, İstanbul, 1982.

Ahmed İsâm el- Kâtib
"Akidetü't-Tevhid fi Fethi'l Bâri şerhu Sahih'i Buhâri"; Dârü'l Afâki'l Cedide, Beyrut, 1983.

Alusi, Ebü'l Fadl, Şihâbüddin es-Seyyid Mahmud (1270/1853) "Ruhul Meâni fi Tefsiri'l Kur'ân'ı Azim ve's- Seb'i'l mesâni"
I-XXX; İhyâü't-Türâsi'l Arabi, Beyrut, 1985.

Amidi, Seyfüddin, Ebu'l Hasan Ali b. Ebi Ali b. Muhammed (631/1233).
"el-İhkâm Fi Usuli'l-Ahkâm", I-IV; Darü'l Kütübi'l İlmiyye, Beyrut, 1980 Matbaatu Mearif, Mısır, 1914.

Aşkar, Ömer Süleyman;
"el-Advâü's-Sünniyye" Dârün-Nefâis, Ürdün, 1992.

A'zami Muhammed Mustafa;
"Dirâsâtün Fi'l hadisi'n- Nebevi ve Tarihi Tedvinihi" I-II, el-Mektebetü'l İslâmiyye, Beyrut, 1980.

Azimâbâdi, Ebü't-Tayyib, Muhammed Şemsü'l Hakk
"Avnü'l Ma'bud şerhu sünen-i Ebi Dâvud", I-XII
(tahkik: Abdurrahman Muhammed, Osman) 2. bs. Mektebetü'l-Selefiyye, Medine, 1986.

Bâci, Ebü'l Velid Süleyman b. Halef (474/1081)
"el- Ta'dil ve't -Tecrih" I-III; Dârü'l- Livâ, Beyrut.

Bağdâdi, Ebu Mansur (463/1070)
"Mezhebler Arasındaki Farklar" (trc. Prof. Dr. Ethem Ruhi Fığlalı) Ankara, 1991.

Beyhâki, Ebu Bekr Ahmed b. Hüseyin b. Ali; (458/1066) "Es-Sünenü'l- Kübra" Dârül Maârifi'l- Osmani, Hadarâbâd, 1352.

Beyzâvi, Kâdi Nâsuriddin Ebi Said Abdullah b. Ömer; (692/1292)
"Envârirü't-Tenzil ve Esrârü't- Te'vil" I-VI
(Mecmuatun Mine't, Tefâsir münderecâtında) Matbaatül Amiriyye, Mısır, 1320.

Buhâri; El- Ca'fi Ebu Abdillah Muhammed b. İsmail, (256/860) "Sahihü'l Buhâri" I- VI;
Dârü'l Kalem, Beyrut, 1981.

Cerrahoğlu, Prof. Dr. İsmail;
"Kur'ân Tefsirinin Doğuşu ve Buna Hız Veren Amiller", Ankara 1968.
..."Tefsir Tarihi" I-II.
Diyanet İşleri Başkanlığı, Ankara, 1988.

Dârimi, Ebu Muhammed Abdillah b. Abdurrahman b. Fadl b. Behrâm (255/868) "ed-Dârimi" ("el- Kütübü's- Sitte Münderecâtında", Meteselsil rk, XIX)
Çağrı Yayınları, İst, 1981.

Ebu Davud, Süleyman b. el-Eş'as es-Sicistâni el Ezdi (275/888) "Sünen-ü Ebi Dâvud"; I-IV; Dâru ihyâi't- Türâsi'l Arabiyy, Lübnan, ts.

Ed- Derdir, Ebü'l berekât, Ahmed b. Muhammed b. Ahmed; "Es-Şerhü's-Sağır Alâ Akrabi'l Mesâlik ile Mezhebi'l İmâm-ı Mâlik" I-VI; İsâ'l Bâbi Halebi; Kahire, ts.

Gazali; Ebu Hâmid Muhammed b. Muhammed (505/1111) "El-Mustasfâ Min İlmi'l Usul I-II" Matbaatu't Emiriyye; Mısır, 1322.

Hattabi, Ebu Süleyman Ahmed b. İbrahim el-Büsti, "Meâlimü's-Sünen" I-IV.
Matbaat-i İlmiyye; Suriye, 1933.

Hatipoğlu, Haydar; (v: 1995) Sünen-i İbn Mâce Tercemesi ve Şerhi, I-X.
Kahraman Yayınları, İst, 1982.

Hâzimi, el-Hemedâni; Ebu Bekr Muhammed b. Musâ (584/1188)
"El- İtibâr fi'n-Nâsihi ve'l Mensuh Mine'l Asar"
Dârü'l va'y, Haleb, 1982.

Hâzin, Alâüddin Ali b. Muhammed b. İbrahim el-Bağdadi (725/1323)
"Lübâbü't-Te'vil Fi Maani't-Tenzil" I-VI ("Mecmuanın mine't-Tefâsir" Münderecâtında) Matbaatu Amire, Mısır, 1320.

Herevi, Kâsım b. Sellâm, Ebu Ubeyd (838/1434)
"Ğaribü'l-Hadis" I-IV, Meclisu Dâirati'l Meârifi'l Osmâniyye; Haydarâbâd, Hindistan, 1976.

Heysemi; Nureddin Ali b. Ebi Bekr; (807/1404)
"Mecmeüz-Zevâid ve Menbeü'l Fevâid"; 3. bs, I-X Darü'l Kitâbi'l Arabiyy, Beyrut, 1982.

Hudari Muhammed; "İslâm Hukuku Tarihi", (Terceme, Haydar Hatipoğlu)
Kahraman Yayınları, İst. 1974.

Hûli, Muhammed Abdülaziz;
"Miftahü's-Sünne ev Tarihu Fününi'l Hadis" Dârü'l Kütübi'l İlmiyye, 4. bs., Lübnan, 1983.

Hümeydi; Ebu Bekr Abdullah b. Zübeyr (219/834)
"El- Müsned" I-II, Alemü'l Kütub, Beyrut, ts.

İbn-u Abdülberr; en Nemeri, el-Kurtubi, el-Endelusi;
Ebu Ömer Yusuf (463/ 1070-71)
"Câmiü Beyâni'l İlm ve Fadlih", I-II; Dârül Kütübi'l İlmiyye, Beyrut.

İbn-u Abidin; Muhammed Emin (1258/1836)
"Hâşiyetü reddi'l Muhtar ala'd-Dürri'l Muhtar Şerhu Tenvir-i'l Absâr"
(İbn Abidin); I-VIII; Dâru Kahraman, İst, 1984.

İbnü'l Esir, Necmüddin el-Mübârek b. Muhammed el-Cezeri (606/1209)
"En-Nihâye Fi Garibi'l Hadis ve'l Eser" I-V; Dârü'l Fikr, 1965.

İbn-u Furek; Ebu Bekr Muhammed b. el-Hüseyin (406/1015)
"Müşkilü'l Hadis ve Beyânuhu" Alemü'l Kütüb, Lübnan, 1985.

İbn-u Hacer el Askalâni, Ahmed b. Ali (852/1448)
"el Metâlibü'l Aliyye bi Zevâidi Mesânidi's -Semâniye I-V; Dârül Marife, Beyrut.

... "Fethü'l Bari Şerhu Sahihi'l Buhâri" I-X, el- Mektebü'l İslamiyye, Lübnan ...
"Tehzibü't- Tehzib", I-XII; Dâiretü'l Meârifün- Nizâmiyye.

Haydarâbâd, Hindistan, 1325
... 'Takribü't-Tehzib"

Şerefüddin ve evlâduh, Hindistan, ts.

İbn-u Hazm; Ebu Muhammed Ali b. Hazm (456/1063)
"el-İhkâm Fi Usuli'l Ahkâm" (th. Ahmed Muhammed Şâkir) Mısır, ts.
"El Muhalla" I-X; (tahkik. Ahmed Muhammed Şâkir) Matbaatü'n-Nâhde, Mısır, 1352.

İbn-u Hamza, İbrâhim b. Muhammed b. Kemâlüddin (1120/1708)
"el- Beyân ve't-Ta'rif Fi Esbâbi Vürüdi'l Hadisi'ş- Şerif" I-III; El- Mektebü'l İlmiyye, Lübnan, 1982.

İbn-u Hişâm; (218/833)
"es-Siretü'n- Nebeviyye" I-IV; Matbaatu Mustafa el-Bâbi'l Halebi ve Evladuh, Mısır, 1355 (1936).

İbn-u Kayyım; Şemsüddin Abu Abdillah
Muhammed b. Ebi Bekr (751) 1350; I-IV
"İ'lamü'l- Muvakki'in, Külliyâtü'l Ezher; Mısır, 1955.

İbn-u Kesir, İmadüddin Ebü'l Fidâ İsmail (774/1333)
"Muhtasar Tefsiru İbn Kesir", I-III, Dârü'l Kur'âni'l Kerim, Beyrut, 1981.

..."Tefsirü'l Kur'âni'l Azim" I-IV; Dâru Kahramân fi'n-Neşr, İst, 1984.

İbn-u Kudâme; el-Makdisi el-Hanbeli; Şemsüddin ebi; Abdillah Muhammed b. Ahmed b. Abdü'l Hâdi (620/1223)
..."El- Muharrer fi'l Hadis fi Beyâni'l Ahkâmiş-Şeriyye" Dârü's-Selâmi'l Alemiyye, Kahire, ts.
..."El- Muğni, I-XVIII, Darü'l Fikr, Lübnan, 1984.

İbn-u Kuteybe; Ebu Muhammed Abdillah Müslim, (276/889)
"Te'vilu Müşkili'l Kur'ân" bs. 2, Dârü't- Turas, Kahire, 1973.

İbn-u Mâce; Ebu Abdillah, Muhammed b. Yezid el-Kazvini (275/888)
Sünen-u İbn Mâce, I-II, ('el- Kütübü's- Sitte", Münderecâtında, Müteselsil rk. XVIII;
Çağrı Yayınları, İst. 1981.

İbn-u Mansur, Cemâlüddin Ebü'l- Fadl
(Muhammed b. Mükerrem b. Ali b. Ahmed b. Ebi'l Kasım b. Hukbe (711/1311))
"Lisânü'l Arab" I-VI; Dârü'l Meârif, Mısır.

İbn-u Salah, Takiyüddin Ebu Amr Osman b. Abdurrahman b. Osman b. Musa b. Ebi Nasr (663/1245)
"Mukaddimetu İbn Salâh fi Ulumi'l Hadis" Mektebet-u Fârâbi, 984.

İbn-u Teymiyye, Ahmed b. Abdi'l- Halim (728/1328)
"Mecmuat'ü Fetevâ" I-XXXVI; Mektebetü'l Meârif, Ribat, 1981 İsmail, Şaban Muhammed
"Kavlü's-Sahâbi ve Eseruhu fi'l Fıkhi'l İslâmi" Dârü's-Selam, Lübnan, 1988.

Kâsımı, Muhammed Cemâlüddin (1283/1866). "Kavâidü't-Tahdis min Fünun-i Mustalahi'l Hadis"
İsa Bâbi Halebi, Mısır, ts.

Koçyiğit, Prof. Dr. Talat, "Hadis Tarihi" A. Ü. İlahiyat Fakültesi, Ankara, 1977.

Kurtubi; Ebu Abdillah, Muhammed b. Ahmed el- Ensâri (671/1273)
"Tefsirü'l Kurtubi", I-VIII; Dârü'ş- Şa'b, Mısır, ts.

Kurtubi, Ferah el- Mâliki (497/1103)
"Akdiyet-u Resulullah (sav)", Halep, 1986, ts.

Mâlik b.Enes; (179/795)
"el-Muvatta", I-II ("el-Kütübü's-Sitte", Münderecâtında, Müteselsil, rk. XX)
Çağrı Yayınları, İst. 1981 Merağı, Ahmed Mustafa.

"Tefsirül Merağı" I-XXX; Mektebet-u Mustafa el-Babi el-Halebi, Mısır, 1969.

Misnavi, Abdurraüf b.Muhammed (1031/1622)
"Feydü'l Kadir Şerhü'l-Camii's-Sağır" I-IV, Darü'l Marife, Lübnan,ts.

Müslim, Ebü'l Hüseyn Müslim b.Haccac en-Neysabürı (216/831)
Sahih-i Müslim" I-III, (El- Kütübü's Sitte, Münderecatında, Müteselsil rk, IV-VI)
Çağrı Yayınları, İst. 1981.

En- Nedvi; Muhammed Veliyullah, Abdurrahman; "Nübuatü'r-Resul ma Tahakkake minha ve ma Yetehakkak" (Doktora Tezi) 2.bs. Darüt's- Selam, Mısır, 1991.

Nesâi, Ebu Abdirrahman Ahmed b. Şuayb b. Ali Bahr b. Sinan b. Dinar (310/922)
"Sünenü'n- Nesai" I-IX 3.bs, el-Matbuatü'l İslamiyye, Beyrut, 1988.

en- Nevevi, Ebu Zekeriyya, Yahya b. Şeref (676/1277) "Merâh-u Lebid", I-II Daül Kütüb, Kahire.

Ragıb el-İsbehânı; el-Hüseyin b. Muhammed el-Müfredat fi garibi'l Kur'ân Dâr-u Kahraman, İst, 1984.

Raşid, Abdullah Ferhân;
"Tefsir-ü Müşkülil'l- Kur'ân" ed-Dava'l - İslamiyye, Libya, 1984.

Razı, Fahrüddin;
"İsmetti! Enbiyâ" Mektebetü'

Remeli, Şemsüddin Muhammed
"Nihâyetü'l Muhtaç ma'a Şerhi'l Minhac" I-VII, Mısır, 1346.

Ebu Reyye, Mahmud Muhammed
"Muhammedi Sünnetin Aydınlatılması", Yöneliş, Ankara, 1988.

Sabık, Seyyid;
"Fıkhü's- Sünne" I-II, Dârü'l Kitâbi'l Arabi, Beyrut, 1977.

Sâbuni, Muhammed Ali;
"Safvetü't- Tefâsir" I-III, Dârü'l Kur'âni'l Kerim, Beyrut, 1981.

Selâme, Ebu'l Kasım Hibetullah
"En-Nâsih ve'l Mensuh" İsâ el-Bâbi el-Halebi, Mısır, 1967.

Semir, Reşâd;
"Haberü'l Vâhid fi's-Sünneti ve Eseruhu fi'l Fıkhi'l İslâmi" Dârü'ş- Şüruh, Lübnan, ts.

Sıbâi, Mustafa (1417/1973)
"Es-Sünnetu ve Mekânetuha fi't- Teşrii'l İslâmiyy",
Dârü'ş- Şüruh, Lübnan, ts.

Sıbâi, Mustafa (1417/1973)
"Es-Sünnetu ve Mekânetuha fi't-Teşrii'l İslâmiyy", El- Mektebetü'l İslâmiyye, 2. bs. Suriye, 1978.

Subhi Salih
"Ulumül-Hadis ve Mustalahuhu" 10. bs. Beyrut, 1979.

es- Sübki, Mahmud Muhamed Hattâb (1352/1933)
"El- Menhel-ü'l azbü'l Mevrüd Şerhu Süneni'l İmâm-ı Ebi Dâvud"

I-X (tekmile: Emin Mahmud el- Hattab; Fethü'l Meliki'l Mâ'bud, I-IV)
el- Mektebetü'l İslâmiyye, Mısır, 1974.

es- Süyuti, Celalüddin Abdurrahman b. Kemâl (911/1505) "ed- Dürrü'l Mensur fi't -Tefsiri'l Me'sur" I-VIII
Dârül Fikr, Lübnan, 1983.
... "el- İtkân fi Ulumi'l Kur'ân" I-IV 3. bs.;
Dârü't- Türâsi'l Arabiyy, Kahire, 1985
..."Mu'terekü'l Akran fi i'câzi'l Kur'ân" I-III; Dârü'l Fikri'l Arabi, Mısır, ts.

Şâfii, Muhammed b. İdris (204/819)
"Er-Risale" (Tahkik: Ahmed Muhammed Şâkir) Dârü'l Fikr, Lübnan, 1309.
..."El- Ümm", I-V, Bulak, 1321.
-Cimâü'l İlm Dârü'l Kütübi'l İlmiyye, Lübnan.

Şehristâni, Ebü' Muhammed b. Abdi'l Kerim b. Ebi Bekr Ahmed; (548/1153)
"El- Milel ve'n -Niha" I-II; 2. bs.;q Dârü'l-Ma'rife, Lübnan, 1975.

Şevkani; San'âni; Muhammed b. Ali b. Muhammed b. Abdillah, (1250/1834)
"Neylü'l Evtâr Şerh-u Münteka'l Ahbâr" I-VIII;
El- Mektebetü't- Tevfikiyye, Mısır, ts.

Taberi, Ebu Ca'fer Muhammed b. Cerir (310/922)
"Tefsirü'l-Taberi" (tahkik: Mahmud Muhammed Şakir; Ahmed Muhammed Şakir) I-XIV;

Dârül Meârif, Mısır, ts.

..."Câmiu'l Beyân an Te'vili Ayi'l Kur'ân" I-XV, Dârü'l Fikr, Beyrut, 1987.

Tirmizi; Ebu İsâ Muhammed b. İsâ b. Sevre (279/892)
"El-Câmiü's-Sahih" I- V; Dârü'l Kutubi'l İlmiyye, Beyrut, 1987.

Udeh, Abdülkadir;
"Et-Teşriü'l Cinâyyü'l -İslamiyy I-II; Dârü't-Türâs, Mısır, ts.

Weinsick; A. J. W;
"El-Mu'cemü'l Müfehres li Elfazi'l hadisin Nebevi (Concordance)" I-VIII,
Çağrı Yayınları, İst. 1988.

Yıldırım, Suat;
Peygamberimizin Kur'ân'ı Tefsiri" Kayıhan Yayınları, İst, 1983.

Zemahşeri, Ebü'l Kasım Cârullah Mahmud b. Ömer, (538/1143)
"El- Keşşâf an Hakaiki't- Tenzil ve Üyubi'l Akâvil";
Dârül Ma'rife, Beyrut, ts.

Zehebi; Ebu Abdillah Şemsüddin, Muhammed b. Ahmed (748/1347)
"Tezkiretü'l Huffaz" I-IV; Dârü't- Türasi'l-Arabi, Lübnan, ts.

Zehebi; Muhammed Hüseyin;
"Et-Tefsir ve'l Müfessirun"; I-III; Mektebet-u Vehbe, Mısır, 1985.

Ebu Zehra, Muhammed; "Usulü'l Fıkh", Dârü'l- Fikri'l- Arabi, Kahire, ts.

Ebu Zehv; Muhammed Muhammed;
"El Hadis ve'l Muhaddisun" Şeriket-ü Müsâheme, Mısır, ts.
..."Mekânetü's- Sünneti fil İslâm" Dârül Kütübi'l Arabiyye, Beyrut, 1984.

Zekeriyya el- Berri
"Masadirü'yl Ahkami'l- İslamiyye"; Dârü'l İttihâdi'l Arabiyya, Mısır, 1975.

Zerkeşi, Bedrüddin, Muhammed b. Abdillah (794/1391)
"El-Burhan fi Ulumi'l Kur'ân" I-IV; Dârü't-Türaâs, Kahire, ts.

Zeydan, Prof. Dr. Abdülkerim;
"El-Veciz"; Dârü'l-Fikr, Lübnan, 1990.

Zirikli, Hayrüddin,
"El-A'lâm" Kahire, 1954-1959.

Zürkâni, Muhammed; Abdülazim,
..."Şerhü'z- Zürkâni ale'l Muvatta" el-Matbaat-u'l Hayriyye.
..."Menâhilü'l İrfan fi ulumi'l-Kur'ân, III, İsâ Bâbi Halebi, Mısır, 1975.
ez- Zühaylî, vehbe;
"El-Fıkhü'l İslâmi ve Edilletuh" I- VII; Dârü'l Fikr, Lübnan, 1984.